●収録内容一覧

■2025年度中学受験用

城北埼玉中学校

4年間(＋3年間HP掲載)スーパー過去問

入試問題と解説・解答の収録内容

2024年度　1回	算数・社会・理科・国語	実物解答用紙DL
2024年度 特待	算数・理科	実物解答用紙DL
2023年度　1回	算数・社会・理科・国語	実物解答用紙DL
2023年度 特待	算数・理科	実物解答用紙DL
2022年度 特待	算数・理科	実物解答用紙DL
2022年度　1回	算数・社会・理科・国語	実物解答用紙DL
2021年度 特待	算数・理科	

2020～2018年度(HP掲載)

問題・解答用紙・解説解答DL

「カコ過去問」
（ユーザー名）koe
（パスワード）w8ga5a1o

◇著作権の都合により国語と一部の問題を削除しております。
◇一部解答のみ（解説なし）となります。
◇９月下旬までに全校アップロード予定です。
◇掲載期限以降は予告なく削除される場合があります。

※2024・2023年度の特待は，算数・理科または算数・英語の２教科試験(算数は共通問題)ですが，本誌においては算数・理科のみ収録しております。

～本書ご利用上の注意～　以下の点について，あらかじめご了承ください。

★別冊解答用紙は巻末にございます。実物解答用紙は，弊社サイトの各校商品情報ページより，一部または全部をダウンロードできます。
★編集の都合上，学校実施のすべての試験を掲載していない場合がございます。
★当問題集のバックナンバーは，弊社には在庫がございません（ネット書店などに一部在庫あり）。

JN004663

合格を勝ち取るための
『スーパー過去問』の使い方

本書に掲載されている過去問をご覧になって，「難しそう」と感じたかもしれません。でも，多くの受験生が同じように感じているはずです。なぜなら，中学入試で出題される問題は，小学校で習う内容よりも高度なものが多く，たくさんの知識や解き方のコツを身につけることも必要だからです。ですから，初めて本書に取り組むさいには，点数を気にしすぎないようにしましょう。本番でしっかり点数を取れることが大事なのです。

過去問で重要なのは「まちがえること」です。自分の弱点を知るために，過去問に取り組むのです。当然，まちがえた問題をそのままにしておいては意味がありません。

本書には，長年にわたって中学入試にたずさわっているスタッフによるていねいな解説がついています。まちがえた問題はしっかりと解説を読み，できるようになるまで何度も解き直しをしてください。理解できていないと感じた分野については，参考書や資料集などを活用し，改めて整理しておきましょう。

このページも参考にしてみましょう！

◆どの年度から解こうかな　「入試問題と解説・解答の収録内容一覧」

本書のはじめには収録内容が掲載されていますので，収録年度や収録されている入試回などを確認できます。

※著作権上の都合によって掲載できない問題が収録されている場合は，最新年度の問題の前に，ピンク色の紙を差しこんでご案内しています。

◆学校の情報を知ろう!!「学校紹介ページ」

このページのあとに，各学校の基本情報などを掲載しています。問題を解くのに疲れたら息ぬきに読んで，志望校合格への気持ちを新たにし，再び過去問に挑戦してみるのもよいでしょう。なお，最新の情報につきましては，学校のホームページなどでご確認ください。

◆入試に向けてどんな対策をしよう？「出題傾向＆対策」

「学校紹介ページ」に続いて，「出題傾向＆対策」ページがあります。過去にどのような分野の問題が出題され，どのように対策すればよいかをアドバイスしていますので，参考にしてください。

◇別冊「入試問題解答用紙編」

本書の巻末には，ぬき取って使える別冊の解答用紙が収録してあります。解答用紙が非公表の場合などを除き，（注）が記載されたページの指定倍率にしたがって拡大コピーをとれば，実際の入試問題とほぼ同じ解答欄の大きさで，何度でも過去問に取り組むことができます。このように，入試本番に近い条件で練習できるのも，本書の強みです。また，データが公表されている学校は別冊の１ページ目に過去の「入試結果表」を掲載しています。合格に必要な得点の目安として活用してください。

本書がみなさんの志望校合格の助けとなることを，心より願っています。

株式会社　声の教育社　編集部

城北埼玉中学校

所在地 〒350-0014 埼玉県川越市古市場585-1
電　話 049-235-3222（代）
ホームページ https://www.johokusaitama.ac.jp
交通案内 JR川越線（埼京線）「南古谷駅」よりスクールバス10分/東武東上線「ふじみ野駅」よりスクールバス15分/西武新宿線「本川越駅」よりスクールバス25分

くわしい情報はホームページへ

トピックス
★特待入試のほか，第1～3回入試でも特待合格が発表される（参考：昨年度）。
★合格発表のさい，Web上で入試得点が開示される（参考：昨年度）。

創立年 平成14年　男子校　高校募集あり

応募状況

年度	募集数		応募数	受験数	合格数	倍率
2024	特	20名	352名	341名	183名	1.9倍
	①	60名	340名	327名	280名	1.2倍
	②	40名	380名	255名	223名	1.1倍
	③	40名	270名	127名	112名	1.1倍
	④	若干名	90名	40名	35名	1.1倍
	⑤	若干名	25名	6名	5名	1.2倍
2023	特	20名	400名	391名	158名	2.5倍
	①	60名	363名	354名	297名	1.2倍
	②	40名	391名	277名	221名	1.3倍
	③	40名	343名	199名	160名	1.2倍
	④	若干名	97名	52名	37名	1.4倍
	⑤	若干名	28名	5名	4名	1.3倍

※特待入試の合計数は，一般合格へのスライドを含まない。

2024年春の主な大学合格実績

＜国立大学・大学校＞
東京大，一橋大，東北大，筑波大，北海道大，埼玉大，横浜国立大，東京農工大，防衛大
＜私立大学＞
慶應義塾大，早稲田大，上智大，東京理科大，明治大，青山学院大，立教大，中央大，法政大，学習院大，成蹊大，成城大，明治学院大

本校の特色

「文武両道」と「団体戦」の精神で学力向上をはかります。勉強も部活も頑張る「文武両道」は本校の伝統，校風の１つです。「団体戦」の精神とは，学び合い，励まし合い，支え合うことです。皆で授業をもり上げ，よりよい学習環境をつくることで，よい学校がつくられるのです。

入試情報（参考：昨年度）

【特待入試】
試験日時：2024年１月10日　14:50入室完了
試験科目：算数（50分・100点）・理科または英語（40分・70点）
合格発表：試験当日 23:00頃～〔ＨＰ〕
【第１回】４科
試験日時：2024年１月10日　８:50入室完了
【第２回】４科または２科
試験日時：2024年１月11日　８:50入室完了
【第３回】４科または２科
試験日時：2024年１月12日　８:50入室完了
【第４回】２科
試験日時：2024年１月18日　８:50入室完了
【第５回】２科
試験日時：2024年２月４日　８:50入室完了
【第１回～第５回共通】
試験科目：国語・算数（各50分・100点）
社会・理科（各30分・50点）
合格発表：第１回 試験当日23:00頃～〔ＨＰ〕
第２・３回 試験当日22:00頃～〔ＨＰ〕
第４・５回 試験当日18:00頃～〔ＨＰ〕

編集部注―本書の内容は2024年4月現在のものであり，変更されている場合があります。正確な情報は，学校のホームページ等で必ずご確認ください。

算数 出題傾向＆対策

◆基本データ（2024年度１回）

試験時間／満点	50分／100点
問題構成	・大問数…５題 計算・応用小問１題（８問） ／応用問題４題 ・小問数…19問
解答形式	解答のみを記入する形式で，単位は印刷されている。作図問題は見られない。
実際の問題用紙	Ａ４サイズ，小冊子形式
実際の解答用紙	Ｂ４サイズ

◆出題傾向と内容

▶過去３年の出題率トップ３
１位：角度・面積・長さ20％　２位：辺の比と面積の比・相似９％　３位：四則計算７％
▶今年の出題率トップ３
１位：角度・面積・長さ24％　２位：四則計算・逆算16％　３位：図形・点の移動８％

はじめの１題が計算問題と応用小問の集合題で，それ以降が応用問題というスタイルになっています。応用小問は，割合と比に関係するものや求積問題がめだちます。具体的には，数の性質，食塩水の濃度，角度，面積，体積，表面積，つるかめ算，仕事算，旅人算（速さ）などが取り上げられています。応用問題は，図形の移動，相似の利用，回転体の体積などといった図形分野がメインとなっています。一方，数量分野は，数の性質，規則性，速さとグラフなどです。また，近年は場合の数もよく出題されています。

◆対策～合格点を取るには？～

まず，計算練習を毎日続けて，計算力を身につけましょう。計算をノートにきちんと書き，答え合わせのときに，どんなところでミスしやすいかを発見するようにつとめること。

数の性質，割合と比では，はじめに教科書にある重要事項を整理し，類題を数多くこなして，基本的なパターンを身につけましょう。

図形では，はじめに求積問題を重点的に学習しましょう。基本的な角度，長さ，面積の求め方などは完全にマスターしておくこと。

特殊算については，参考書などにある「○○算」の基本を学習し，公式をスムーズに活用できるようになりましょう。

分野＼年度		2024		2023		2022	
		1回	特待	1回	特待	特待	1回
計算	四則計算・逆算	◎	◎	◎	○		○
	計算のくふう			○		○	
	単位の計算						
和と差	和差算・分配算	○					
	消去算		○	○			
	つるかめ算						
	平均とのべ	○					
	過不足算・差集め算			○			
	集まり						○
	年齢算						
割合と比	割合と比				○	○	
	正比例と反比例						
	還元算・相当算				○	○	
	比の性質					○	
	倍数算						
	売買損益						
	濃度			○			
	仕事算				○		
	ニュートン算		○				○
速さ	速さ		○				
	旅人算		○	○			
	通過算	○					
	流水算						○
	時計算						
	速さと比						○
図形	角度・面積・長さ	●	●	●	●	●	●
	辺の比と面積の比・相似			○		○	◎
	体積・表面積				○	○	◎
	水の深さと体積	○	○			○	
	展開図				○		
	構成・分割				○	○	
	図形・点の移動	○	○		○		
表とグラフ		○			○	○	○
数の性質	約数と倍数						
	N進数		○				
	約束記号・文字式						○
	整数・小数・分数の性質				○	○	◎
規則性	植木算						
	周期算						○
	数列	○					
	方陣算						
	図形と規則			○			
場合の数		○		○	○	○	○
調べ・推理・条件の整理				○	◎		
その他							

※　○印はその分野の問題が１題，◎印は２題，●印は３題以上出題されたことをしめします。

社会　出題傾向＆対策

◆基本データ（2024年度１回）

試験時間／満点	30分／50点
問題構成	・大問数…１題 ・小問数…22問
解答形式	記号選択と適語（漢字指定あり）の記入が出されている。記述問題は見られない。
実際の問題用紙	Ａ４サイズ，小冊子形式
実際の解答用紙	Ｂ４サイズ

◆出題傾向と内容

あるテーマで書かれた１つの文章に沿って，地理・歴史・政治の各分野からまんべんなく出題されています。

●**地理**…各県にまつわる問題や，農業・水産業・工業をはじめ，気温と降水量のデータの読み取りなど，はば広い内容で出題されています。また，世界の地理に関する問題が見られることや，適語の記入も多く出題されていることにも注意が必要です。

●**歴史**…各時代の政治や文化に関する問題が多く出題されています。特に重要な人物や事件についての年代など，正確な知識を必要とする問題が出されています。また，写真などの資料を用いた選択問題も見られます。

●**政治**…テーマの文章にある語句をもとに，国内外の時事的な内容をふくんだ問題が出題されています。経済についての出題や，政治の仕組みに関連した問題，時事問題など，国際社会における日本を軸とした，はば広いことがらを問う内容となっています。

分野＼年度			2024	2023	2022
日本の地理		地図の見方			
		国土・自然・気候	○	○	○
		資源			
		農林水産業	○	○	○
		工業		○	○
		交通・通信・貿易		○	
		人口・生活・文化	○	○	○
		各地方の特色	○	○	○
		地理総合			
世界の地理				○	○
日本の歴史	時代	原始～古代	○	○	○
		中世～近世	○	○	○
		近代～現代	○	○	○
	テーマ	政治・法律史			
		産業・経済史			
		文化・宗教史			
		外交・戦争史			
		歴史総合			
世界の歴史					
政治		憲法			
		国会・内閣・裁判所	○	○	
		地方自治	○		
		経済	○	○	○
		生活と福祉		○	○
		国際関係・国際政治		○	
		政治総合			
環境問題					
時事問題			○	○	○
世界遺産					
複数分野総合			★	★	★

※　原始～古代…平安時代以前，中世～近世…鎌倉時代～江戸時代，近代～現代…明治時代以降

※　★印は大問の中心となる分野をしめします。

◆対策～合格点を取るには？～

全分野に共通することとして，形式面では，①基礎的知識としての数字（地理では，国土の面積，歴史では，重要なできごとが起こった年，政治では，重要事項を規定した憲法の条文の番号など）にかかわる問題，②地名，人名，憲法上の用語などを漢字で書く問題，③基本的な資料の空所を補充させる問題などに慣れておくことが必要です。内容面では，基本的事項はもちろんのこと，時事とからめたものや，わが国と諸外国との関係まで視野を広げ，整理しておきましょう。

地理的分野については，ふだんから地図に親しんでおき，学習した地名は必ず地図で確認し，白地図の上におもな平野，山脈，火山帯，川，都市などをかきこめるようにしておきましょう。

歴史的分野については，歴史の流れをおおまかにとらえる姿勢が大切です。そのためには，つねに年表を見ながら勉強する態度を，日ごろから身につけておくべきです。重要な事件が起こった年の前後の流れを理解するなど，単純に暗記するだけでなく，くふうして覚えていきましょう。

政治的分野では，日本国憲法が中心になります。主権，戦争の放棄，基本的人権，三権分立などの各事項を教科書で理解するほか，憲法の条文を確認しておくとよいでしょう。

理科　出題傾向＆対策

◆基本データ（2024年度１回）

試験時間／満点	30分／50点
問題構成	・大問数…４題 ・小問数…23問
解答形式	記号選択と適語（または数値）の記入が中心となっている。
実際の問題用紙	Ａ４サイズ，小冊子形式
実際の解答用紙	Ｂ４サイズ

◆出題傾向と内容

本校の理科は，実験・観察・観測をもとにした問題が多く，また，すべての分野からバランスよく出題される傾向にあります。内容的には基本的なことがらを問うものがほとんどですが，各実験・観察に対する正しい理解や思考力を必要とするものが多いので，生半可な知識のつめ込みでは対応できないと考えられます。

●**生命**…環境問題，人体のはたらき，光合成と呼吸などが出題されており，新しい研究・発見についての問題も多く見られます。

●**物質**…ガスの燃え方，気体の集め方や発生，水溶液の性質，水酸化ナトリウム水溶液の中和などが出題されています。

●**エネルギー**…電磁石とリニアモーターカー，光の進み方，ものの温まり方，浮力と密度，てこのつり合い，ばねののび，輪軸などが出されています。

●**地球**…地球上の水の循環，天体の種類や動き，暑さ指数，地層と岩石などが取り上げられています。また，環境問題をテーマにしたものもあります。

分野＼年度		2024		2023		2022	
		1回	特待	1回	特待	特待	1回
生命	植物			★			○
	動物	★				○	○
	人体				★		
	生物と環境						
	季節と生物						
	生命総合		★			★	
物質	物質のすがた						
	気体の性質			★			○
	水溶液の性質			○	★		○
	ものの溶け方		★				★
	金属の性質	○					
	ものの燃え方	★				★	
	物質総合						
エネルギー	てこ・滑車・輪軸		★				
	ばねののび方					★	
	ふりこ・物体の運動						
	浮力と密度・圧力	★			★		
	光の進み方						★
	ものの温まり方						
	音の伝わり方						
	電気回路						
	磁石・電磁石			★			
	エネルギー総合						
地球	地球・月・太陽系	★		★	★		
	星と星座						
	風・雲と天候						
	気温・地温・湿度		★				
	流水のはたらき・地層と岩石						
	火山・地震					★	
	地球総合						
実験器具							
観察							
環境問題						○	★
時事問題		○		○			
複数分野総合							

※　★印は大問の中心となる分野をしめします。

◆対策～合格点を取るには？～

各分野から出題されていますから，基本的な知識をはやいうちに身につけ，そのうえで問題集で演習をくり返しながら実力アップをめざしましょう。

「生命」は，身につけなければならない基本知識の多い分野ですが，楽しみながら確実に学習する心がけが大切です。

「物質」では，気体や水溶液，金属などの性質に重点をおいて学習してください。そのさい，中和反応や濃度など，表やグラフをもとに計算する問題にも積極的に取り組んでください。

「エネルギー」は，かん電池のつなぎ方，てこのつり合い，ばねののび方などの出題が予想される単元ですから，学習計画から外すことのないようにしましょう。

「地球」では，太陽・月・地球の動き，季節と星座の動き，天気と気温・湿度の変化，地層のでき方などが重要なポイントです。

なお，環境問題・身近な自然現象に日ごろから注意をはらうことや，テレビの科学番組，新聞・雑誌の科学に関する記事，読書などを通じて多くのことを知るのも大切です。

国語 出題傾向＆対策

◆基本データ(2024年度１回)

試験時間／満点	50分／100点
問題構成	・大問数…３題 文章読解題２題／知識問題１題 ・小問数…28問
解答形式	漢字の読みと書き取りのほか，記号選択や書きぬきが多いが，80字程度の記述問題も出されている。
実際の問題用紙	Ａ４サイズ，小冊子形式
実際の解答用紙	Ｂ４サイズ

◆出題傾向と内容

▶近年の出典情報(著者名)
説明文：小坪　遊　雨宮処凛　服部みれい
小　説：井上　靖　安部龍太郎　小川　糸

●読解問題…小説・物語文，説明文・論説文，随筆などさまざまなジャンルの文章が出題されます。設問は，適語・適文の補充，接続語の補充，文脈理解，内容理解などで，典型的な長文読解問題です。説明文・論説文では筆者の主張の理解，小説・物語文では登場人物の心情の読み取りが中心となっています。全体的に，読む力・書く力を総合的に見ようとする意図がうかがえます。

●知識問題…漢字の読みと書き取りのほか，語句の意味，四字熟語，慣用句の完成などが取り上げられています。どれも標準的なレベルになっています。

◆対策～合格点を取るには？～

本校の国語は，読解力を中心にことばの知識や漢字力もあわせ見る問題ということができますが，その中でも大きなウェートをしめるのは，長文の読解力です。したがって，読解の演習のさいには，以下の点に気をつけるとよいでしょう。①「それ」や「これ」などの指示語は何を指しているのかをつねに考える。②段落や場面の構成を考える。③筆者の主張や登場人物の性格，心情の変化などに注意する。④読めない漢字，意味のわからないことばが出てきたら，すぐに辞典で調べ，ノートにまとめる。

また，知識問題は，漢字・語句(四字熟語，慣用句・ことわざなど)の問題集を一冊仕上げるとよいでしょう。

分野		年度	2024	2023	2022
読解	文章の種類	説明文・論説文	★	★	★
		小説・物語・伝記	★	★	★
		随筆・紀行・日記			
		会話・戯曲			
		詩			
		短歌・俳句			
	内容の分類	主題・要旨	○	○	
		内容理解	○	○	○
		文脈・段落構成			
		指示語・接続語	○	○	○
		その他	○	○	○
知識	漢字	漢字の読み	○	○	○
		漢字の書き取り	○	○	○
		部首・画数・筆順			
	語句	語句の意味	○	○	
		かなづかい			
		熟語		○	
		慣用句・ことわざ		○	○
	文法	文の組み立て			
		品詞・用法	○		
		敬語			
	形式・技法				
	文学作品の知識				
	その他		○		
	知識総合				
表現	作文				
	短文記述		○	○	○
	その他				
放送問題					

※　★印は大問の中心となる分野をしめします。

2024年度 城北埼玉中学校

【算　数】〈第１回試験〉（50分）〈満点：100点〉

〔注　意〕
○分数で答えるときは約分して、もっとも簡単な分数にしなさい。
○比で答えるときは、もっとも簡単な整数を用いなさい。
○円周率の値を用いるときは、3.14として計算しなさい。
○コンパス、定規は使用できますが、分度器や計算機（時計などの）は使用できません。

1 次の各問いに答えなさい。

(1) 次の計算をしなさい。

$$7-4\div2-1\frac{1}{3}\div18\times\frac{1}{2}\div\frac{1}{6}$$

(2) 次の□にあてはまる数を求めなさい。

$$27-63\div(54-\square\times3)=24$$

(3) 電車が 360m の鉄橋を渡り始めてから渡り終わるまでに 27 秒かかり，600m のトンネルに入り始めてから通過し終わるまでに 39 秒かかりました。この電車の長さは何 m ですか。

(4) A グループには男子 4 人と女子 4 人，B グループには男子 4 人と女子 2 人がいます。この 2 つのグループに同じテストを行ったところ，A グループの男子の平均点は 50 点で女子の平均点より 5 点高くなりました。また，B グループの男子の平均点は 10 点で女子の平均点より 4 点高くなりました。このとき，A グループと B グループを合わせて男子 8 人と女子 6 人で平均点を計算すると，男子と女子のどちらの平均点の方が何点高くなりますか。

(5) 太郎君，次郎君，花子さんがはじめにいくつかのメダルをもっています。太郎君は自分のメダルから花子さんのもっているメダルの$\frac{1}{3}$の数を次郎君に渡しました。その結果，太郎君のもっているメダルと次郎君のもっているメダルの数は同じになり，花子さんのもっているメダルのちょうど 2 倍の数になりました。はじめに次郎君は花子さんより 300 枚多くメダルをもっています。太郎君がはじめにもっていたメダルの数はいくつですか。

(6) 右の図のような，半径 6cm の半円があります。
色をぬった部分の面積を求めなさい。

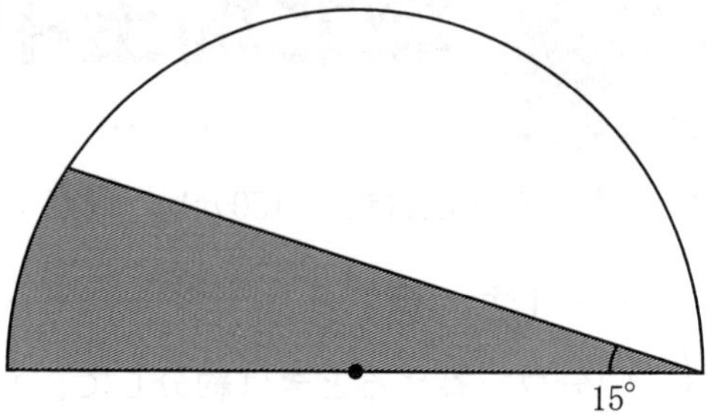

(7) 右の図のように，AB ＝ AC ＝ AD であるとき，アの角度を求めなさい。

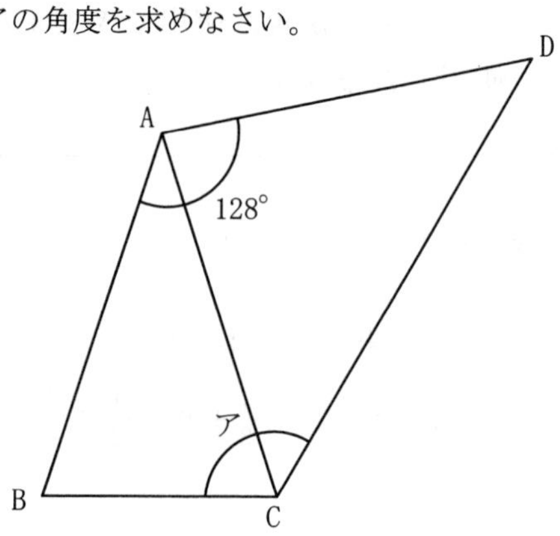

(8) 下の図において，AB，BC 以外の辺はすべて AB または BC に平行です。
このとき，図の周の長さを求めなさい。

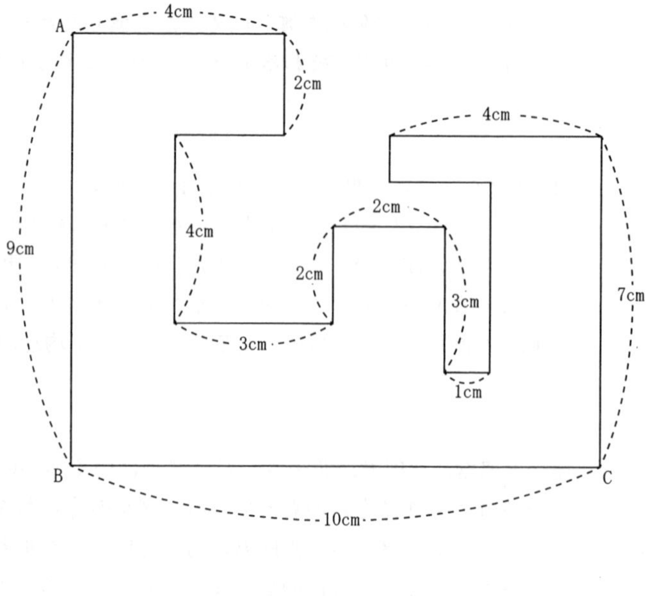

2　図１のように，水そうに２枚の仕切り（あ），（い）を底面に垂直に入れ，ある位置から毎秒 $36\ \mathrm{cm}^3$ でこの水そうがいっぱいになるまで水を入れます。図２は，このときの水面の最も低いところの高さと水を入れ始めてからの経過時間の関係を表したものであり，２つの部分（A）と（B）は平行です。

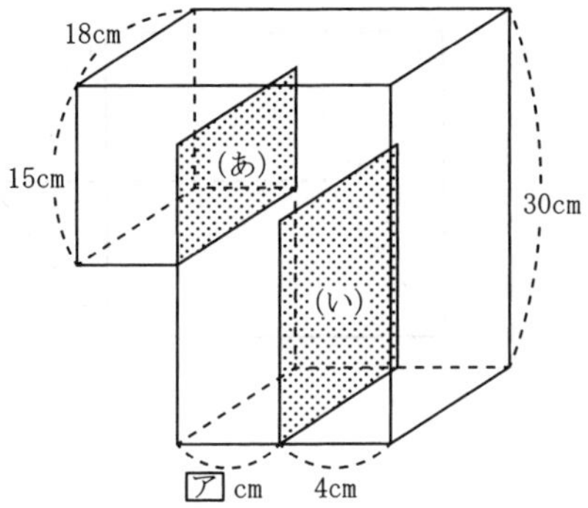

図１

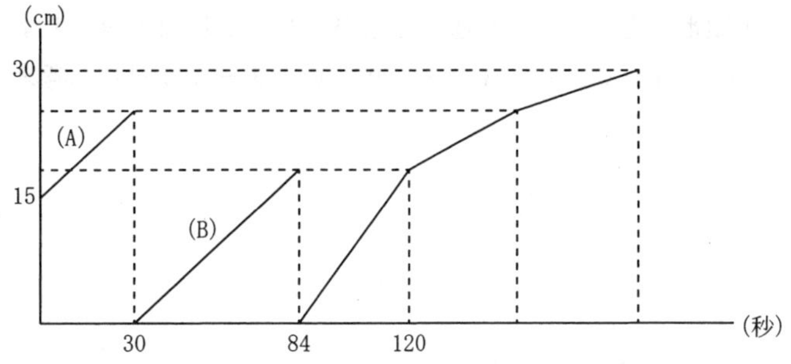

図２

次の問いに答えなさい。

(1)　図１の ア に入る数を答えなさい。

(2)　仕切り（あ）の高さを求めなさい。

(3)　水そうがいっぱいになるのは，水を入れ始めてから何秒後ですか。

3 図のような１辺の長さが1cmの立方体ABCD－EFGHの頂点Aから出発して，立方体の辺を通って再びAに戻るときの通った辺を考えます。ただし，次の２つのルールに従うこととします。

ルール
・同じ辺は通らない
・順番が違っていても通った辺が同じであれば１通りとする
（A－B－C－D－AとA－D－C－B－Aは同じと考える）

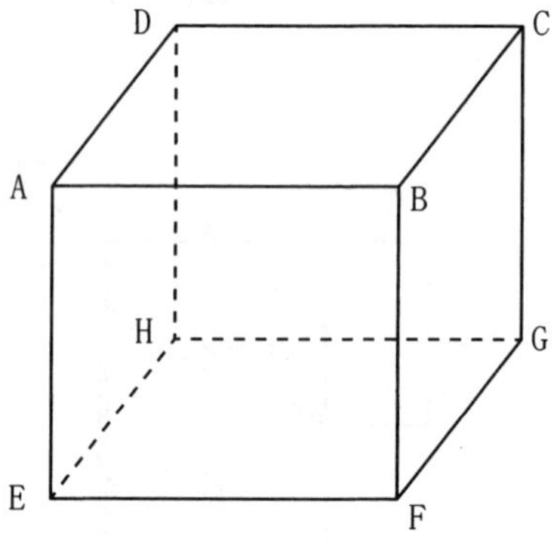

次の問いに答えなさい。

(1) Aの次にBに行き，再びAに戻る１つ前にDを通る場合を考えます。

① 通った辺の長さの和が８cmになるものは何通りありますか。

② 通った辺の長さの和が6cmになるものは何通りありますか。

(2) Aを出発して，再びAに戻る方法は全部で何通りありますか。

4 整数がある規則に従って，次のように並んでいます。

1，2，3，2，3，4，3，4，5，4，5，6，5，6，7，…

次の問いに答えなさい。

(1) 初めて10があらわれるのは，左から数えて何番目ですか。

(2) 左から数えて100番目の整数はいくつですか。

(3) 左から数えて100番目までの整数をすべて足すといくつですか。

5 対角線の長さが20 cmの正方形ABCDがあります。
次の問いに答えなさい。

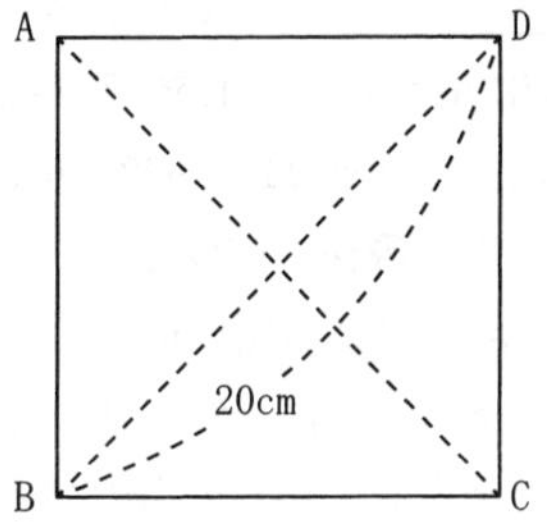

(1) 正方形ABCDの面積を求めなさい。

(2) 点Cを中心に，時計回りに90度回転させたとき，正方形ABCDが通った部分の面積を求めなさい。

(3) 点Cを中心に，時計回りに90度回転させたとき，対角線BDが通った部分の面積を求めなさい。

【社　会】〈第１回試験〉（30分）〈満点：50点〉

〔注　意〕選択肢《し》がある問題は、指定された記号・番号で答えなさい。

次の文章を読み、以下の問いに答えなさい。

城北埼玉中学校は埼玉県①川越市の南東にあり、中学校の社会科の授業では、地域の歴史を学ぶために川越市やその周辺の自治体の博物館や記念館を見学します。また、併設《へいせつ》されている城北埼玉高校フロンティアコースでは、「川越学」という名称で、より深く地域の歴史や行事を学び、地元の方々との交流を深めています。自分たちが通っている学校の地域が身近になることで、②その地域の魅力や抱える課題が明らかになり、自分たちができることを考えることは地方自治の在り方に通じるところもあるでしょう。昨年（2023年）の８月には、埼玉県③知事選挙が行われましたが、選挙権を有する年齢が満（　　1　　）以上に引き下げられたことで、中学・高校で政治に興味を持つような活動・授業はより重要性を増してきました。地元を知る、身近な地域を知ることは受験生のみなさんが大人になっていくうえでも重要です。今に至《いた》ることを知ることは未来につながっていることを意識しながら、城北埼玉中学校がある川越市に関して、詳しくみていきましょう。

川越市のウェブサイトのなかにある「川越市のプロフィール」の一部を引用しました。

「川越市は、埼玉県の中央部よりやや南部、（　　2　　）台地の東北端に位置し、109.13平方キロメートルの面積と［　A　］万人を超える人口を有する都市です。都心から30キロメートルの首都圏に位置する④ベッドタウンでありながら、商品作物などを生産する⑤近郊農業、交通の利便性を生かした流通業、伝統に培われた商工業、豊かな歴史と文化を資源とする観光など、充実した都市機能を有しています。～（中略）～大正11（1922）年には埼玉県内で初めて市制を施行し、昭和30（1955）年には隣接する９村を合併し現在の市域となりました。平成15（2003）年には埼玉県内で初めて中核市に移行、令和4（2022）年12月に市制施行（　　3　　）周年を迎えました。」

と書いてあるように、埼玉県のなかでも歴史があり、重要な都市であることがわかります。この説明は、川越市が誕生してからのものですが、それ以前の歴史もみていきましょう。現在の川越市内にあたる地域にも旧石器時代や縄文時代、弥生時代の遺跡が（　　2　　）台地上を中心に分布しています。例えば、縄文時代の人々のゴミ捨て場である（　　4　　）が小仙波《こせんば》や寺尾《てらお》で発見されており、内陸部の埼玉県で発見されることは⑥当時の海岸線を知る上でも重要な遺跡になっています。古墳時代になると、数基や数十基で構成される古墳群が形成され、日本最大の上円下方墳である⑦山王塚《さんのうづか》古墳も南大塚《みなみおおつか》古墳群のなかの一つとして数えられます。⑧７世紀後半の古墳時代終末期の古墳であり、地域的な要素と⑨畿内的な要素の両方を確認することができる重要な古墳です。奈良時代になると、律令体制の構築のなかで五畿七道が整備され、川越市の領域を含む（　　5　　）国は東山道に分類されましたが、771年に東山道から東海道へと移されました。平安時代には仙波《せんば》に無量寿寺《むりょうじゅじ》が建立され、次第に川越の中心部になる地域が開発されていきました。

平安時代末から鎌倉時代になると各地の荘園を武士が掌握《しょうあく》するようになり、川越は⑩桓武平氏の流れを汲《く》む河越氏《かわごえし》が勢力を固めていきました。河越氏は鎌倉幕府の御家人として重用され、河越重頼《かわごえしげより》の息女が源義経の正室として迎えられましたが、源義経とその兄である源頼朝の関係が悪化すると所領を没収された経緯があります。所領が回復されると、河越氏は鎌倉幕府によく仕え、有力御家人として川越の地で繁栄することになります。室町時代になると、関東地方は関東管領上杉氏と鎌倉公方との対立から戦乱が収まらず、いち早く戦国時代に突入しました。川越の地も関東平野の交通の要衝《ようしょう》として注目され、1457年に扇谷上杉持朝《おうぎがやつうえすぎもちとも》の家臣である⑪太田道真《どうしん》・道灌《どうかん》親子が現在の初雁《はつかり》公園周辺に川越城を築城し、守りを固めました。太田氏の居城として発展した川越城でしたが、太田道灌が主君の扇谷上杉氏に誅殺《ちゅうさつ》されると、城は扇谷上杉氏のものとなり、北条氏の関東侵攻を待つことになってしまいます。16 世紀に入り、全国へと下剋上の風潮が広がりを見せると、北条早雲が⑫小田原を拠点として相模国から勢力を広げ、２代目 [　B　] が川越城を上杉氏から奪い取ります。その後、川越城は北条氏対上杉氏の最前線となり激しい戦が繰り広げられました。特に、1546 年の川越城の夜戦は、その後の関東地方の盟主を決める戦いとなり、これに敗れた上杉氏は関東地方から勢力を徐々に失い、最終的には越後へと落ち延びていくことになりました。関東の盟主となった北条氏も 1590 年に（　　6　　）から小田原を攻められると、籠城《ろうじょう》して抵抗するものの、最終的には降伏し、（　　6　　）による全国統一が達成されました。敗れた北条氏のかわりに関東に入ったのは、東海地方から転封された徳川家康でした。

1603 年に徳川家康が江戸に幕府を開くと、川越の地は有力な譜代大名や親藩に与えられ、（　　5　　）国のなかで最も石高が大きい藩として発展していきます。現在の川越城の城下町は、４代将軍徳川家綱の側近として有名な松平信綱《まつだいらのぶつな》が藩主のときに整備されました。1638 年の火事の直後に川越を与えられた信綱は、消失した川越城と川越の城下町の再建に尽力《じんりょく》しながら、新しく町割をやり直して現在の城下町を形成し、幕末まで踏襲《とうしゅう》されることになります。また、このときの火事で⑬喜多院も被害を受け、江戸城の建物が移築され修復・再建されました。その後、江戸城と江戸の町が明暦の大火で大きな被害を受けたため、初期の江戸城の遺構としては現存する唯一の建物となっています。江戸の町が大きくなるにつれて、[　C　] を使って多くの物資を素早く江戸へ運ぶことができる川越は、物資の集散地として栄えるようになり、⑭多くの問屋が立ち並びました。開国後、諸外国との貿易が開始されると、北関東の⑮生糸が（　　7　　）へと直接運ばれるようになり、その中継点としても栄えました。江戸幕府は、江戸の町の物資が不足し、⑯物価高騰《こうとう》を招いたため、直接（　　7　　）へ物資を運ぶことを禁止する命令を出しましたが、あまり効果はありませんでした。

明治時代になると、1871 年の⑰廃藩置県により川越藩は川越県となりました。その後、入間県、熊谷県を経て 1876 年に埼玉県へ編入され、1889 年に川越市の前身となる川越町が誕生しました。誕生したばかりの川越町に 1893 年に火事が襲い掛かります。町の中心部のほとんどを焼き尽くしたこの火災により、火事に強い町づくりを目指し現在の⑱蔵造りの商家が建てられました。蔵造りの商家は、一般的な家よりも高い建築費用がかかりましたが、江戸時代から続く流通経路としての川越の発展がその資金を支えました。その後、川越町は順調に規模を拡大し、大正 11 年に県内初の市制が施行され、川越市となりました。昭和時代になると近隣の村と⑲合併し現在の市域となりました。

現在は、蔵造りの商家が残る「（　　8　　）川越」として町をアピールしており、同じような特徴のある千葉県香取市・栃木県栃木市とともに 1996 年から 2019 年まで（　　8　　）サミットを開催し交流していました。また、2021 年に開催された⑳東京オリンピック 2020 ではゴルフ競技の会場として川越市にある霞ヶ関カンツリークラブが使用されました。

川越市の地域の歴史はどうだったでしょうか。自分が住んでいる地域の歴史は小学校のときに学習したと思います。春から通う中学校の地域の歴史にも興味を持ってみたらどうでしょうか。きっと新しい発見や興味がわくような出来事があるはずです。世界のことを考えることも大事ですが、身近なことにも目をむけてみましょう。

（参考サイト　川越市ホームページ　https://www.city.kawagoe.saitama.jp/index.html）

問１　空欄（　１　）～（　８　）にあてはまる**適当な語句**を答えなさい。ただし、空欄（　３　）は**算用数字**で答えなさい。

問２　空欄［　A　］～［　C　］について、次の問いに答えなさい。

（１）　空欄［　A　］にあてはまる数字として**適当なもの**を次のア～オの中から一つ選び、その記号を答えなさい。

ア　15　　イ　25　　ウ　35　　エ　45　　オ　55

（２）　空欄［　B　］にあてはまる人物名として**正しいもの**を次のア～エの中から一つ選び、その記号を答えなさい。

ア　北条義時　　イ　北条氏政　　ウ　北条時政　　エ　北条氏綱

（３）　空欄［　C　］にあてはまる輸送手段として**適当なもの**を次のア～エの中から一つ選び、その記号を答えなさい。

ア　船　　イ　馬車　　ウ　自動車　　エ　飛行機

問３　下線部①について、川越市の位置として**正しいもの**を、下の地図１のア～エの中から一つ選び、その記号を答えなさい。

＜地図１＞

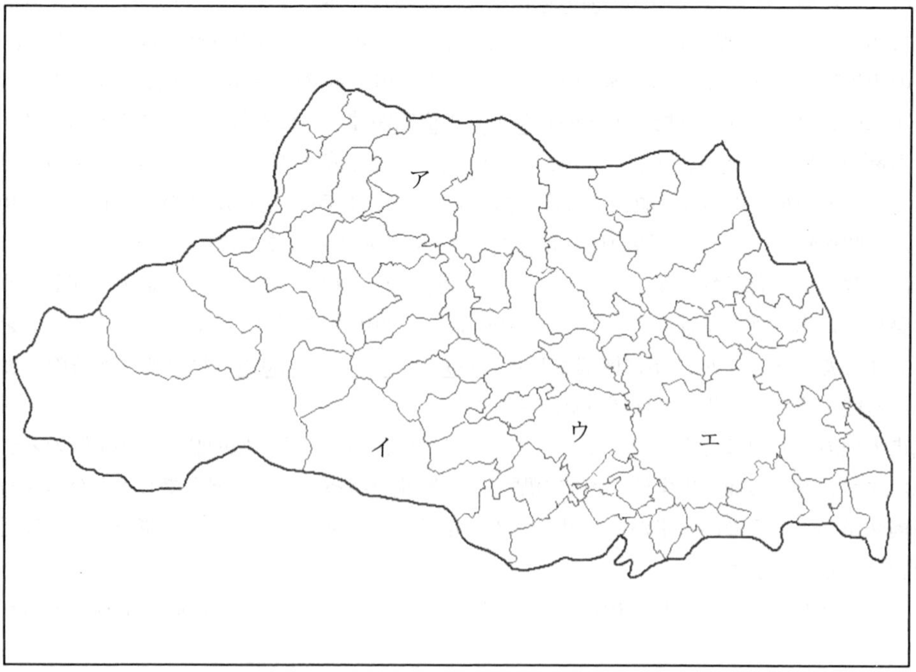

問4　下線部②について、このように身近な地域の問題から政治について考えることができる地方自治のことを、イギリスの学者であるジェームズ・ブライスがこのように表現しました。

「地方自治は［　　　］の学校である」

空欄にあてはまる言葉を**漢字**で答えなさい。

問5　下線部③について、知事に関しての説明として**正しいもの**を次のア～エの中から一つ選び、その記号を答えなさい。

ア　知事の任期は参議院議員と同じ4年である。
イ　知事が議会を解散できるのは、不信任決議が可決された場合と、有権者からリコールされたときである。
ウ　知事の被選挙権は、日本国民である満30歳以上の男子のみに与えられる。
エ　議会を招集する時間がない場合、知事は専決処分を行うことができる。

問6　下線部④について、ベッドタウンの説明として**適当なもの**を次のア～エの中から一つ選び、その記号を答えなさい。

ア　都心へ通勤する人が多い都市のことで、昼間人口よりも夜間人口のほうが多くなる。
イ　ベッドタウンが発達することによって、ドーナツ化現象が弱まった。
ウ　日本だけの特徴的な都市で、アメリカやヨーロッパにはない都市の特徴である。
エ　急激に人口が増えたことにより、ベッドの需要が高まったことで、この名称が付けられた。

問7　下線部⑤について、次の問いに答えなさい。

（1）　近郊農業の説明として**適当なもの**を次のア～エの中から一つ選び、その記号を答えなさい。

ア　冬の暖かな気候を利用して、野菜を早く出荷する農業。
イ　夏の涼しい気候を利用して、野菜を遅く出荷する農業。
ウ　作物に適した土地を確保し、大規模で機械化された経営で大量に生産する農業。
エ　消費地への輸送費が安く、新鮮なうちに出荷することができる農業。

（2）　川越市だけでなく埼玉県でも近郊農業はさかんです。埼玉県の農作物のなかで都道府県別出荷額が**上位（3位以内）に入らない**農作物を次のア～エの中から一つ選び、その記号を答えなさい。

ア　こまつな　　イ　さつまいも　　ウ　ねぎ　　エ　ほうれんそう

問８　下線部⑥について、当時の海岸線の大体の位置として**最も適当なもの**を下の地図２のア～エの中から一つ選び、その記号を答えなさい。

＜地図２＞

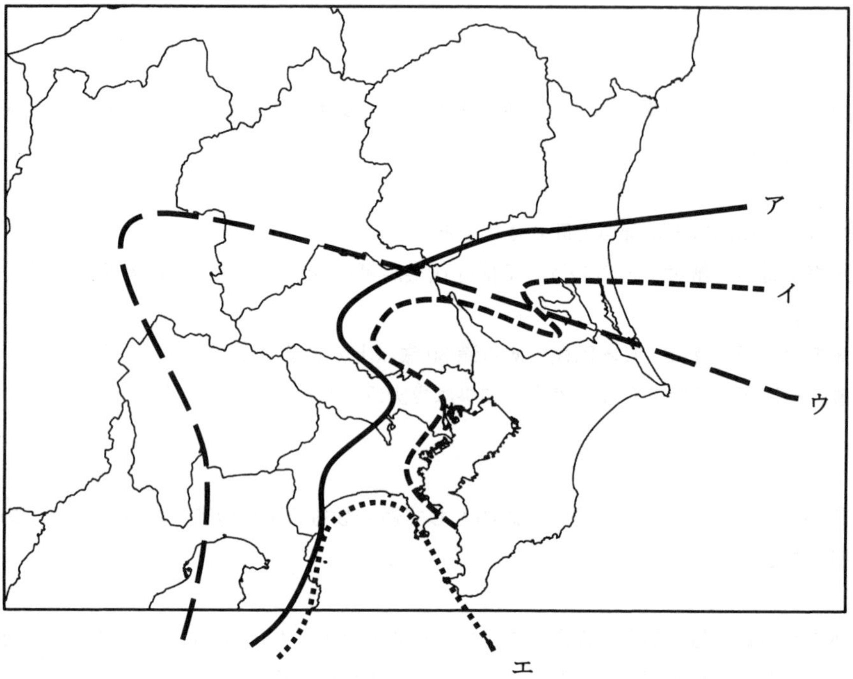

問９　下線部⑦について、山王塚古墳を上から見た形状として**最も適当なもの**を次のア～エの中から一つ選び、その記号を答えなさい。

ア

イ

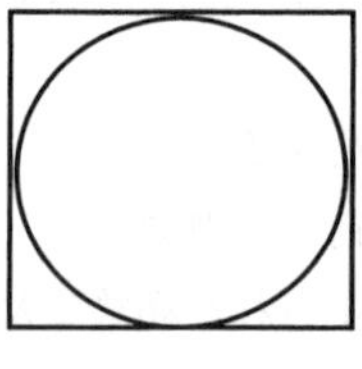

ウ

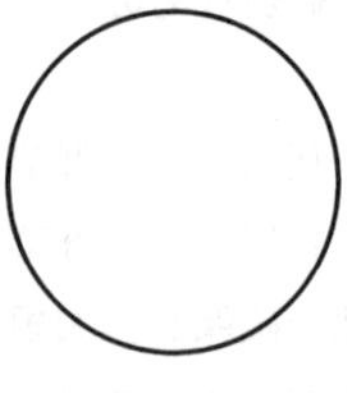

エ

問10　下線部⑧について、７世紀後半に起こった以下の出来事ア～エを**左から古い順**になるようにならべかえ、記号で答えなさい。

ア　壬申の乱で勝利した大海人皇子が即位して天武天皇となった。
イ　白村江の戦いで、唐・新羅の連合軍に敗れた。
ウ　中大兄皇子が近江大津宮に都を遷《うつ》した。
エ　唐の都を参考にして藤原京が造営された。

問 11　下線部⑨について、畿内に含まれる国名（旧国名）として**正しいもの**を次のア～エの中から一つ選び、その記号を答えなさい。

ア　近江国　　　　イ　大和国　　　　ウ　尾張国　　　　エ　伊勢国

問 12　下線部⑩について、下の説明文は桓武平氏に関係するある人物のものです。この説明文にあたる人物と**同時期の人物の組み合わせ**を次のア～エの中から一つ選び、その記号を答えなさい。

（ある人物の説明文）
下総国猿島郡を本拠地とし、所領争いから一族内で争いを繰り返していた。常陸国府を襲撃したことにより国家的反乱にいたり、関東地方に勢力を拡大した。独立国家樹立を目指し、新皇と称したが討伐された。

ア　源頼義・源義家　　イ　安倍頼時・安倍貞任　　ウ　平忠盛・平清盛　　エ　藤原純友・藤原秀郷

問 13　下線部⑪について、川越城以外にもいくつかの城を築城しています。太田道灌が築城したとされる城の現在の姿として**最も適当なもの**を次のア～エの中から一つ選び、その記号を答えなさい。

ア

イ

ウ

エ

問 14　下線部⑫について、小田原の位置として**最も適当な場所**を下の地図３のア～エの中から一つ選び、その記号を答えなさい。

＜地図３＞

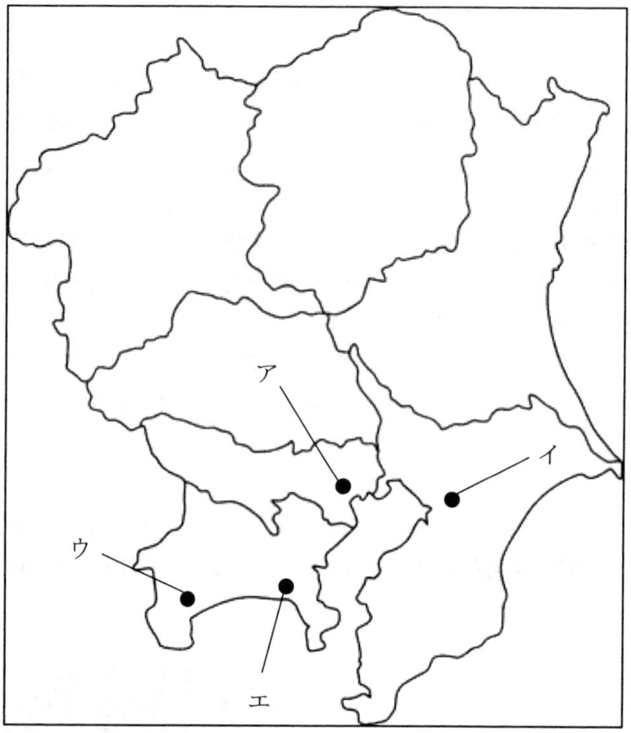

問 15　下線部⑬について、徳川家康の腹心として仕え、寺の名称を喜多院と改めた人物として**正しいもの**を次のア～エの中から一人選び、その記号を答えなさい。

ア　南光坊天海　　イ　林羅山　　ウ　安国寺恵瓊　　エ　金地院崇伝

問 16　下線部⑭について、江戸幕府が公認した商人や職人の独占的な組合の名称を**漢字**で答えなさい。

問 17　下線部⑮について、次の問いに答えなさい。

（1）　生糸の原料は蚕《かいこ》のマユです。蚕の幼虫がエサとして食べる植物として**正しいもの**を次のア～エの中から一つ選び、その記号を答えなさい。

ア　松　　　　イ　白樺　　　　ウ　桑　　　　エ　楓

（2）　日本の伝統的な織物には、生糸（絹）を原材料とするものが多くあります。生糸（絹）から作られる織物として**正しいもの**を次のア～エの中から一つ選び、その記号を答えなさい。

ア　小千谷縮《ちぢみ》　　　　イ　結城紬《つむぎ》　　　　ウ　奈良晒《さらし》　　　　エ　久留米絣《かすり》

問 18　下線部⑯について、次の問いに答えなさい。

（1）　貨幣の価値が下がり、物価が高騰する現象を**カタカナ８字**で答えなさい。

（2）　2022 年～ 2023 年にかけて、日本国内の物価が急激に上がりました。一度だけでなく、段階的に数度値上がりした商品もありました。物価が上がった理由は複数ありますが、**最も関係がないもの**を次のア～エの中から一つ選び、その記号を答えなさい。

ア　日本の老年人口が減り、物資の供給が減ったから。
イ　ロシアによるウクライナ侵攻によって、エネルギー価格の高騰が起こったから。
ウ　日本とアメリカで異なる金融政策が行われているから。
エ　世界的な天候不順やコロナ禍などが原因で、物資の流通が滞ったから。

問 19　空欄⑰について、廃藩置県の前後の出来事Ａ～Ｄを左から古い順になるようにならべかえたとき、**正しいもの**を次のア～カの中から一つ選び、その記号を答えなさい。

A　地租改正の実施
B　民撰議院設立建白書の提出
C　版籍奉還の実施
D　学制の発布

ア　C → A → B → D　　　　イ　C → A → D → B
ウ　C → B → A → D　　　　エ　C → B → D → A
オ　C → D → A → B　　　　カ　C → D → B → A

問 20　下線部⑱について、現在も蔵造りの商家が多数保存され川越の重要な観光資源となっています。川越の街の様子として**最も適当なもの**を次のア～エの中から一つ選び、その記号を答えなさい。

ア

イ

ウ

エ

問 21　下線部⑲について、平成の時代にも「平成の大合併」とよばれる市町村合併が行われました。これにより市町村の数は大幅に減りました。現在の市町村の数として**最も適当なもの**を次のア～エの中から一つ選び、その記号を答えなさい。

ア　約 1000　　　イ　約 1700　　　ウ　約 2400　　　エ　約 3100

問 22　下線部⑳について、東京オリンピック 2020 が開催されたときの日本の内閣総理大臣として**正しいもの**を次のア～エの中から一人選び、その記号を答えなさい。

ア

イ

ウ

エ

【理　科】〈第１回試験〉（30分）〈満点：50点〉

〔注　意〕グラフや図を描く場合は、定規を使用してもかまいません。

1　ピストンがなめらかに動く注射器の中に空気や水を入れて栓《せん》をして密閉《みっぺい》して冷やす実験を行いました。注射器内に何も入っていない状態で栓をして重さをはかると 80g でした。

0℃の空気を 100℃にあたためると，その体積は 1.37 倍となり，その間の空気の温度と体積はグラフのように変化します。この問題では，空気の重さはないものとします。また水の重さは 1mL あたり 1g とし，水が氷になると体積は 1.09 倍になるものとします。下の各問いに答えなさい。

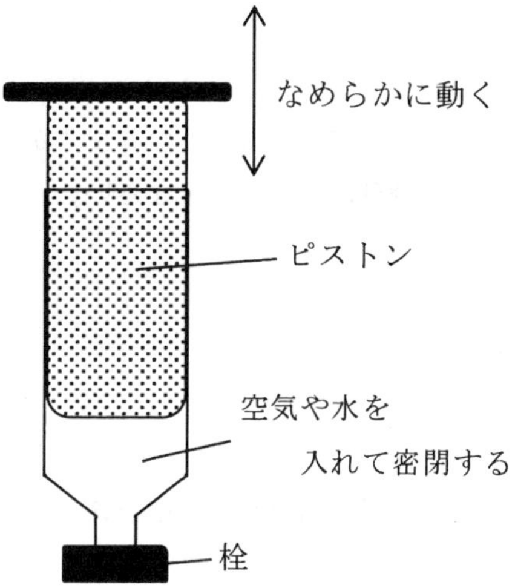

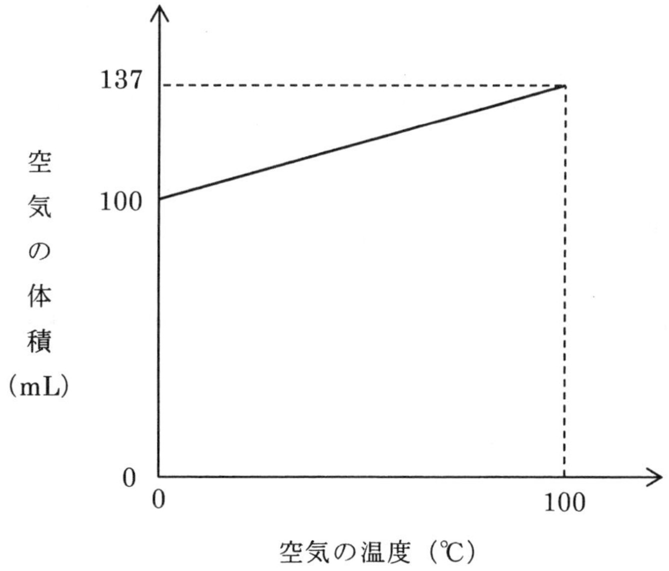

［実験１］　注射器に 40℃の空気と 40℃の水を入れて栓をして密閉した。注射器内の体積（空気と水の体積の合計）は 50mL であった。重さをはかると 100g であった。

問１　このときの注射器内の空気の体積を答えなさい。

［実験２］［実験１］ののち，注射器を20℃まで冷やした。

問２　注射器のピストンの位置について，［実験１］のときに比べてどうなりますか。右図のア～ウから選び，記号で答えなさい。

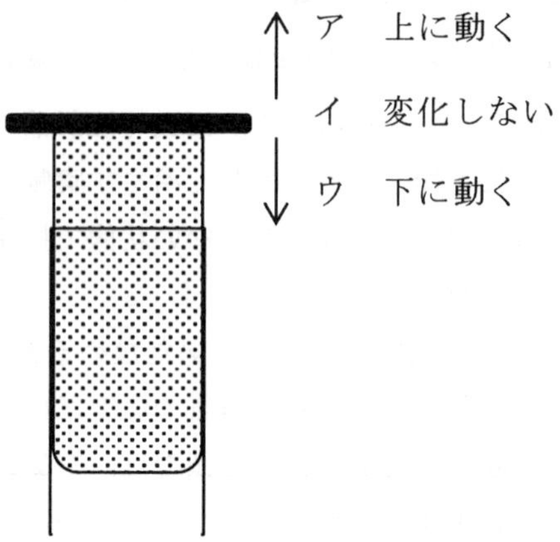

問３　注射器内の水の体積を答えなさい。

問４　注射器内の空気の体積として最も近いものを，ア～エから選び，答えなさい。

ア　20mL　　イ　24mL　　ウ　28mL　　エ　33mL

［実験３］［実験２］ののち，注射器をさらに冷やし，0℃に保ったところ，注射器内の水はすべて氷になった。

問５　注射器内の氷の体積を答えなさい。

問６　注射器内の体積（空気と氷の体積の合計）として最も近いものを，ア～エから選び，記号で答えなさい。

ア　48mL　　イ　50mL　　ウ　52mL　　エ　54mL

2 マグネシウムと銅を用いて，次のような実験を行いました。下の各問いに答えなさい。

［実験１］ マグネシウムの重さをはかり，ステンレス皿にのせてガスバーナーで加熱し，十分に反応させた後，反応後のステンレス皿の上に残った物質の重さをはかった。はじめに取るマグネシウムの重さを変えて何回か同じ実験を繰り返し，結果を表１にまとめた。

［実験２］ 銅の重さをはかり，ステンレス皿にのせてガスバーナーで加熱し，十分に反応させた後，反応後のステンレス皿の上に残った物質の重さをはかった。はじめに取る銅の重さを変えて何回か同じ実験を繰り返し，結果を表２にまとめた。

表１　反応前のマグネシウムと反応後の物質の重さ

反応前のマグネシウムの重さ（g）	1.2	2.4	3.6	4.8
反応後にできた物質の重さ（g）	2.0	4.0	6.0	8.0

表２　反応前の銅と反応後の物質の重さ

反応前の銅の重さ（g）	1.2	2.4	3.6	4.8
反応後にできた物質の重さ（g）	1.5	3.0	4.5	6.0

問１　［実験１］と［実験２］に関する説明文として，正しいものはどれですか。次のア～エから１つ選び，記号で答えなさい。

ア　マグネシウムを加熱すると，強い光を出しながら変化し，反応後は白色の物質になる。
イ　［実験１］でできた反応後の物質は，塩化マグネシウムである。
ウ　銅を加熱すると，炎《ほのお》をあげながら変化し，反応後は赤色の物質になる。
エ　マグネシウムや銅を加熱すると，たまごのくさったようなにおいのある気体が発生する。

問２　次の(1)と(2)にあてはまる整数比を，次のア～キからそれぞれ選び，記号で答えなさい。
(1) マグネシウムとマグネシウムに結びつく酸素の重さの比。
(2) 銅と銅に結びつく酸素の重さの比。

ア　２：１　　イ　３：１　　ウ　３：２　　エ　３：４　　オ　３：５
カ　４：１　　キ　４：５

［実験3］ あらたにマグネシウム7.2gを加熱したところ，十分に反応が起こらず，反応後の物質の重さが10.2gとなった。

問3 ［実験3］において，仮にマグネシウム7.2gがすべて反応していたとき，反応後の物質の重さは何gになりますか。

問4 ［実験3］において，反応せずに残ったマグネシウムは何gですか。

［実験4］ あらたにマグネシウムと銅の混合物32gを加熱し，十分に反応させた後，反応後の物質の重さは50gとなった。

問5 ［実験4］において，反応前の混合物に含まれていたマグネシウムの重さは何gですか。

3 2023年8月に，AさんとBさんは野外で観察された生物について次のような会話をしました。下の各問いに答えなさい。

Aさん ： この前，ある池の周りを散歩していたんだ。そのとき，たくさんのカメが石の上に並んでいたんだよね。何のためにそんな行動をするんだろう。

Bさん ： それは，「甲羅干《こうらぼ》し」といわれる行動だと思う。体温を調節したり，紫外線《しがいせん》を浴びてビタミンDを合成したり寄生虫や病原菌《びょうげんきん》を殺菌《さっきん》したりしているそうだよ。

Aさん ： そうなんだ。意味のある行動なんだね。そういえば，甲羅干しをしていたカメの中には，顔の横が赤いカメがたくさんいたな。何かの病気に感染したのかな。それとも模様なのかな。

Bさん ： あ，それはアカミミガメだと思う。よくミドリガメって呼ばれる外来種（※1）のカメだね。

Aさん ： そうなんだ。スマホで調べてみるね。2023年6月1日から新たな規制がスタートしたみたい。「特定外来生物による生態系等に係《かかわ》る被害《ひがい》の防止に関する法律施行《しこう》令の一部を改正する政令」によって，アメリカザリガニと一緒に（ A ）に指定されたみたいだね。

Bさん ： 6月1日から，どのような行為《こうい》が規制された状態になったのかな？

Aさん ： （ B ）が規制されているみたい。販売《はんばい》や購入《こうにゅう》もできないみたいだね。でも，なんで規制されるんだろう。何か悪いことをしているのかな。

Ｂさん　：　①アカミミガメもアメリカザリガニも，人の手で海外から持ち込まれてから生息範《はん》囲《い》を広げて，日本にもともとある生態系（※２）に大きな影響《えいきょう》を与えているらしいよ。調べるとたくさんの例が出てくるね。

Ａさん　：　生態系には，②生物どうしの「食べる・食べられる」の関係が成り立っているからね。このバランスが崩《くず》れてしまったら，たくさんの生物に影響があるよね。そして，人間は生態系からたくさんの恩恵《おんけい》を受けているからね。かわいそうだけど，駆除《くじょ》する必要があると私も思うな。ただ，アカミミガメもアメリカザリガニも，生きるために必死なだけなんだよね。そもそも，規制しなくちゃいけない状況《じょうきょう》にならないように，安易《あんい》に外部から生物を持ち込まないようするとか，生態系への影響を考えて行動することが大切だと思う。

※１外来種　：　もともとはその地域に生息しておらず，人間の行為によって別の地域から入ってきた生物

※２生態系　：　生物の集団と，それを取り巻いている自然環境《かんきょう》を，１つのまとまりとしてとらえたもの

写真１　アカミミガメ

写真２　アメリカザリガニ

（環境省自然環境局ホームページより引用）

問１　文章中の（　Ａ　）に適する用語として正しいものを，次のア～エから１つ選び，記号で答えなさい。

ア　国内《こくない》希少《きしょう》野《や》生動植物種《せいどうしょくぶつしゅ》　　イ　条件付特定外来生物《じょうけんつきとくていがいらいせいぶつ》　　ウ　遺伝子組み換え生物
エ　絶滅危惧種《ぜつめつきぐしゅ》

問２　アカミミガメとアメリカザリガニの特徴《とくちょう》に関する，次の(1)と(2)の各問いに答えなさい。

(1)　せきつい動物は，それぞれの生物が持つ特徴をもとに魚類，両生類，は虫類，鳥類，ほ乳《にゅう》類になかま分けされます。アカミミガメがなかま分けされるなかまの名前を，次のア～オから１つ選び，記号で答えなさい。

ア　魚類　　イ　両生類　　ウ　は虫類　　エ　鳥類　　オ　ほ乳類

(2) アメリカザリガニのからだのつくりとして正しいものを，次のア～カから２つ選び，記号で答えなさい。

ア　からだは頭部，胸部，腹部に分かれている。　イ　からだは頭部とどう部に分かれている。
ウ　からだは頭胸《とうきょう》部《ぶ》と腹部に分かれている。　エ　胸部に６本の足がついている。
オ　どう部に多数の足がついている。　カ　頭胸部に10本の足がついている。

問３　文章中の（　B　）に適する，2023年６月１日以降に行うことができない行為として正しいものを，次のア～オから３つ選び，記号で答えなさい。

ア　申請《しんせい》や許可，届《とどけ》出《で》などなく，一般家庭で飼育している個体を，これまで通りに飼育し続けること
イ　専門のペットショップにおいて，販売や購入をしたりすること
ウ　有償《ゆうしょう》・無償に関わらず，不特定多数の人に配り分けること
エ　池や川などの野外に放したり逃《に》がしたりすること
オ　無償で責任を持って飼うことができる人に譲渡《じょうと》すること

問４　下線部①について，アカミミガメとアメリカザリガニに関する規制が設けられた背景に関する，次の（1）と（2）の各問いに答えなさい。

(1) アカミミガメの分布状況《じょうきょう》や生態系への影響，飼育に関する記述として間違ったものを，次のア～オから１つ選び，記号で答えなさい。

ア　日本に元から生息するカメ類と，食料や日光浴の場所をめぐって競争している。
イ　北海道から沖縄までの，全都道府県に分布している。
ウ　主に魚類や甲殻類《こうかくるい》を捕食するため，農作物への被害は小さいと考えられている。
エ　水質汚濁《おだく》に強く，汚染《おせん》された河川にも分布している。
オ　飼育下では寿命《じゅみょう》は，40年に達することがある。

(2) アメリカザリガニの特徴や分布状況，駆除方法に関する文章として間違ったものを，次のア～カから１つ選び，記号で答えなさい。

ア　雑食性であり，水草や水生昆虫《すいせいこんちゅう》，オタマジャクシなどのさまざまな生物を捕食《ほしょく》する。
イ　高水温・低酸素・水質汚染《すいしつおせん》に強く，劣悪《れつあく》な環境でも生息することができる。
ウ　河川の氾濫《はんらん》によって，アメリカザリガニの分布域の拡大は促進されると考えられる。
エ　拡散した理由の一つには，人による持ち運びがあると考えられている。
オ　池干しなどで水をすべて抜くと，その池に生息していたすべてのアメリカザリガニを取り除くことができると考えられている。
カ　効率的に駆除をするためには，卵を持ったメスが多い６月から９月の捕獲《ほかく》が重要である。

問5　下線部②について，生物どうしの「食べる・食べられる」の関係が鎖《くさり》のようにつながっていることを何というか答えなさい。

4　次の各問いに答えなさい。

問1　光は1秒間に地球の約7周半の距離を進みます。地球の半径を6400kmとして，光がおよそ1秒間に進む距離を，次のア～エから選び，記号で答えなさい。

ア　1.5万km　　イ　3万km　　ウ　15万km　　エ　30万km

問2　地球から月までの距離をはかる方法の1つに，月面に設置された反射装置に向けてレーザー光を送り，反射して戻ってくるまでの時間を用いて計算するものがあります。その往復時間は約2.51秒です。地球から月までのおよその距離を，次のア～エから選び，記号で答えなさい。

ア　19万km　　イ　30万km　　ウ　38万km　　エ　75万km

問3　太陽－月－地球の順に一直線にならんだとき，地球上の限られた場所においては，太陽全体が月にかくれます。この現象を何といいますか。ア～エから1つ選び，記号で答えなさい。

ア　部分日食　　イ　部分月食　　ウ　かいき日食　　エ　かいき月食

問４　月は地球のまわりを公転しており，下の図は地球の北側から月の公転のようすを表したものです。必要ならばこの図を参考にして，問３の現象では，太陽は東西南北どの方角から欠けていくのか答えなさい。

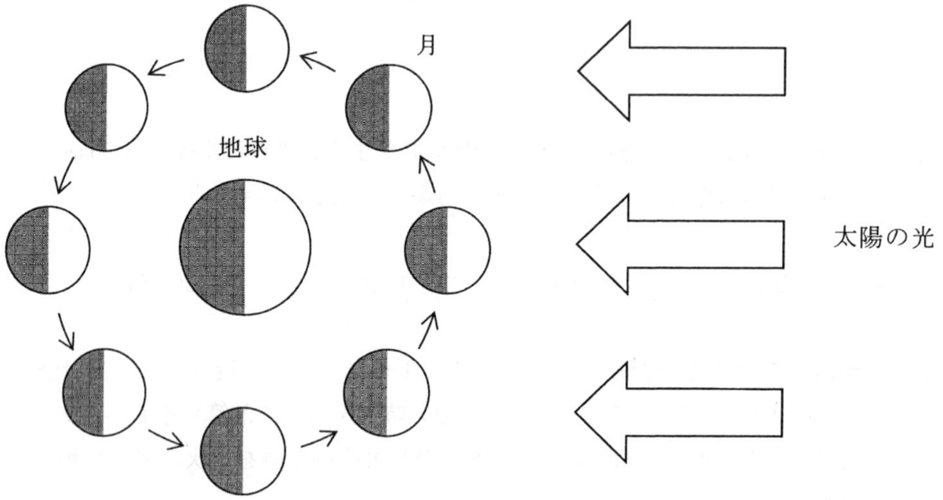

問５　次の文中の（　　）にあてはまるものを，下のア～エから２つ選び，記号で答えなさい。

特に問３の現象の際には，「地球から見た月の大きさ」と「地球から見た太陽の大きさ」はほぼ同じであることが分かる。このことから，（　　）の比は，（　　）の比と等しいと言える。

ア　「月の重さ」と「太陽の重さ」
イ　「月の直径」と「太陽の直径」
ウ　「月の表面温度」と「太陽の表面温度」
エ　「地球から月までの距離」と「地球から太陽までの距離」

問６　太陽光が地球に届くまで約８分19秒かかります。地球の直径は月の直径の約４倍です。太陽の直径は地球の直径の約何倍ですか。ア～エから選び，記号で答えなさい。

ア　100倍　　　イ　200倍　　　ウ　1000倍　　　エ　2000倍

【国　語】〈第一回試験〉（五〇分）〈満点：一〇〇点〉

〔解答用紙記入上の注意〕

〇文字ははっきりと丁寧《ていねい》に書くこと。
〇特に漢字の書き取りは、トメ・ハネにも注意すること。
〇字数に制限がある問いに対しては、その指示をよく確認すること。

一　次の傍線《ぼうせん》部のカタカナを漢字に、漢字をひらがなに改めなさい。

1　あの馬はキショウがあらい。
2　旅をしてケンブンを広める。
3　マドギワは暖かい。
4　この書はカイシンの出来だ。
5　定石どおりにことを進める。
6　式が厳かにおこなわれる。
7　軽く会釈をかわす。

二　次の文章を読んで、後の問いに答えなさい。

私は祖母と二人で※土蔵に住んでいたが、めったに淋《さび》しいとか怖《こわ》いとか思うことはなかった。祖母が用事で他家に出掛けた夜などは、一人で土蔵に寝《ね》ていたが、別段淋しいとも思わないで眠《ねむ》った。鼠《ねずみ》が枕許《まくらもと》を走り廻《まわ》っても、賑《にぎ》やかでいいと思うくらいであるから、怖さということは知らなかった。1祖母がそのように仕《し》付《っ》けてくれていたのであろう。

幽霊《ゆうれい》とか、お化けに興味を持つようになったのは小学校へ上がってからである。〝ばた、ばた、ばた、ばた、おすわどん〟と言いながら、両手を前でだらりと下げて、幽霊の恰好《かっこう》をしてみせることがはやったのは、小学校の一、二年頃のことであろうか。私たちは毎日のように日が暮れるまで校庭で遊んでいたが、そろそろ家に帰ろうという時になって、誰《だれ》か一人が〝おすわどん〟をやると、みんなわれもわれもというように〝おすわどん〟をやった。やらないでいると怖かったので、自分から進んでお化けの方になったのである。暮色《ぼしょく》の立ち籠《こ》め始めた校庭にはたくさんのお化けができた。そして、みんな〝おすわどん〟をやりながら、多少うそ寒い気持で家に引き上げて行った。

ばた、ばた、ばた、ばた、というのは、団扇《うちわ》をあおぐ音で、おすわどんというのは団扇をあおぎながら出て来るお化けの恨《うら》みの対象になっている人物の名前らしかった。何か恨みでも持っている女の怨霊《おんりょう》なのであろう。

私たちは幽霊やお化けの話を聞きたがった。怖くはあったが、興味があった。私たちより五、六歳年長の本家の若い叔父《おじ》が、子供たちを集めては、よくお化けの話をして聞かせた。私たちは彼《かれ》の廻りに集《あつま》ると、お化けの話を期待した。

――お前ら、傘《かさ》のお化けというのを知っているか。

相手の口からそんな言葉が出ると、女の子供たちは、それだけで悲鳴をあげて逃《に》げ去ったものである。

子供たちは子供たちで、お化けの話は怖くはあったが、根本的には、それに信用をおいていないところがあった。怖くはあったが、お話の怖さであった。ひとつ目小僧《こぞう》も、傘のお化けも、その異様な姿を、自分で自分の瞼《まぶた》に描《えが》いて、2それに怖さを感じていたに過ぎないのである。

本当の怖さというものは、お化けなどではなくて、滝とか、淵《ふち》とか、そういった場所に一人で行った時感ずる、自分の他には誰も居ないといった思いであったようだ。自分の他には誰も居ないが、と言って、自分一人ではない。眼には見えないが、何か別のものが、そこには居るのである。滝の精霊《せいれい》であり、淵の精霊である。

子供たちにとっては、お化けの方はお話の怖さであったが、滝や淵の精霊の方は、それを［ 1 ］として受け取っていた。私たちは一日中川で真裸《まっぱだか》になって遊び呆《ほう》けているくせに、いざそこを引き上げるとなると、※われがちに着物を抱《かか》えた。一番あとに、ひとり取り遺《のこ》されるのが怖かったのである。

私の郷里の村は、狩《か》野《の》川《がわ》台風で有名になった狩野川の上流に沿っている。そして村の中でその狩野川の本流に、猫越《ねっこ》川とか、長野川とかいった支流が流れ込んでいる。現在はもちろん町制が布《し》かれ、天《あま》城《ぎ》湯《ゆ》ヶ《が》島《しま》町という立派な名前を持っているが、町になる以前は、上狩野村湯ヶ島である。そしてその湯ヶ島の集落で、共に天城山系から流れ出す三本の川は落合《おちあ》っている。

狩野川の本流には猫越淵、大淵、宮ノ淵、おつけの淵、支流の長野川にはヘイ淵、巾着《きんちゃく》淵といった淵があった。淵は本流にある方が大きかったが、私たちは、家が支流の長野川に近かったので、泳ぐのも、魚を獲《と》るのも、蟹《かに》受けを伏せるのも、みな長野川に於《お》いてであった。めったに本流には行かなかった。そこは他の集落に属する水域であり、他の集落の子供たちの縄張《なわば》りであった。

泳ぐのはヘイ淵専門であった。ヘイ淵は男の子の水浴び場、巾着淵は女の子たちの水浴び場であった。男の子と女の子の水域は※截然《せつぜん》と別れていた。

狩野川台風以後、ヘイ淵は淵としての形を失ってしまったが、私たちが夏休みの間、毎日のように泳ぎに行っていた頃《ころ》は、小さくはあったが、急深の、※インキ壺のような淵であった。一、二年の幼い頃は淵の裾《すそ》で遊び、少年になると、そのインキ壺に岩の上から跳《と》び込《こ》んだ。そして、唇《くちびる》が紫《むらさき》色になり、足の裏が白くなると、冷えきった体を、流れの中にころがっている石に抱《だ》きついて暖めた。腹を暖めたり、背を暖めたりした。河童《かっぱ》が甲羅《こうら》を乾《かわ》かしているのと少しも異らなかった。大きい河童も居れば、小さい河童も居た。

従って、ヘイ淵は私たちの毎日の遊び場であり、川瀬の中に沈《しず》んでいる石の、どれが滑《すべ》るか滑らないかまで知っていた。それなのに、そこを引き上げる時は、一番あとに遺《のこ》されるのが厭《いや》で、われ先に着物を抱えたものである。

——おれ、へこ帯を置いて来た。

途中で、着物を着る時になって、そんなことを言い出すのが居た。そして、一人で引返《ひきかえ》して行き、駈《か》け戻《もど》って来ると、

——出なかった！

必ず、そんなことを言った。大勢で居れば怖くも何でもない水浴び場であったが、一人で行くと、何かが出て来るかも知れない[1]不気味な場所であったのである。

私もまた、何回かヘイ淵の岸に一人で[2]立たざるを得ないことがあったが、人の気のないヘイ淵は全く異ったものに見えた。明るい陽光の降っている真昼は真昼で、暮れ時は暮れ時で、それぞれに不気味であった。淵の水の色も、川瀬の音も、異ったものに感じられた。

一人で淵に行った時感ずる言い知れぬ※畏《い》怖《ふ》感は、ふいに何ものかによってわし摑《づか》みにされそうな、そんな怖さであったと思う。どの淵にも主《ぬし》が居るというようなことが言われていたが、主といった形があるものの怖さではなくて、もっと別のもののような気がする。何となくそこらに漂《ただよ》っているものの怖さなのであって、精霊とでも言った方がぴったりする。

——おい、坊《ぼう》！

振《ふ》り返っても、誰も居ない。姿は見えないが、何ものかにわし摑みにされていて足は動かない。

——こっちへ来な。

逃げようにも体は身動きできなくなっている。助けてくれと叫《さけ》ぼうとするが、声は出ない。謂《い》ってみれば、このようなことが起《お》こり[3]そうな怖さなのである。

※柳《やなぎ》田《た》国男に「山の人生」という有名な随《ずい》筆がある。その中で神かくしのことに触れて、神かくしに遇《あ》った人は大抵《たいてい》暮れ方に村はずれに出て行って、そのまま帰って来なくなっている。そういう事件について、昔の人は、いけない時刻に田《たん》圃《ぼ》などへ出て行くからそういうことになるのだという言い方をしている。そうした点から考えると、昔の人は、人間が先祖帰りするいけない時刻というもののあるのを知っていたようである。つまり、そのいけない時刻に身を置くと、ふいに原始時代の心が立ち戻って来て、山に向《むか》って歩いて行くようなことになる。――その随筆では、神かくしなるものを、3このように解釈《かいしゃく》している。今日の〝蒸発〟も同じことかも知れない。

柳田国男は空間のことについては、はっきりと触れていないが、いけない時刻というものがあるなら、いけない空間というものもあってよさそうな気がする。暮色が迫って来る時刻をいけない時刻とするなら、 2 の拡《ひろが》りなどは、※さしずめいけない空間ということになりそうである。

何年か前に、この有名な随筆を読んだ時、私は幼い頃に一人で淵の畔《ほと》りに立った時の怖さを思い出した。そしてなぜあのように言い知れぬ恐怖感に襲《おそ》われたか不思議に思っていたが、もしかしたら、それはいけない時刻に身を置いたことから※生《せい》起《き》するものではなかったかと思った。幼い者にとっては、 3 というものはいけない空間であり、 4 というのはいけない時刻であったかも知れない。そして幼い者だけが持つ原始感覚は、その空間と時刻の組合せが誘発《ゆうはつ》しようとしているものを鋭《えい》敏《びん》に感じ取っていたのではないか。――もちろん、これは私の勝手な想像である。柳田先生在世《ざいせい》なら、伺《うかが》ってみるところであるが、先生は小説家というものは勝手なことを考えるものですねと、笑っておっしゃるかも知れない。

それはともかくとして、幼い頃は一人で淵の畔りに立つと怖かったものである。幽霊やお化けの怖さではなく、ふいに魂《たましい》でも掴まれそうな一種独特の畏怖感だったのである。

(井上《いのうえ》　靖《やすし》『幼き日のこと・青春放浪』「山火事」新潮社)

※土蔵……外壁《がいへき》を土壁として漆喰《しっくい》などで仕上げられるもの。蔵とよばれることが多い。
※われがちに……我先に
※截然……区別や差がはっきりしているさま。
※インキ壺……インクを入れておく机上用の小容器。
※畏怖感……おそれおののく気持ち。
※柳田国男……1875〜1962。民俗学者。
※さしずめ……結局のところ。
※生起……事件や現象が現れ起こること。

問1　傍線1「祖母がそのように仕付けてくれていたのであろう」とありますが、「祖母」がどのように「仕付けてくれていた」と「私」は思っていますか。解答欄《らん》に合うように、本文中の言葉を使い、二十字以内で答えなさい。(句読点、カッコなども字数に数えて答えなさい。)

| 二十字以内 | ように仕付けてくれていたと思っている。 |

問2　傍線2「それ」の指す内容として最も適当なものを次から一つ選び、記号で答えなさい。

ア　話の中に出てくるお化けが、実際に存在すること。
イ　お化けの話を聞いて、ひどくおびえている自分。
ウ　自分なりに想像した、話の中に出てくるお化けの姿。
エ　実際に存在するかのように聞こえるお化けの話。

問3　空欄1に入る語として最も適当なものを次から一つ選び、記号で答えなさい。

ア　実感　　イ　迷信　　ウ　異常　　エ　驚《きょう》異

問4　「私」の郷里のことについて、正しいものには○、間違っているものには×を記しなさい。

ア　天城山系から流れ出した狩野川から枝分かれしたのが猫越川、長野川である。
イ　男の子が主に遊んだのは、本流のヘイ淵であった。
ウ　「私」の郷里の村で、本流である狩野川に猫越川、長野川といった支流が合流している。
エ　他の集落の子供たちや、男の子、女の子の水域ははっきりと分かれていた。

問5　次の傍線部をそれぞれ言い切りの形にしたとき、波線1「不気味な」の言い切りの形と同じになるものを次から一つ選び、記号で答えなさい。

ア　海が深くなる。
イ　今日、課題図書を読んだ。
ウ　波が高ければ遊泳禁止。
エ　母は陽気で元気な人だ。

問6　波線2「立たざるを得ない」の意味として最も適当なものを次から一つ選び、記号で答えなさい。

ア　立ってはならない。
イ　立たなければならない。
ウ　立とうとした。
エ　どうしても立てない。

問7　波線3「そうな」と同じ用法ではないものを次から一つ選び、記号で答えなさい。

ア　明日は雨が降りそうだ。
イ　弟は悲しそうな目をしていた。
ウ　兄は明日京都へ行くそうだ。
エ　あまりのくやしさに涙が出そうになった。

問8　傍線3「このように解釈している」とありますが、どのように解釈しているのですか。解答欄に合うように、**いけない時刻**、**先祖帰り**、という二つの言葉を使い、二十五字以内で答えなさい。(句読点、カッコなども字数に数えて答えなさい。また、**いけない時刻**、**先祖帰り**、という二つの言葉を使う順序は問いません。)

人間が［　二十五字以内　］と解釈している。

問9　空欄2に入る語を本文中から二字で抜《ぬ》き出して答えなさい。

問10　空欄3に入る語として最も適当なものを次から一つ選び、記号で答えなさい。

ア　土蔵　　イ　校庭　　ウ　山　　エ　淵

問11　空欄4に入るものとして最も適当なものを次から一つ選び、記号で答えなさい。

ア　朝日が昇《のぼ》る頃とか昼頃
イ　夕暮れ時とか人々が寝《ね》静まった頃
ウ　午下《ひるさ》がりとか暮色の迫《せま》る頃
エ　深夜とか夜が明ける頃

三　次の文章を読んで後の問いに答えなさい。

私にもこんな経験があります。ある日、小学生の息子から電話がかかってきました。何事かと思って出ると「父さん、公園で遊んでいたら、ムクドリが倒《たお》れて動かないよ」と［Ⅰ］た声で［Ⅱ］てきます。ムクドリとは黄色いくちばしが特徴《とくちょう》で、全長24センチ程度の、それこそどこにでもいる鳥です。話を聞いてみると、近所の公園で友達と遊んでいたところ、地面に落ちて［Ⅲ］ているムクドリを友達が発見。息子が生き物を好きなことを知っていた友達から「どうしたらいいの?」と聞かれたのですが、どうしたらいいのか分からず、私に電話をしてきたということでした。

「ねえ、このままだと死んじゃうと思うんだけど、どうしたらいいのかな?」

電話口からは[1]「何とかしてあげたい」という思いが伝わってきます。私は、野生の生き物はばい菌《きん》や寄生虫を持っていることがあるので、触らないように［Ⅳ］た上で、[2]そのままにしておくよう指示しました。ただ、息子は「放っておいていいの?」という疑問も持ったようです。それに対しては、助けずにそのままにすることへの説明をしなければいけないな、とも思ったのでした。

伝えたかったのは、野生の生き物、特に元々その地域にすんでいた生き物たちは、その場所で自然のままに生き、死んでいくのが本来の姿であり、人が必要以上に手を加えることは避《さ》けた方がいいということでした。今回は、死にかけたムクドリというかなり気の毒な対象だったこともあり、「助けてあげたい」という気持ちも理解はできるのです。ただ、そのムクドリがそのまま死んでも、昆虫《こんちゅう》などが死体を食べ、さらに微生物《びせいぶつ》に分解されていきます。死体も生態系の一員なのです。息子には、「ムクドリが死んでも無駄《むだ》になるわけではないし、それで他の生き物の命が助かっている。助けたい気持ちはとても大事だけど、死体でさえも他の生き物にとっては大事な食べ物なんだから、それを横取りしてしまうのはやめておこう」と伝えました。

野外では、傷ついた生き物や、鳥の子育ての季節に地面に落ちたヒナを見ることがあります。どうしたらいいのか分からない人は少なくなく、保護団体や役所には毎年のように問い合わせが来ているようです。共通して注意するべき点がいくつかあります。

まず、鳥や動物を保護するというのは、[a]シンセツ心からでも、法律違反《いはん》になる可能性があります。鳥獣《ちょうじゅう》保護管理法という法律では、その8条で、「鳥獣及《およ》び鳥類の卵は、捕獲《ほかく》等又《また》は採取等（採取又は損傷をいう）をしてはならない」と定めています。一般《いっぱん》の人が無断で鳥を保護することは、この捕獲や採取とみなされる恐《おそ》れがあります。

また、保護のつもりでも、人が捕《つか》まえることは、生き物に大きなストレスを与《あた》えるといわれています。私たちの気持ちを言葉や表情で野生の生き物に伝えることはできません。生き物たちにしてみたら、巨大《きょだい》な生物から捕まえられているのと同じことです。鳥のヒナの場合は、近くに親鳥がいることも少なくありません。捕まえて保護すれば、親鳥とヒナを引き離《はな》すことになります。

仮に持ち帰っても、きちんと育てるには、その生き物についての知識や、場合によってはbセンヨウの設備が必要です。簡単なことではありませんし、無事にまた野生にcフッキできる保証もありません。一度人に馴《な》れてしまった生き物は、自分では餌《えさ》をとったりすみかを探したりできないかもしれません。「かわいそうだから」と保護して、持ち帰った生き物を飼いきれないからと野外に放つのは無責任です。先ほどのムクドリのように、自然の中では常に「生き死に」があり、たとえ死んでも、他の生物に食べられたり、分解されたりすることで、自然の中で栄養を回すという役割を果たしています。傷ついた生き物などがいても、安易に手を出す前に一瞬《いっしゅん》立ち止まって、こうしたことを考えてみてはいかがでしょうか。

鳥ではありませんが、米イエローストーン国立公園では２０１６年、生後間もないバイソンの赤ちゃんを、dカンコウ客が「寒そう」だからと、車に乗せて保護する「事件」がありました。公園のフェイスブックアカウントによると、赤ちゃんバイソンを群れに再び引き合わせて合流させようとしたけれども、うまくいかなかったことなどが書かれています。動物の場合、一度引き離された親子を再び元の状態に戻《もど》そうとしても、母親が育児放棄《ほうき》などをすることは珍《めずら》しくありません。さらに、この赤ちゃんバイソンは繰《く》り返し沿道のカンコウ客や車に接近するなど、一歩間違《まちが》えば事故につながる危険な状《じょう》況《きょう》だったそうです。

公園は、3最終的に赤ちゃんバイソンを安楽死させる道を選びました。その上で、公園から赤ちゃんバイソンを外に出すには、必要な検査を受けなければならなかったが、その検査を行える態勢にはなかったことや、たとえ赤ちゃんバイソンを保護しても、公園の事務所では育てることはできないことなどを説明しています。

せめて傷つき苦しんでいる生き物を助けてやることは出来ないものでしょうか。しかし、4それも簡単な話ではありません。

環境《かんきょう》省が２０１８年にまとめた報告「行政における傷病鳥獣救護の考え方と地域の取組み事例」という報告書では、傷ついた生き物（鳥獣）を保護する前提として、同じ環境省の「鳥獣の保護及び管理を図るための事業を実施《じっし》するための基本的な指針」を引用しつつ、おおむね以下のように説明しています。

・鳥獣は、自然環境の中で他の生物を食べながら、生と死を繰り返している。生態系は野生生物の生と死によって成り立っていて、自然のけがや病気によって鳥獣が死ぬことも、生態系の重要な要素の一つである。

・一方で、人には鳥獣の命を大切に思う気持ちがある。けがや病気の鳥獣を助けることは、もともと人道的な行為《こうい》として行われてきた側面もある。

・けがや病気の鳥獣を助ける際には、これらの考え方を踏《ふ》まえた上で、絶滅《ぜつめつ》の恐れのある種の保全や、環境の状態を知る指標として活用すること、けがや病気がなぜ起きたのかや、どうしたら予防できるのかといった、生物多様性の保全に役立つことに重点を置いて対応を検討する。

簡単にまとめてしまえば、命を大切に思う気持ちは人として自然なものであるけれども、生き物の生死も含《ふく》めて生態系が存在していることを踏まえ、生き物を助ける際にも「生物多様性の保全」という視点が重要であるということです。報告書では、「鳥獣」として、鳥類と哺乳《ほにゅう》類だけを対象としていることに注意が必要ですが、爬虫《はちゅう》類や魚など他の生き物でも、この考え方は参考になります。

都道府県に対して実施したアンケートでは、けがや病気の鳥獣を助ける事業の課題として「資金・施設・人材の確保が困難」と答えた自治体が半分の24にものぼりました。仮に全ての生き物を分け隔《へだ》てなく助けようとしても、人もお金も足りていない様子がうかがえます。

【中略】

人が野生の生き物に餌を与えたり馴れさせたりすることで、距離《きょり》が近づいたり接触《せっしょく》の機会が増えたりすることは、事故や病気をもらう[5]リスクを高めます。大型動物であれば駆除《くじょ》しなければならなくなるかもしれません。餌を食べる一部の動物だけが増えてしまう恐れや、餌を求めて集まった場所で病気が広がり、生態系に悪影響《えいきょう》が出るリスクもあります。本当に生き物や生態系を大事にしようと思うのであれば、自己判断での餌やりは果たして正しいことでしょうか。ある生き物はあなたにとってはかわいいと感じられても他の人には迷惑《めいわく》だったり、場合によっては怖《こわ》いと感じたりする存在かもしれません。好きだからといって隣人《りんじん》が家の前に大量の生ゴミを出してカラスを集めてしまったり、ペットフードをばらまいてノラネコに勝手に餌やりを始めたりしたらどうでしょうか。やはり多くの人はよい気持ちはしないのではないかと思います。生き物を自分の都合だけで、[6]周囲への悪影響も考えずに「大事にする」ことは、人間同士のトラブルにもつながる恐れがあります。

また、生き物が傷ついた姿を見て助けたいと思っても、助ける生き物には優先度があったり、助ける側の資源に限界があったりするという事実も、忘れないでいて欲しいと思います。中には絶滅の恐れがあり、助けるべき優先度が高い生き物もいますが、そういう場合も素人判断は禁物です。種が分からなければ、自治体などに通報し、専門家の判断にゆだねてその場を離れる勇気も必要です。

お腹を空かせた生き物に何かを与えたい、傷ついた生き物を助けてあげたい、そんな気持ちは自然なもので、決して否定されるべきものとは思いません。しかし、人と野生の生き物の間には引くべき一線があり、それを越《こ》えた先に[7]幸せな未来はないこともまた事実です。好きだからこそ、そのままの姿を片思いで見守る気持ちも大切なのです。

（小坪《こつぼ》　遊《ゆう》『「池の水」抜《ぬ》くのは誰《だれ》のため？』　新潮社）

問１　空欄Ⅰ～Ⅳの中に入る語句として正しいものを後の語群の中からそれぞれ一つずつ選び、記号で答えなさい。ただし、同じ記号を二回以上用いてはならない。

語群

ア　倒れ　　イ　まくし立て　　ウ　念押《ねんお》しし　　エ　手を加え　　オ　焦《あせ》っ

問２　傍線ａ～ｄと同じ漢字を含《ふく》む語を後の語群の中からそれぞれ一つずつ選び、記号で答えなさい。ただし、同じ記号を二回以上用いてはならない。

ａ　シンセツ　　ｂ　センヨウ　　ｃ　フツキ　　ｄ　カンコウ

語群

ア　帰国　　イ　容易　　ウ　新刊　　エ　観葉　　オ　危害　　カ　期間

キ　進学　　ク　寒気　　ケ　心機　　コ　信用　　サ　親権　　シ　必要

問３　傍線１「『何とかしてあげたい』」とありますが、どのような気持ちですか。解答欄に合うように本文中から四文字で抜き出しなさい。

気持ち。

問4　傍線2「そのままにしておくよう指示しました。」とありますが、そのように答えた理由として適当でないものを次から一つ選び、記号で答えなさい。

ア　野生の生き物はばい菌や寄生虫を持っていることがあるから。
イ　その場所で自然のままに生き、死んでいくのが本来の姿だから。
ウ　死体でさえも他の生き物にとっては大事な食べ物になるから。
エ　野外で傷ついた生き物を助けるのは保護団体や、役所の仕事だから。

問5　傍線3「最終的に赤ちゃんバイソンを安楽死させる道を選びました。」とありますが、その理由として最も適当なものを次から一つ選び、記号で答えなさい。

ア　生後間もないバイソンの赤ちゃんにとって、寒すぎる環境は適していなかったから。
イ　母親のバイソンが赤ちゃんバイソンの育児を元々放棄していたから。
ウ　外に出すための必要な検査ができず、公園の事務所で育てる態勢も整っていないから。
エ　群れから離れたバイソンの赤ちゃんは安楽死させることが法で定められているから。

問6　傍線4「それも簡単な話ではありません。」とありますが、その理由として最も適当なものを次から一つ選び、記号で答えなさい。

ア　命を思う気持ちは人それぞれ程度に差があるため、助けてあげることを全員に強要することはできないから。
イ　野生生物の生死は生態系の重要な要素でもあることを理解したうえで「生物多様性の保全」に基づき対応するべきだから。
ウ　傷ついた生き物を保護するためには、行政の許可が必要で、許可が出るまでの期間放置しておくことは、逆に死に至る危険性があるから。
エ　全ての生き物を分け隔てなく助けるだけの人材はいるのだが、その施設や予算が足りていないため、どうすることもできないから。

問7　傍線5「リスク」とありますが、言い換《か》えた語として最も適当なものを次から一つ選び、記号で答えなさい。

ア　必然性　　イ　絶対性　　ウ　危険性　　エ　先天性

問8　傍線6「周囲への悪影響も考えずに『大事にする』こと」とありますが、そのことが具体的に書かれている箇所《かしょ》を、解答欄に合うように本文中から十四字で抜き出し、最後の六字を記しなさい。

						こと。

問9　傍線7「幸せな未来」とありますが、あなたは人間と野生の生き物の「幸せな未来」とはどのような関係を築くことだと考えますか。次の条件に合うように記しなさい。

条件①　どのような関係かを文頭に記すこと。
条件②　その関係を築くためにしてはいけないことと、するべきことを記すこと。
条件③　字数は五十字以上、八十字以内にすること。（句読点、カッコなども字数に数えて答えなさい。）

問10　次に示す会話は、この文章を読んだ五人の生徒が、「埼玉県にある地元の森へカブトムシが帰ってくるにはどうしたら良いか」について話し合っている場面です。本文を踏まえた意見として合《がっ》致《ち》するものにはAを、そうでないものにはBを記しなさい。

ア　村上君　「ここの森にも昔はカブトムシがたくさんいたらしいけど、今はあんまり見られなくなったな。そういえば、九州のおじいちゃんの家の近くの森にカブトムシがいるから、帰省した時に大量につかまえてきて、この森に放してカブトムシを増やしてみるというのはどうだろう。」

イ　内田君　「子供たちも喜ぶし、森の再生にもつながるはずだよ。僕《ぼく》もこの間、知り合いのおじさんからもらった大量の鈴虫《すずむし》を飼いきれなくなってここの森に放してあげたんだ。しばらくきれいな声で鳴いていたよ。」

ウ　川島君　「でも、今現在この森に暮らしている地域の生き物たちの暮らしや自然のバランスを壊《こわ》してしまうことにはならないかな。カブトムシが樹液を占領《せんりょう》してしまって他の虫のエサが不足してしまうかもしれないよ。」

エ　木村君　「それなら、樹液を買って来てこの森の木に塗《ぬ》ってあげれば解決だね。今回はカブトムシを増やすことが目的なんだからカブトムシが住みやすい環境を作り上げることを最優先にしよう。」

オ　森田君　「九州のカブトムシがこの森に順応できるかはわからないし、この森に元々残っている地元のカブトムシの生活を圧迫《あっぱく》してしまう可能性もあるよね、まず専門家の意見を聞きに行ってみようよ。」

2024年度

城北埼玉中学校

▶解説と解答

算　数　＜第１回試験＞（50分）＜満点：100点＞

解　答

$\boxed{1}$ (1)　$4\frac{7}{9}$　　(2)　11　　(3)　180m　　(4)　女子の方が２点高くなる。　　(5)　1050枚　　(6)　18.42cm^2　　(7)　116度　　(8)　60cm　　$\boxed{2}$ (1)　6　　(2)　10cm　　(3)　195秒後
$\boxed{3}$ (1)　①　２通り　　②　４通り　　(2)　21通り　　$\boxed{4}$ (1)　24番目　　(2)　34　　(3)　1816　　$\boxed{5}$ (1)　200cm^2　　(2)　514cm^2　　(3)　135.5cm^2

解　説

$\boxed{1}$ 四則計算，逆算，通過算，平均，分配算，面積，角度，長さ

(1)　$7-4\div2-1\frac{1}{3}\div18\times\frac{1}{2}\div\frac{1}{6}=7-2-\frac{4}{3}\times\frac{1}{18}\times\frac{1}{2}\times6=5-\frac{2}{9}=4\frac{7}{9}$

(2)　$27-63\div(54-\square\times3)=24$より，$63\div(54-\square\times3)=27-24=3$，$54-\square\times3=63\div3=21$，$\square\times3=54-21=33$　よって，$\square=33\div3=11$

(3)　鉄橋を渡《わた》り始めてから渡り終わるまでには，(鉄橋の長さ)＋(電車の長さ)だけ進み，トンネルに入り始めてから通過し終わるまでには，(トンネルの長さ)＋(電車の長さ)だけ進む。よって，２つの場合で進む距離《きょり》の差は，トンネルの長さと鉄橋の長さの差と同じだから，600－360＝240(m)となる。また，かかる時間の差は，39－27＝12(秒)である。よって，電車の速さは秒速，240÷12＝20(m)なので，(鉄橋の長さ)＋(電車の長さ)＝20×27＝540(m)となり，電車の長さは，540－360＝180(m)と求められる。

(4)　Ａグループの女子の平均点は，50－５＝45(点)，Ｂグループの女子の平均点は，10－４＝６(点)である。２つのグループを合わせた男子８人の合計点は，50×４＋10×４＝240(点)だから，男子の平均点は，240÷８＝30(点)とわかる。また，女子６人の合計点は，45×４＋６×２＝192(点)だから，女子の平均点は，192÷６＝32(点)となる。したがって，女子の方が男子よりも，32－30＝２(点)高くなる。

(5)　花子さんのメダルの数を$\boxed{1}$とすると，太郎君が次郎君に渡した数は$\boxed{\frac{1}{3}}$，渡した後の太郎君と次郎君のメダルの数は$\boxed{2}$と表せるので，下の図１のようになる。図１より，$\boxed{2}-\boxed{1}-\boxed{\frac{1}{3}}=\boxed{\frac{2}{3}}$にあたる枚数が300枚だから，$\boxed{1}$にあたる枚数は，$300\div\frac{2}{3}=450$(枚)とわかる。また，太郎君がはじめにもっていたメダルの数は，$\boxed{2}+\boxed{\frac{1}{3}}=\boxed{\frac{7}{3}}$にあたるので，その枚数は，$450\times\frac{7}{3}=1050$(枚)と求められる。

(6)　下の図２のように，半円の中心をＯとすると，色をぬった部分はおうぎ形OADと三角形AOBに分けられる。三角形AOBは二等辺三角形なので，角OABの大きさも15度であり，内角と外角の

図１

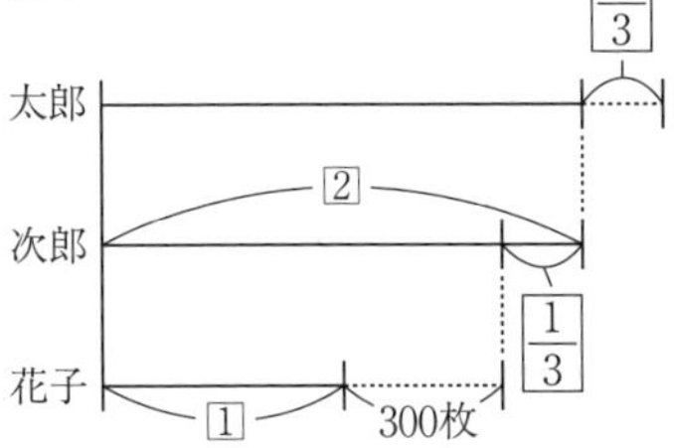

図２

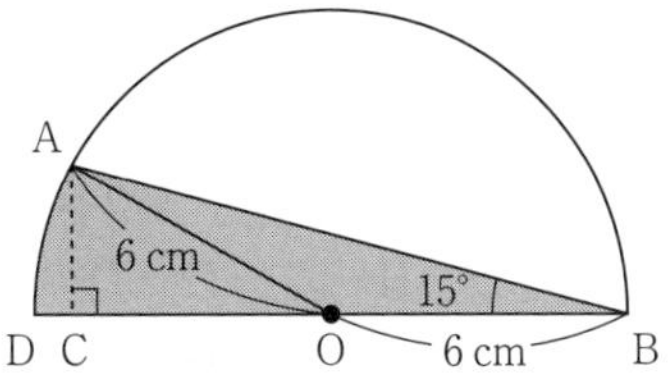

図３

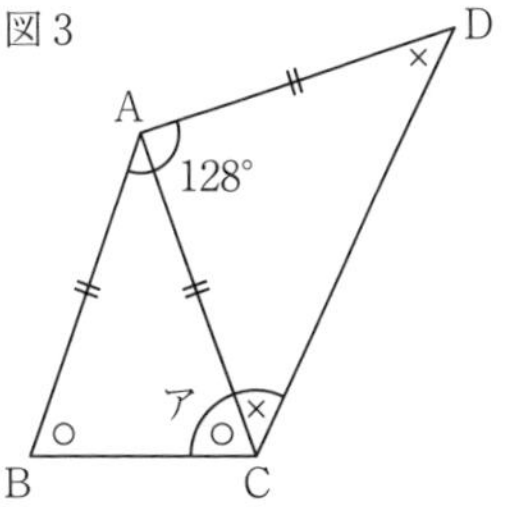

関係から，角AOCの大きさは，15＋15＝30(度)になる。よって，おうぎ形OADの面積は，$6 \times 6 \times 3.14 \times \frac{30}{360} = 9.42$(cm²)である。また，三角形ACOで，角OACの大きさは，180－30－90＝60(度)だから，三角形ACOは正三角形を２等分した直角三角形とわかる。すると，ACの長さはOAの長さの半分の，6÷2＝3(cm)となり，三角形AOBの面積は，6×3÷2＝9(cm²)になる。したがって，色をぬった部分の面積は，9.42＋9＝18.42(cm²)と求められる。

⑺　上の図３で，三角形ABCと三角形ACDは二等辺三角形だから，同じ印をつけた角の大きさは等しくなる。また，四角形ABCDの角Ｂ，角Ｃ，角Ｄの和は，360－128＝232(度)なので，○＋○＋×＋×＝232(度)とわかる。よって，○＋×＝232÷２＝116(度)だから，アの角度は116度である。

⑻　右の図４で，ア，イ，ウ，エの辺を除いた周の長さは，9＋10＋7＋4＋1＋3＋2＋2＋3＋4＋2＋4＝51(cm)である。次に，アとウと○の長さの和は，3＋2＋1＝6(cm)で，○の長さは，10－(4＋4)＝2(cm)だから，アとウの長さの和は，6－2＝4(cm)とわかる。また，△の長さは，3－2＝1(cm)なので，□の長さは，9－(2＋4＋1)＝2(cm)となり，イとエの長さの和は，7－2＝5(cm)となる。よって，周の長さは，51＋4＋5＝60(cm)と求められる。

図４

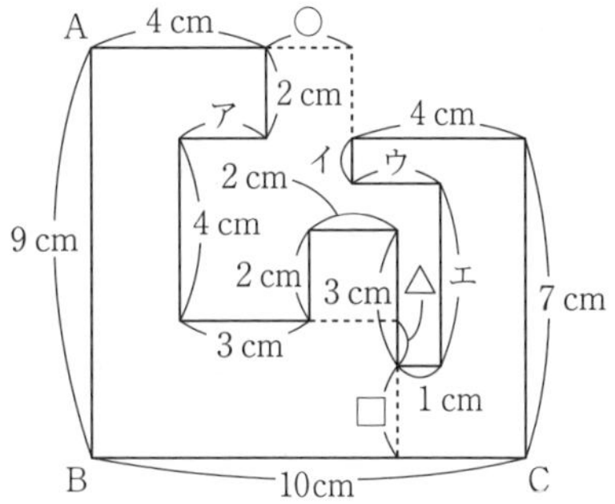

2　グラフ―水の深さと体積

⑴　水そうを正面から見ると右の図のようになる。また，問題文中の図２で，水を入れ始めたときの水面の高さが15cmなので，①の部分から水を入れたことがわかる。さらに，①の部分に水が入るのに30秒，②の部分に水が入るのに，84－30＝54(秒)，③の部分に水が入るのに，120－84＝36(秒)かかる。すると，②と③の部分の容積の比は，54：36＝3：2となり，これはアと4cmの比に等しいから，アの長さは，$4 \times \frac{3}{2} = 6$(cm)と求められる。

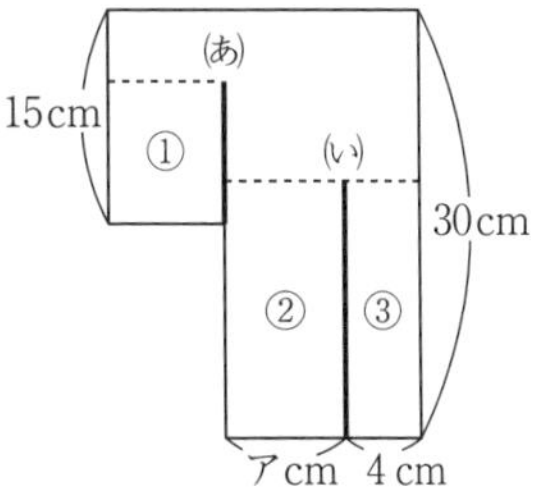

⑵　問題文中の図２で，(A)と(B)が平行だから，①と②の部分に水が入るとき，１秒あたりに上がる水面の高さが等しい。つまり，①と②の部分の底面積は等しいことがわかる。すると，①の部分の底面積は，18×6＝108(cm²)であり，①の部分に水が入るのに30秒かかるから，①の部分の容積は，36×30＝1080(cm³)となる。したがって，仕切り(あ)の高さは，1080÷108＝10(cm)と求められる。

⑶　①の部分の底面積は108cm²で，②と③の部分の底面積の和は，18×(6＋4)＝180(cm²)だから，水そうの容積は，108×15＋180×30＝1620＋5400＝7020(cm³)とわかる。よって，水そうがいっぱ

いになるのは，水を入れ始めてから，7020÷36＝195(秒後)である。

3 場合の数

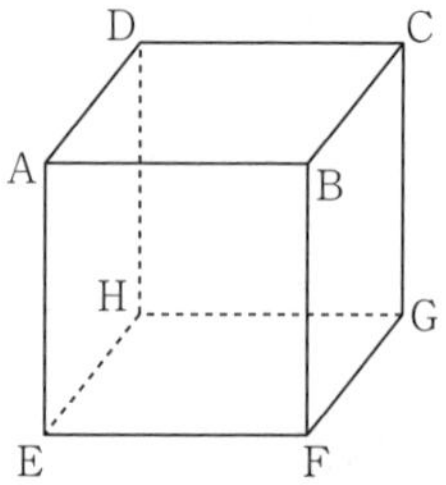

(1) ① 右の図で，ＢからＤまで通る長さの和が，８－２＝６(cm)で，ABとADを通らない行き方を考えればよい。そのような行き方は，Ｂ－Ｃ－Ｇ－Ｆ－Ｅ－Ｈ－Ｄ，Ｂ－Ｆ－Ｅ－Ｈ－Ｇ－Ｃ－Ｄの２通りある。

② ＢからＤまで通る長さの和が，６－２＝４(cm)で，ABとADを通らない行き方を考えればよい。そのような行き方は，Ｂ－Ｃ－Ｇ－Ｈ－Ｄ，Ｂ－Ｆ－Ｇ－Ｃ－Ｄ，Ｂ－Ｆ－Ｇ－Ｈ－Ｄ，Ｂ－Ｆ－Ｅ－Ｈ－Ｄの４通りある。

(2) 点Ａから出ている辺はAB，AD，AEの３本あり，このうちの２本だけを必ず通ることになる。ABとADを通る方法は，(1)で調べたもののほかに，Ａ－Ｂ－Ｃ－Ｄ－Ａの１通りしかないので，２＋４＋１＝７(通り)ある。ABとAEを通る方法，ADとAEを通る方法も同様に７通りずつあるから，全部で，７×３＝21(通り)ある。

4 数列

(1) 右の図のように，整数を３個ずつに区切って組分けすると，初めて10があらわれるのは，８組(８，９，10)の最後になる。したがって，左から数えて，３×８＝24(番目)とわかる。

1，2，3	2，3，4	3，4，5	4，5，6	5，6，7	…
1組	2組	3組	4組	5組	…

(2) 左から数えて100番目の整数は，100÷３＝33あまり１より，34組の１個目になる。よって，その整数は34である。

(3) 各組の整数の和は，１＋２＋３＝６，２＋３＋４＝９，３＋４＋５＝12，…のように３ずつ増える。また，33組の整数の和は，33＋34＋35＝102だから，１組から33組までのすべての整数の和は，(６＋102)×33÷２＝1782とわかる。したがって，100番目(34組の１個目)までの整数の和は，1782＋34＝1816になる。

5 平面図形―図形の移動，面積

(1) 正方形の面積は，(対角線)×(対角線)÷２で求められる。よって，正方形ABCDの面積は，20×20÷２＝200(cm^2)である。

図１

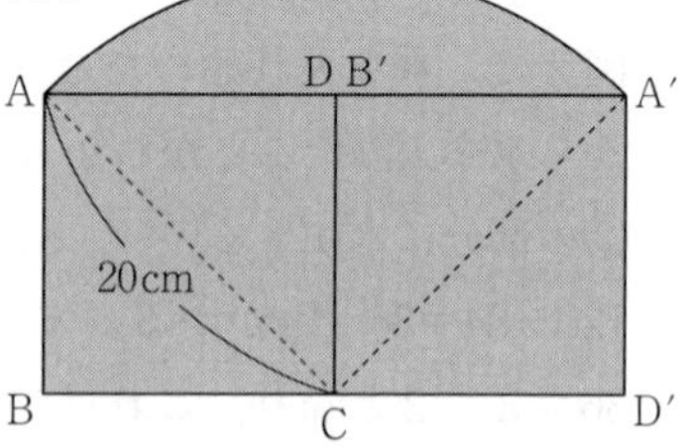

(2) 正方形ABCDが通るのは，右の図１の色をぬった部分になる。三角形ABCと三角形A′CD′の面積の和は，正方形ABCDの面積と等しく200cm^{2}である。また，おうぎ形CAA′は，半径が20cm，中心角が90度だから，面積は，$20\times20\times3.14\times\frac{90}{360}=$ 314(cm^2)となる。したがって，正方形ABCDが通った部分の面積は，200＋314＝514(cm^2)と求められる。

図２

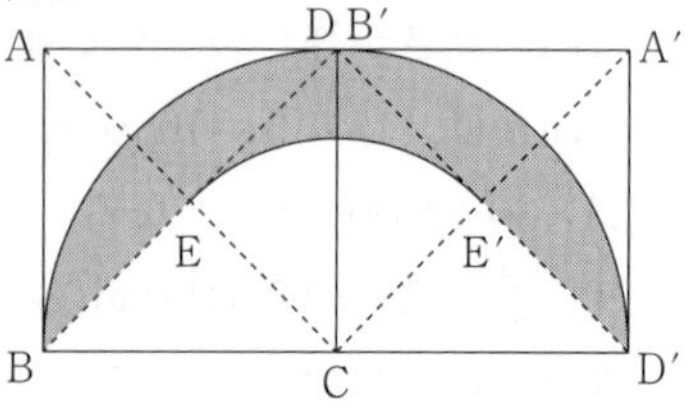

(3) 対角線ACとBDの交わる点をＥとすると，対角線BD上で点Ｃから最も近い点はＥであり，最も遠い点はＢとＤである。よって，対角線BDが通るのは，右の図２の色をぬった部分になる。まず，CBの長さを□cmとすると，□×□＝200(cm^2)だから，CBを半径とする半円の面積は，□×□×3.14÷２＝200

$\times 3.14 \div 2 = 314$(cm^2)となる。また，おうぎ形CEE′は半径が，$20 \div 2 = 10$(cm)で，中心角が90度だから，面積は，$10 \times 10 \times 3.14 \times \frac{90}{360} = 78.5$(cm^2)とわかる。さらに，三角形EBCと三角形E′CD′の面積の和は，$200 \times \frac{1}{4} \times 2 = 100$(cm^2)である。したがって，対角線BDが通った部分の面積は，$314 - 78.5 - 100 = 135.5$(cm^2)と求められる。

社　会　＜第１回試験＞（30分）＜満点：50点＞

解　答

問１　**１**　18歳　**２**　武蔵野　**３**　100　**４**　貝塚　**５**　武蔵　**６**　豊臣秀吉　**７**　横浜(神奈川)　**８**　小江戸　**問２**　(1)　ウ　(2)　エ　(3)　ア　**問３**　ウ　**問４**　民主主義　**問５**　エ　**問６**　ア　**問７**　(1)　エ　(2)　イ　**問８**　イ　**問９**　イ　**問10**　イ→ウ→ア→エ　**問11**　イ　**問12**　エ　**問13**　ウ　**問14**　ウ　**問15**　ア　**問16**　株仲間　**問17**　(1)　ウ　(2)　イ　**問18**　(1)　インフレーション　(2)　ア　**問19**　オ　**問20**　エ　**問21**　イ　**問22**　エ

解　説

埼玉県川越市についての総合問題

問１　**１**　都道府県知事選挙の選挙権年齢は，2016年に公職選挙法とともに地方自治法が改正されたことで，これまでの満20歳以上から満18歳以上に引き下げられた。　**２**　川越市が位置する埼玉県南部から東京都にかけて，火山灰などが堆積《たいせき》した関東ローム層で覆《おお》われた台地である武蔵野《むさしの》台地が広がっている。　**３**　文章中の「川越市のプロフィール」に「大正11(1922)年には埼玉県内で初めて市制を施行」とあるので，2022年で市制施行100周年とわかる。　**４**　縄文時代の人々のゴミ捨て場で，当時の海岸線を知るうえで重要な遺跡《いせき》は貝塚である。人々が食べた貝の貝殻などから，当時の生活を知ることができる。　**５**　現在の埼玉県や東京都，神奈川県の一部にあたる地域は，律令制の下では武蔵国と呼ばれた。　**６**　1590年に北条氏が治めた小田原城を攻《せ》め，全国を統一したのは豊臣秀吉である。　**７**　1858年に結ばれた日米通商修好条約によって開港した横浜(神奈川)，長崎，新潟，兵庫と，1854年の日米和親条約で開港していた函館《はこだて》のうち，横浜，長崎，函館の３港で1859年から貿易が始まった。北関東から輸出のために生糸が運ばれたのは横浜である。　**８**　川越市によると，小江戸とは，江戸と舟運《しゅううん》でのつながりがあり，蔵造りの古い街並みや山車《だし》祭りなど，歴史や文化に江戸の影響《えいきょう》を受けて発展した都市を指す。

問２　(1)　川越市は約35万人の人口を抱《かか》えており，埼玉県内ではさいたま市と川口市に次いで３番目に多い(2023年)。　(2)　北条早雲《そううん》の子で，戦国時代に後北条氏の２代目として川越城を上杉氏から奪い，川越を治めたのは北条氏綱《うじつな》である(エ…○)。なお，アの北条義時は鎌倉幕府第２代執権，イの北条氏政は後北条４代，ウの北条時政は鎌倉幕府初代将軍源頼朝の妻であった北条政子の父である。　(3)　船は陸上輸送よりもより多くの物資を素早く運ぶことができるため，日常に欠かせない食料など多くのものが船を用いて運ばれた。

問３　川越市は埼玉県の中央よりもやや南に位置する(ウ…○)。なお，アは深谷《ふかや》市，イは飯能《はんのう》市，エはさいたま市である。

問４　民主主義とは，国民が主権者となって，国民や国民に選ばれた代表者が国民全体のために政治を行うことを指す。地方自治では，住民が身近な地域の課題に対して民主主義を行う場であることから「民主主義の学校」と呼ばれる。

問５　専決処分とは，本来は議会が決めることを，議会を招集する時間が持てない場合などに，知事が議会の代わりに意思決定することをいい，災害発生時の応急措置《そち》などのために行われることがある(エ…○)。なお，知事の任期は４年だが，参議院議員は６年である(ア…×)。リコールされたときに知事は議会を解散することができない(イ…×)。知事の被選挙権は満30歳以上の男女に与《あた》えられる(ウ…×)。

問６　ベッドタウンとは，都心に通勤する人が多く住む郊外《こうがい》の住宅地のことである。ベッドタウンでは，多くの住民が昼間は都心などへ出かけるため，夜間の人口に対して昼間の人口が少ない(ア…○，エ…×)。なお，ベッドタウンの発達によって，都心の人口が減り，郊外の人口が増えるドーナツ化現象が強まっていった(イ…×)。ベッドタウンはアメリカやイギリスなどの大都市の郊外にもある(ウ…×)。

問７　⑴　近郊農業は消費地である大都市の近くで行う農業で，輸送費を安くおさえて新鮮《しんせん》なうちに出荷することができる利点を持つ(エ…○)。なお，アの温暖な気候を利用して野菜を他の産地より早く出荷する農業を促成栽培《そくせいさいばい》，イの涼《すず》しい気候を利用して野菜を他の産地より遅く出荷する農業を抑制《よくせい》栽培，ウの作物の栽培に適した土地でその作物を生産する農業を適地適作という。

⑵　さつまいもの都道府県別出荷額は多い順に鹿児島県，茨城県，千葉県である(イ…○)。なお，アのこまつなは茨城県，埼玉県，福岡県の順，ウのねぎは茨城県，千葉県，埼玉県の順，エのほうれんそうは群馬県，埼玉県，千葉県の順に出荷額が多い(2022年)。

問８　縄文時代は比較的あたたかい気候で海水面が高く，現在は海に面していない埼玉県などまで海が入り込み，大森貝塚のある東京都の南東部や神奈川県の三浦半島付近を海岸線が通り，大きな入江となっていることが特徴《とくちょう》的である。また，茨城県の霞ヶ浦《かすみがうら》の周辺の地形は縄文時代に成立したとされている(イ…○)。

問９　文章で「日本最大の上円下方墳《ふん》」という説明がある山王塚古墳は，円形の円墳が四角形の方墳の上にある形状をしている。山王塚古墳の上円下方墳は，初めに中央の円墳を積み上げ，その後に円墳の周りを囲むように方墳をつくったと考えられている。

問10　アは672年(壬申の乱)，イは663年(白村江《はくすきのえ》の戦い)，ウは667年(近江大津宮への遷都《せんと》)，エは694年(藤原京の造営)の出来事なので，年代の古い順にイ→ウ→ア→エとなる。

問11　畿内《きない》は現在の近畿地方にあった大和《やまと》国，山城国，河内《かわち》国，和泉《いずみ》国，摂津《せっつ》国の五国を指し，五畿とも呼ばれる。

問12　桓武平氏の一族で下総《しもうさ》国(茨城県)の猿島郡《さしまぐん》を本拠地《ほんきょち》として，関東一帯を支配して自らを新皇と名乗ったものの940年に討《う》たれた人物は，平将門である。平将門と同時期の人物は，瀬戸内海の海賊《かいぞく》集団を率いて大宰府などを攻め，西国で反乱を起こした藤原純友と，平貞盛《さだもり》らとともに平将門を討ち取った藤原秀郷《ひでさと》が当てはまる。

問13　太田道灌《おおたどうかん》が1457年に築城したのは江戸城である。その後，江戸城は江戸時代に拡大整備され，現在では皇居となっている(ウ…○)。なお，アは池田輝政《いけだてるまさ》が現在の天守を築いた姫路城《ひめじじょう》，イは加藤《かとう》清正《きよまさ》が築城した熊本城，エは豊臣秀吉が築城し，徳川家康が改築した大阪城である。

問14　小田原は神奈川県の西部に位置する(ウ…○)。なお，アは江戸城，イは佐倉城付近，エは鎌倉付近を指している。

問15　無量寿《むりょうじゅ》寺と呼ばれていた川越にある天台宗の寺を喜多院と改めたのは南光坊《なんこうぼう》天海である。天海は徳川家康らに仕えて幕府の政治にも参加した(ア…○)。なお，イの林羅山《らざん》は江戸時代初期の朱子学者，ウの安国寺恵瓊《えけい》は安土桃山時代に豊臣秀吉と毛利輝元《てるもと》の講和を成立させ大名の待遇を受けた僧，エの金地院崇伝《こんちいんすうでん》は武家諸法度や禁中公家諸法度などを中心となって起草した僧である。

問16　江戸幕府が一部の職種で認めた独占的な同業者組合を株仲間という。幕府は株仲間を認める代わりに，冥加《みょうが》金などの負担を負わせた。

問17　(1)　蚕の幼虫は桑《くわ》の葉を食べて成長する。成長した蚕がつくる繭から取り出した繊維《せんい》を使ってつくられた糸を生糸という。　(2)　茨城県や栃木県でつくられる結城紬《つむぎ》は絹でできている(イ…○)。なお，アの小千谷縮《ちぢみ》は新潟県でつくられる麻織物，ウの奈良晒《さらし》は奈良県でつくられる麻織物，エの久留米絣《かすり》は福岡県でつくられる綿織物である。

問18　(1)　継続的に貨幣《かへい》の価値が下がり，物価が上がることをインフレーションという。　(2)　近年，日本では少子高齢化が進み，老年人口は増えている(ア…×)。

問19　Ａは1873年(地租改正)，Ｂは1874年(民撰《みんせん》議院設立建白書の提出)，Ｃは1869年(版籍奉還《はんせきほうかん》)，Ｄは1872年(学制の発布)の出来事なので，年代の古い順に，Ｃ→Ｄ→Ａ→Ｂとなる。

問20　川越の特徴《とくちょう》として，「時の鐘《かね》」として知られる時計台と，蔵造りの街並みが残っていることがあげられる。なお，アは栃木県栃木市，イは千葉県佐原市，ウは石川県金沢市の写真である。

問21　1999年から2010年にかけて実施された「平成の大合併」と呼ばれる市町村合併により，1999年には3232あった市町村は2018年には1718となった。

問22　東京オリンピック2020が行われた2021年７～８月に内閣総理大臣だったのは菅義偉《すがよしひで》(2020年９月～21年10月)である(エ…○)。なお，アは岸田文雄(2021年10月～2024年１月現在)，イは安倍晋三(2006～07年，2012～20年)，ウは麻生太郎(2008～09年)の写真である。

理　科　＜第１回試験＞（30分）＜満点：50点＞

解　答

[1]　**問１**　30mL　**問２**　ウ　**問３**　20mL　**問４**　ウ　**問５**　21.8mL　**問６**　ア
[2]　**問１**　ア　**問２**　(1)　ウ　(2)　カ　**問３**　12ｇ　**問４**　2.7ｇ　**問５**　24ｇ
[3]　**問１**　イ　**問２**　(1)　ウ　(2)　ウ，カ　**問３**　イ，ウ，エ　**問４**　(1)　ウ　(2)　オ　**問５**　食物連鎖　[4]　**問１**　エ　**問２**　ウ　**問３**　ウ　**問４**　西　**問５**　イ，エ　**問６**　ア

解　説

[1]　水や空気の体積変化についての問題

問１　注射器内の水の重さは，100－80＝20(ｇ)だから，このときの注射器内の水の体積は20mLである。よって，注射器内の空気の体積は，50－20＝30(mL)と求められる。

問２　グラフより，空気の体積は温度が上がると増え，温度が下がると減るとわかる。ここでは注

射器を40℃から20℃まで下げているから，注射器内の空気の体積が減り，ピストンは下へ動くと考えられる。

問３　水は温度を変化させてもほとんど体積が変化しない。そのため，温度を20℃に変化させても体積は20mLから変わらない。

問４　グラフより，０℃で体積が100mLの空気は，20℃で，$100+(137-100)\times\frac{20}{100}=107.4$(mL)，40℃で，$100+(137-100)\times\frac{40}{100}=114.8$(mL)になるとわかる。したがって，40℃で体積が30mLの空気が20℃になると，体積は，$30\times\frac{107.4}{114.8}=28.0\cdots$より，およそ28mLに変化する。

問５　問３で述べたように，注射器内の水の体積は20mLである。よって，注射器内の水がすべて氷になったときの体積は，$20\times1.09=21.8$(mL)とわかる。

問６　40℃で30mLの空気を０℃にしたときの体積は，$30\times\frac{100}{114.8}=26.13\cdots$より，およそ26.1mLである。よって，このときの注射器内の空気と氷の体積の合計は，およそ，$26.1+21.8=47.9$(mL)なので，アが選べる。

２ マグネシウムや銅の燃えかたについての問題

問１　マグネシウムを加熱すると強い光を出しながら酸素と結びつき，反応後は白色の酸化マグネシウムができ，銅を加熱すると炎をあげずおだやかに酸素と結びついて反応後は黒色の酸化銅ができる。なお，金属を加熱しても気体は発生しない。

問２　(1)　表１で，マグネシウム1.2ｇを十分に反応させたときにマグネシウムに結びついた酸素の重さは，$2-1.2=0.8$(ｇ)である。したがって，(マグネシウムの重さ)：(マグネシウムに結びつく酸素の重さ)＝1.2：0.8＝３：２と求められる。　(2)　(1)と同様に考えると，表２より，(銅の重さ)：(銅に結びつく酸素の重さ)＝1.2：(1.5－1.2)＝1.2：0.3＝４：１とわかる。

問３　マグネシウム7.2ｇがすべて反応したときに結びつく酸素の重さは，$7.2\times\frac{2}{3}=4.8$(ｇ)である。したがって，マグネシウム7.2ｇがすべて反応したときにできる物質の重さは，$7.2+4.8=12$(ｇ)とわかる。

問４　実験３において，マグネシウムに結びついた酸素の重さは，$10.2-7.2=3$(ｇ)で，この酸素と結びついたマグネシウムの重さは，$3\times\frac{3}{2}=4.5$(ｇ)である。よって，実験３で反応せずに残ったマグネシウムの重さは，$7.2-4.5=2.7$(ｇ)と考えられる。

問５　マグネシウム１ｇがすべて反応した後に残る物質の重さは，$1\times\frac{3+2}{3}=\frac{5}{3}$(ｇ)，銅１ｇがすべて反応した後に残る物質の重さは，$1\times\frac{4+1}{4}=\frac{5}{4}$(ｇ)になる。ここで，32ｇがすべて銅だったとすると，反応後にできる物質の重さは，$32\times\frac{5}{4}=40$(ｇ)となるが，これは実際より，$50-40=10$(ｇ)少なくなる。銅をマグネシウムにすると，１ｇあたり，$\frac{5}{3}-\frac{5}{4}=\frac{5}{12}$(ｇ)ずつ重くなるので，反応前の混合物に含《ふく》まれていたマグネシウムの重さは，$10\div\frac{5}{12}=24$(ｇ)と求められる。

３ 外来生物についての問題

問１　外来生物のうち，生態系などに被害《ひがい》をもたらす生物や被害をもたらす可能性がある生物を特定外来生物に指定することがある。アカミミガメやアメリカザリガニはこれまで特定外来生物としての規制はなかったが，2023年６月１日から条件付特定外来生物に指定された。

問２　アカミミガメはせきつい動物のは虫類，アメリカザリガニは無せきつい動物の甲殻《こうかく》類に分類される。一般《いっぱん》に甲殻類のからだは頭胸部と腹部に分かれており，頭胸部には10本の足がある。

問３　特定外来生物に指定されると捕獲《ほかく》・飼育・無償《むしょう》での受け渡《わた》し・野外への放出・販売《はんばい》や購入《こうにゅう》などが規制されるが，アカミミガメやアメリカザリガニについては飼育している個体を飼い続けることや，飼育に責任を持てる個人や団体などに無償で受け渡すことなどは特別な許可なく行うことができる。

問４　⑴　アカミミガメは雑食性でイネやレンコンなどの農作物を食べてしまうことがあるため，ウは間違《まちが》っている。　⑵　アメリカザリガニは池干しなどで池の水をすべて抜《ぬ》いても，どろに潜っていたり，ほかの川や池に移動したりするので，オは誤り。

問５　植物は草食動物に食べられ，草食動物は肉食動物に食べられる。このような生物どうしの「食べる・食べられる」の関係のことを食物連鎖《れんさ》という。

４　月や太陽についての問題

問１　円周率を3.14とすると，地球１周の距離《きょり》は，6400×２×3.14＝40192(km)になる。光が１秒間に進む距離は，地球７周半ぶんの距離と等しいのだから，40192×7.5＝301440(km)より，約30万kmと求められる。

問２　光は約2.51秒で地球と月を往復するので，光の速さを秒速30万kmとすると，地球から月までの距離はおよそ，30万×2.51÷２＝37.65(万km)より，およそ38万kmとわかる。

問３　太陽―月―地球がこの順に一直線上に並ぶときに，太陽が月にかくされる現象を日食という。日食のうち，太陽全体が月にかくされる現象をかいき日食という。なお，太陽の一部がかくされる現象を部分日食，中央がかくされ太陽のふちのみが見える現象を金かん日食という。

問４　図のように，月は地球のまわりを西から東へ公転している。そのため，日食のときには太陽の前を月が西から東へと横切り，太陽は西の方角から月にかくされて欠けていくように見える。

問５　月の直径と太陽の直径，地球から月までの距離と地球から太陽までの距離の比が等しいため，地球から見た月と太陽の大きさはほとんど同じに見える。

問６　光が地球から月まで進むのにかかる時間は，問２より，2.51÷２＝1.255(秒)，太陽から地球まで進むのにかかる時間は，８×60＋19＝499(秒)である。速さが等しいとき，進む距離の比と時間の比は等しいので，(地球から月までの距離)：(地球から太陽までの距離)は，1.255：499＝１：397.6…より，およそ１：400とわかる。問５で述べたように，月の直径と太陽の直径の比は，地球から月までの距離と地球から太陽までの距離の比とほぼ等しいので，月の直径と太陽の直径の比もおよそ１：400と考えられる。また，地球の直径は月の直径の約４倍とあるので，月の直径を１とすると地球の直径はおよそ４，太陽の直径はおよそ400と表せる。よって，太陽の直径は地球の直径のおよそ，400÷４＝100(倍)と求められる。

国語　＜第１回試験＞(50分)＜満点：100点＞

解答

一　１～４　下記を参照のこと。　５　じょうせき　６　おごそ(か)　７　えしゃく

二 **問１** (例) めったに淋しいとか怖いとか思うことがない(ように仕付けてくれていたと思っている。) **問２** ウ **問３** ア **問４** **ア** × **イ** × **ウ** ○ **エ** ○ **問５** エ **問６** イ **問７** ウ **問８** (例) (人間が)いけない時刻に身を置くと，先祖帰りをして山に向う(と解釈している。) **問９** 田圃 **問10** エ **問11** ウ

三 **問１** Ⅰ オ Ⅱ イ Ⅲ ア Ⅳ ウ **問２** a サ b コ c ア d エ **問３** 助けたい(気持ち。) **問４** エ **問５** ウ **問６** イ **問７** ウ **問８** させたりする(こと。) **問９** (例) 私は同じ生態系の一員として共生関係を築くことが幸せだと考える。そのためには人間は野生の生き物の生活圏を破壊してはいけない。影響を調査し，住み分けを徹底すべきだ。 **問10** **ア** B **イ** B **ウ** A **エ** B **オ** A

●漢字の書き取り

一 1 気性 2 見聞 3 窓際 4 会心

解説

一 漢字の書き取りと読み

1 生まれつきの性質。 2 実際に見たり聞いたりすること。 3 窓に近いあたり。

4 期待通りにいって満足すること。 5 ものごとをするときの最上とされる手順や方法。

6 音読みは「ゲン」「ゴン」で，「厳重」「荘厳《そうごん》」などの熟語がある。訓読みにはほかに「きび(しい)」がある。 7 あいさつや礼を示すしぐさ。

二 出典：井上 靖《いのうえやすし》「山火事」(『幼き日のこと・青春放浪《ほうろう》』所収)。

幼いころ，一人で淵《ふち》の畔《ほとり》に立ったときに感じた独特の畏怖《いふ》について「私」は語っている。

問１ 「鼠《ねずみ》が枕 許《まくらもと》を走り廻《まわ》」るなか一人で土蔵に寝《ね》なければならないような状 況《じょうきょう》でも，幼いころの「私」にとっては「賑《にぎ》やかでいいと思うくらい」だったことをおさえる。ふだんから，夜，「用事で他家に出掛《でか》け」ることのあった祖母は，「私」がたとえ一人になっても「淋《さび》しいとか怖《こわ》いとか思う」ことのないよう仕付けておいてくれたものと考えられるので，「あまり淋しさや怖さを感じることのない(ように仕付けてくれていたと思っている)」といった形でまとめる。

問２ 「それ」とあるので，前の部分に注目する。若い叔父《おじ》から聞かされるお化けの話におそれながらも，根本的にはそこに「信用をおいて」いなかった「私」たちは，あくまで「お話の怖さ」を味わっていたに過ぎない。つまり，「私」たち子供は「自分で自分の瞼《まぶた》に描《えが》い」たさまざまなお化けの姿に「怖さを感じていた」だけだったのだから，ウがふさわしい。

問３ 問２でみたとおり，お化けのほうは「お話の怖さ」，つまり自分で想像した怖さだったが，「滝《たき》や淵の精霊《せいれい》」についてはそうではなく，「本当の怖さ」を感じていたというのである。想像ではなく現実として感じるということなので，アの「実感」があてはまる。

問４ **ア～エ** 「私の郷里の村は」からはじまる段落で，「狩野川《かのがわ》の本流に，猫越川《ねっこがわ》とか，長野川とかいった支流が流れ込《こ》んでいる」と説明されているので，ウは正しく，「狩野川から枝分かれした」とあるアは誤り。また「ヘイ淵」についてはその次の段落で「支流の長野川」にあると書かれているので，「本流」としたイはふさわしくない。さらに，続く部分で「本流」は「他の集落の子供たちの縄張《なわばり》」であり，一方の「ヘイ淵は男の子」「巾 着《きんちゃく》淵は女の子」と，「私」たちの遊ぶ水域は男女で「截然《せつぜん》と別れていた」と語られているので，エは合う。

問５　「不気味な」の言い切りの形は「不気味だ」であり，もののようすや状態を表す形容動詞にあたる。よって，同様に「陽気だ」となるエが同じ。なお，ア，ウはそれぞれ「深い」「高い」で形容詞，イは「読む」で動詞を表す。

問６　「ざるを得ない」は，“しないわけにはいかない”“やむを得ずする”という意味なので，イが選べる。

問７　助動詞の「そうだ」には，様態と伝聞の用法がある。波線３の「起《おこ》りそうな怖さ」は，“そういうようすである”という意味を表す様態の用法であり，ア，イ，エが同じ。ウの「行くそうだ」だけ“他からそのように聞いた”という伝聞の用法である。

問８　幼いころ一人で淵に行ったときに感じた畏怖について，「私」は柳田国男《やなぎたくにお》が取り上げた「神かくし」の解釈《かいしゃく》に重ね，考察している。柳田氏は，その著書『山の人生』において，「大抵《たいてい》暮れ方に村はずれに出て行っ」た人が「そのまま帰って来なく」なる，いわば「神かくし」にあうのは，「先祖帰りするいけない時刻」にいるなかで「ふいに原始時代の心が立ち戻《もど》って来て，山に向って歩いて行く」からだろうと指摘《してき》している。幼いころの「私」が，淵の畔に立ったときに抱《いだ》いた言い知れぬ恐怖感は，この「神かくし」で語られているように，「いけない時刻に身を置いたことから生起するもの」ではなかったろうかというのである。これをもとに，「いけない時刻に身を置くと，先祖帰りをする（と解釈している）」のようにまとめる。

問９　「いけない時刻」から考察を進め，筆者は「いけない空間」について考えている。柳田氏の著書でいう「いけない空間」にあたるのは，「田圃《たんぼ》」である。

問10　幼いころ感じた恐怖感は「いけない空間」「いけない時刻」に身を置いたことで原始感覚が誘発《ゆうはつ》されて感じたものなのではないか，と「私」が考えている点をおさえる。「私」が身を置いた「空間」は「ヘイ淵の岸」「淵の畔」だから，エがあてはまる。

問11　身を置いた「真昼は真昼で」「暮れ時は暮れ時で」，「私」はそれぞれに不気味さを感じたというのだから，ウが正しい。

三　**出典：小坪遊《こつぼゆう》『「池の水」抜《ぬ》くのは誰《だれ》のため？』**。人間と生き物の関係について，人間からの一方的な保護がかえって悪影響《えいきょう》になることがあると説明している。

問１　Ⅰ～Ⅲ　倒《たお》れたムクドリをどのように処置したらよいのかわからず，あわてた息子《むすこ》は公園から筆者に電話をかけたのだから，空らんⅠにはオ，空らんⅡにはイ，空らんⅢにはアがあてはまる。

Ⅳ　息子の「何とかしてあげたい」という思いは理解できるが，「野生の生き物はばい菌や寄生虫を持っていることがある」ので，筆者はムクドリを「触《さわ》らないように」と念入りに伝えたはずである。よって，ウが合う。

問２　傍線《ぼうせん》ａは「親切」，傍線ｂは「専用」，傍線ｃは「復帰」，傍線ｄは「観光」と書くので，それぞれサの「親権」，コの「信用」，アの「帰国」，エの「観葉」が選べる。

問３　ムクドリが「このままだと死んじゃう」から「何とかしてあげたい」という息子の思いを筆者は「『助けてあげたい』という気持ち」だと理解している。その後，息子には「助けたい気持ちはとても大事だけど」「死体も生態系の一員」だからそのままにしておくようにと伝えたのだから，「助けたい」がぬき出せる。

問４　筆者はまず「ばい菌や寄生虫を持っている」からムクドリを触《さわ》らないようにと前置きしたうえで，野生の生き物は元々住んでいた地域で生き死んでいくのが自然であり，人が手を加えるのは避《さ》けたほうがいいことや，死体も生態系の一員だからほかの生き物の食べ物になることを息子に伝えている。よって，エがふさわしくない。

問５　筆者は，鳥や動物の保護に関し注意すべき点についていくつか説明している。保護は法律違《い》反《はん》になる可能性があることや，生き物にとってストレスになること，専門知識が必要なこと，一度保護してしまうと野生に戻《もど》すのは難しいことなどである。そのうえで，筆者はアメリカの国立公園において観光客が「赤ちゃんバイソン」を保護してしまった例をあげ，説明を加えている。公園の外に出すために「必要な検査」を行ったり，「公園の事務所」で育てたりする態勢になかったため，このバイソンは結局野生に戻すことができず，安楽死させることになったというのだから，ウがよい。

問６　続く部分で筆者は，環境《かんきょう》省による報告書を取り上げ，「命を大切に思う気持ちは人として自然なものであるけれども，生き物の生死も含《ふく》めて生態系が存在していることをふまえ，生き物を助ける際にも『生物多様性の保全』という視点が重要である」とその内容をまとめている。このことが，「傷つき苦しんでいる生き物を助けてやること」が簡単ではない理由にあたるので，イが選べる。

問７　「リスク」は危険の生じる可能性を意味する。よって，ウの「危険性」が選べる。

問８　筆者は「生き物を自分の都合だけで」保護することに注意を促《うなが》している。つまり，「餌《えさ》を与《あた》えたり馴《な》れさせたりする」ことでさまざまな問題が生じるというのだから，この部分がぬき出せる。

問９　最後の段落で筆者は「人と野生の生き物の間には引くべき一線」があること，生き物のことが「好きだからこそ，そのままの姿を片思いで見守る気持ち」が大切だと主張している。つまり，人間が野生の生き物を助けたいという気持ちを持つのはよいことだが，だからこそ生き物に対して不用意に行動を起こすのではなく，区切りをつけ元々の生態系に踏《ふ》み入らないことが重要だということである。これらをふまえて書く。条件①～③にしたがうほか，文脈にねじれはないか，誤字・脱字《だつじ》はないかなどにも気をつける。

問10　ア～オ　村上君はカブトムシを九州から「大量につかまえて」こようとしており，生態系を壊《こわ》すことになるので，アは合わない。続く内田君もそれを「森の再生にもつながる」と言ってしまっているうえ，飼いきれなくなった鈴虫を「森に放して」いる。これらも生態系の破壊《はかい》につながるので，イも正しくない。それに対し川島君はふたりの行動が「自然のバランスを壊してしまう」ことを指摘《してき》しているので，ウはよい。そして，木村君はエサ不足に対し「樹液を買って来てこの森の木に塗《ぬ》って」解決しようとしているが，本文では人と野生の生き物の間には一線を画すべきだと述べられているので，エはふさわしくない。村上君がつかまえてこようとしている九州のカブトムシについて，森田君は「まず専門家の意見を聞きに行ってみよう」と提案しているので，オは正しい。

2024年度 城北埼玉中学校

【算　数】〈特待試験〉(50分)〈満点：100点〉

〔注　意〕
○分数で答えるときは約分して、もっとも簡単な分数にしなさい。
○比で答えるときは、もっとも簡単な整数を用いなさい。
○円周率の値を用いるときは、3.14として計算しなさい。
○コンパス、定規は使用できますが、分度器や計算機（時計などの）は使用できません。

1 次の各問いに答えなさい。

(1) 次の計算をしなさい。

$321-(105+123)\div 19\times 23$

(2) 次の□にあてはまる数を求めなさい。

$\left\{(1.25-\square)\times\frac{3}{4}+\frac{7}{8}\right\}\div 1.3=1\frac{1}{4}$

(3) J君は地点Aから地点Bまで行きは時速6km，帰りは時速9kmで往復しました。このとき往復の平均の速さは時速何kmですか。

(4) ある牧場には草が生えていて毎日一定の割合で増えます。その牧場に毎日一定の割合で草を食べる牛を36頭入れると8日で草がなくなり，24頭入れると16日で草がなくなります。この牧場の草が少なくとも30日間なくならないようにするとき，最大で何頭の牛を入れることができますか。

(5) ある直方体は面積の異なる３つの面Ａ，Ｂ，Ｃでできています。机の上に１つの面が接するように置きます。机と接している面を除いた５つの面の面積の合計は，机と面Ａが接するときは $118\,\text{cm}^2$，面Ｂが接するときは $143\,\text{cm}^2$，面Ｃが接するときは $134\,\text{cm}^2$ でした。

① 最も大きい面の面積を求めなさい。

② 最も長い辺の長さを求めなさい。

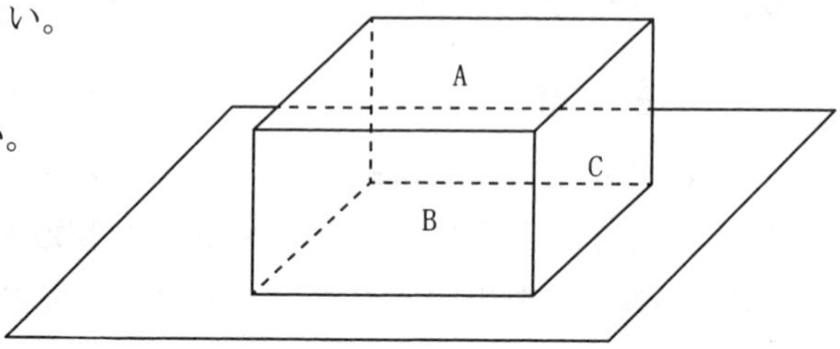

(6) 右の図のように，長方形ABCDをEF，EGを折り目として折りました。アとイの角度を求めなさい。

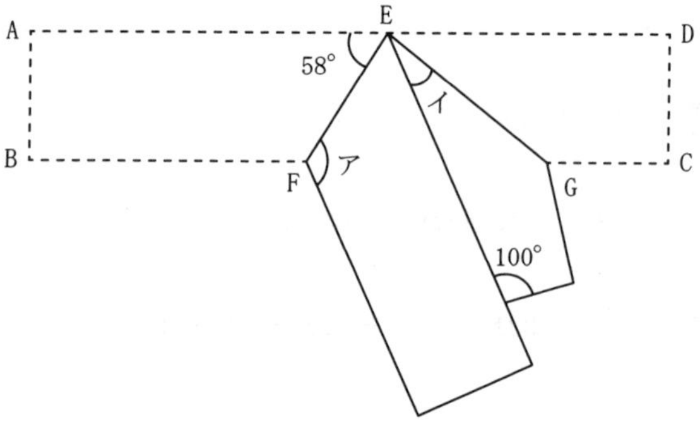

(7) 右の図のように，長方形ABCDがあり，三角形ABCの中の２つの四角形は正方形です。色をぬった部分の面積を求めなさい。

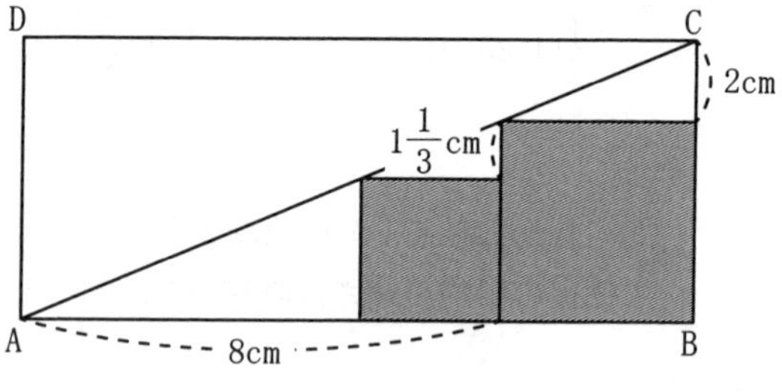

2 1周4900mの池の周りをある地点からA君とB君は同じ方向に，C君は反対方向に同時に出発しました。A君はC君と出会うと向きを変えて，もと来た道を同じ速さで進むとC君と出会ってから7分後にB君に出会いました。A君はB君に出会うと，再び向きを変えて今来た道を同じ速さで進みました。A君は分速100m，B君は分速60mの速さで進み，C君も一定の速さで進みます。
次の問いに答えなさい。

(1) A君が最初にC君に出会うのは出発してから何分後ですか。

(2) C君の速さは分速何mですか。

(3) A君が2回目にC君と出会うまでにC君はスタートしてから何m進みましたか。

3 平らな面に色々な形のくいを1本打ち，半径2cmのリングを通し，そのリングを平らな面から浮かさないように動かします。ただし，リングの太さは考えません。
次の問いに答えなさい。

(1) 太さを考えないくいを打ったとき，リングを動かすことのできる部分の面積を求めなさい。

(2) 半径1cmの太さのくいを打ったとき，リングを動かすことのできる部分の面積を求めなさい。

(3) 1辺の長さが2cmの正三角形を底面とする三角柱のくいを打ったとき，リングを動かすことのできる部分の面積を求めなさい。

4 立方体 ABCD-EFGH と三角柱 AJE-DIH がくっついた容器に水が入っています。図 1 のように，四角形 FGIJ が底になるように置くと，水面の高さは容器の半分の位置になりました。
次の問いに答えなさい。

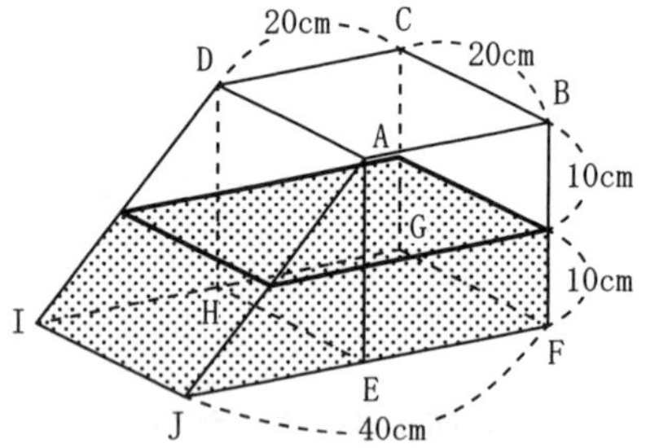

図 1

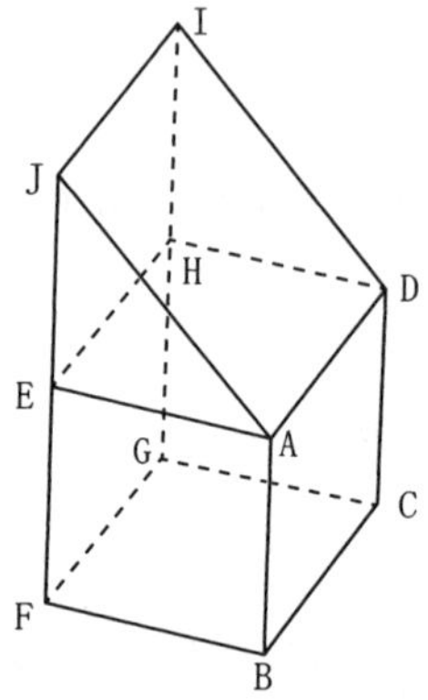

図 2

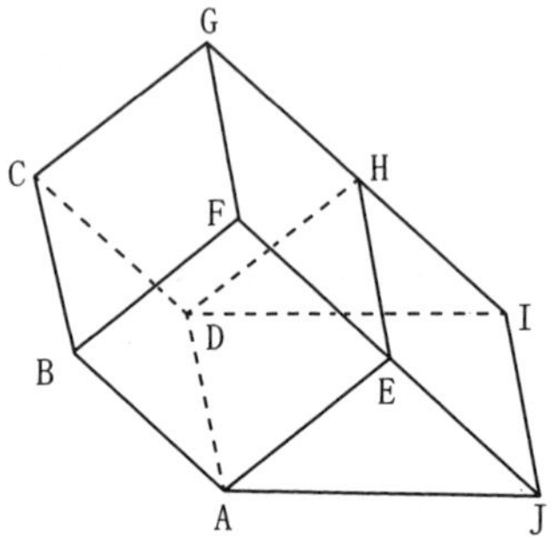

図 3

(1) 容器に入っている水の量を求めなさい。

(2) 図 2 のように四角形 BCGF が底になるように置いたとき，水面の高さは底から何 cm になりますか。

(3) 図 3 のように四角形 AJID が底になるように置いたとき，辺 FJ にある水面の位置を点 P とおきます。FP : PJ を求めなさい。

5 正五角形 ABCDE のすべての頂点に赤色か緑色に点灯できるランプがついています。
次のようにランプの点灯の仕方と整数を対応させます。図では消灯を「O」，赤色に点灯を「R」，緑色に点灯を「G」で表します。
次の問いに答えなさい。

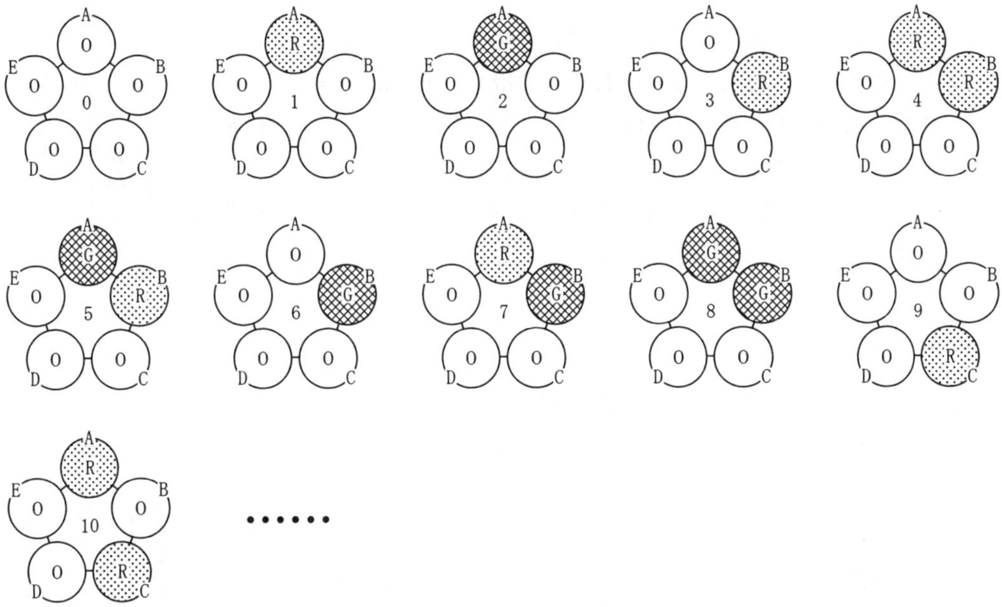

(1) 12 に対応するランプの点灯の仕方になるように解答用紙の○に「O」，「R」，「G」の文字を書き入れなさい。なお，色をぬる必要はありません。

(2) 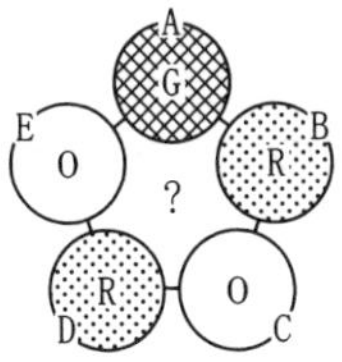 に対応する整数を答えなさい。

(3) 0 でない整数 X に対応する点灯の仕方では，D，E のランプは消灯しています。X に対応する点灯の仕方を時計回りに 144 度回転させた点灯の仕方に対応する整数を Y とします。Y は X の何倍ですか。

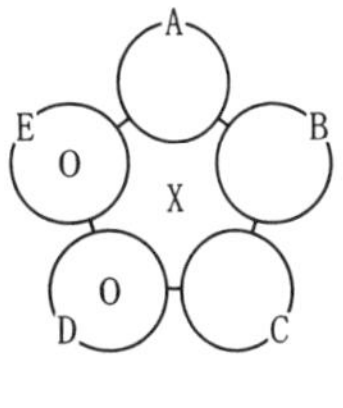

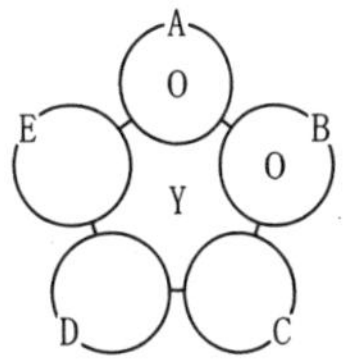

【理　科】〈特待試験〉（40分）〈満点：70点〉

〔注　意〕グラフや図を描く場合は、定規を使用してもかまいません。

1 滑車《かっしゃ》について，次の各問いに答えなさい。

問１　図１のように天井に定滑車が固定されており，動滑車にはおもり１をつないで空中で静止させています。おもり１の重さは120 ｇです。それぞれの滑車の重さは無視できるものとし，次の (1) (2) の問いに答えなさい。

(1) 点Ａを支えている力の大きさは何ｇですか。

(2) 図１の状態から点Ａを真下に引き，おもり１を20cm上げるとき，ひもを何cm引けばよいですか。

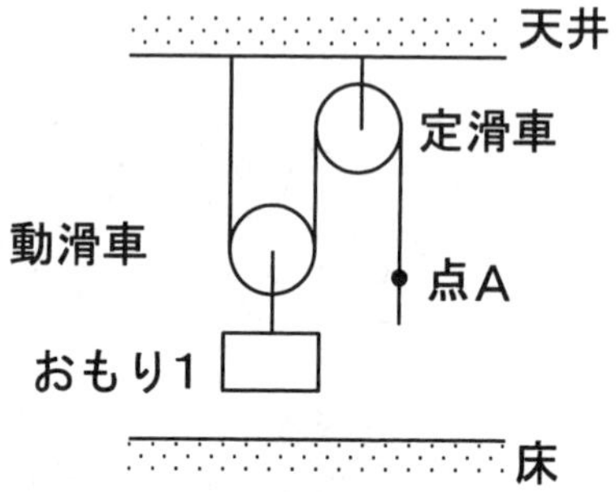

図１

問２　図２のように天井に定滑車が固定されており，２つの動滑車はひもでつながっています。１つの動滑車にはおもり２がつながっており，空中で静止させています。おもり２の重さは200 ｇです。それぞれの滑車の重さは無視できるものとし，次の (1) (2) の問いに答えなさい。

(1) 点Ｂを支えている力の大きさは何ｇですか。

(2) 図２の状態から点Ｂを真下に引き，おもり２を10cm上げるとき，ひもを何cm引けばよいですか。

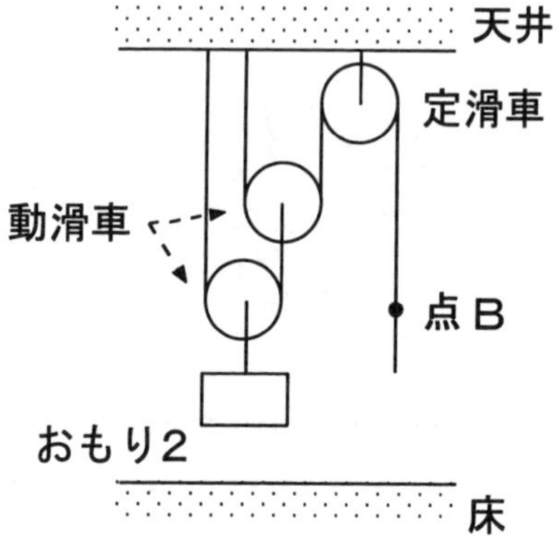

図２

問３　図２において定滑車と動滑車の重さがそれぞれ20 ｇのとき，次の (1) (2) の問いに答えなさい。

(1) 点Ｂを支えている力の大きさは何ｇですか。

(2) 図２の状態から点Ｂを真下に引き，おもり２を10cm上げるとき，ひもを何cm引けばよいですか。

問4　図3のように天井に2つ定滑車が固定されており，2つの動滑車はおもり3につながっています。おもり3の重さは120 gであり，空中で静止させています。それぞれの滑車の重さは無視できるものとし，次の(1)(2)の問いに答えなさい。

(1) 点Cを支えている力の大きさは何gですか。

(2) 図3の状態から点Cを真下に引き，おもり3を15cm上げるとき，ひもを何cm引けばよいですか。

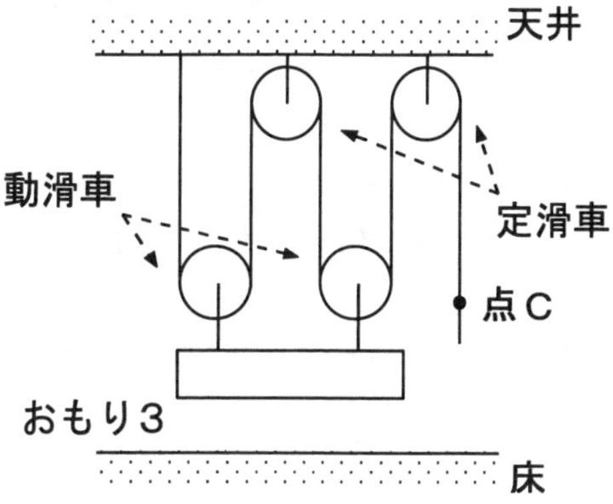

図3

2 一定量の水にとける物質の重さは，物質の種類と水の温度によって決まっています。食塩，ミョウバン，ホウ酸のそれぞれについて，とける物質の重さと温度との関係を調べるために，次の実験を行いました。下の各問いに答えなさい。

[実験]　ビーカーに100 gの水を入れ，20℃，60℃の各温度で，食塩をとけ残りが出るまで少しずつ加えた。ミョウバン，ホウ酸についても同様の実験を行った。

[結果]　各物質，各温度について，100 gの水にとける限界量は下の表のようになった。

		温度(℃)	
		20	60
物質	食塩(g)	37.8	39.0
	ミョウバン(g)	11.4	57.4
	ホウ酸(g)	4.9	15.0

問1　もののとけ方に関する次のア〜ウの文について，正しいものを1つ選び，記号で答えなさい。

ア　水の温度ととけるものの重さは比例する。
イ　食塩水の水が蒸発すると，とけた食塩が結晶として出てくる。
ウ　物質を水にとかす前ととかした後で，全体の重さは変化する。

問2　20℃の水100 gに，食塩を28 gとかしました。あと何gの食塩をとかすことができますか。

問3　20℃の水400 gに，ホウ酸は何gまでとかすことができますか。

問４　60℃の水に，食塩をとけるだけとかしました。このときできる食塩水の濃さは何％になりますか。答えは小数第２位を四捨五入して小数第１位まで求めなさい。

問５　60℃の水にホウ酸をとけるだけとかし，460 ｇの水溶液をつくりました。この水溶液中にホウ酸は何ｇとけていますか。

問６　問５の水溶液を 20℃まで冷やしました。このとき，とけきれなくなって出てくるホウ酸は何ｇですか。

3　血液の種類を**Ａ型**，**Ｂ型**，**ＡＢ型**，**Ｏ型**の４種類にわける方法をＡＢＯ式血液型といいます。ＡＢＯ式血液型は，親から子へ遺伝《いでん》することが知られています。下の各問いに答えなさい。

ＡＢＯ式血液型に関係する遺伝子《いでんし》はＡ，Ｂ，Ｏの３種類があり，ヒトはこのうち２つの遺伝子をもっています。遺伝子の組み合わせはＡＡ，ＡＯ，ＢＢ，ＢＯ，ＡＢ，ＯＯの６種類であり，このように２つの遺伝子の組み合わせをアルファベット２文字であらわしたものを遺伝子型《いでんしけい》といいます。

遺伝子型とその結果あらわれる血液型との関係は，下の表１のようになります。遺伝子型がＡＡのヒトの血液型は**Ａ型**になり，遺伝子型がＯＯのヒトの血液型は**Ｏ型**になりますが，遺伝子型がＡＯのヒトの血液型は**Ａ型**になります。よって，同じ**Ａ型**の血液型であっても，遺伝子型はＡＡとＡＯの２つのタイプがあります。同じような関係は，**Ｂ型**の血液型についてもいえます。

子の血液型は，両親から血液型に関係する遺伝子を一つずつ受け取ることによって決定します。たとえば，血液型が**Ａ型**で遺伝子型がＡＯの父親と，血液型が**Ｂ型**で遺伝子型がＢＯの母親から子が生まれる場合，下の図１のように①～④の４通りが考えられます。このとき，それぞれの血液型の子が生まれる可能性はみな等しく，25％ずつとなります。

表１　遺伝子型と血液型の関係

２つの遺伝子の組み合わせ	遺伝子型	血液型
Ａが２個	ＡＡ	**Ａ型**
ＡとＯ	ＡＯ	
Ｂが２個	ＢＢ	**Ｂ型**
ＢとＯ	ＢＯ	
ＡとＢ	ＡＢ	**ＡＢ型**
Ｏが２個	ＯＯ	**Ｏ型**

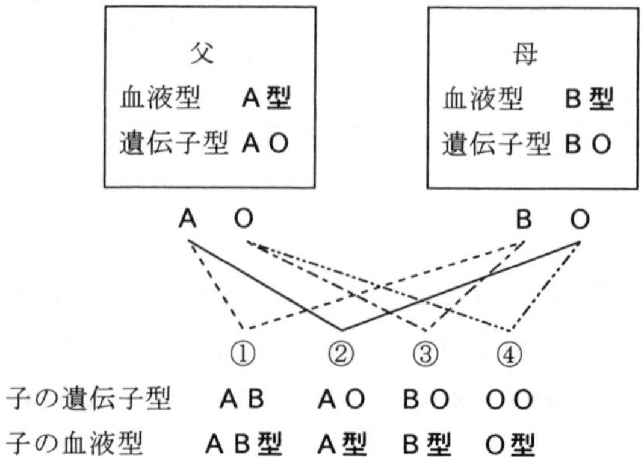

図１

〔図１の説明〕

①　父親から**Ａ**の遺伝子を，母親から**Ｂ**の遺伝子を受けついだ場合，子の遺伝子型は**ＡＢ**となり，血液型は**ＡＢ型**となる。

②　父親から**Ａ**の遺伝子を，母親から**Ｏ**の遺伝子を受けついだ場合，子の遺伝子型は**ＡＯ**となり，血液型は**Ａ型**となる。

③　父親から**Ｏ**の遺伝子を，母親から**Ｂ**の遺伝子を受けついだ場合，子の遺伝子型は**ＢＯ**となり，血液型は**Ｂ型**となる。

④　父親から**Ｏ**の遺伝子を，母親から**Ｏ**の遺伝子を受けついだ場合，子の遺伝子型は**ＯＯ**となり，血液型は**Ｏ型**となる。

問１　血液型が**Ａ型**で遺伝子型が**ＡＡ**の父親と，血液型が**Ｂ型**で遺伝子型が**ＢＢ**の母親から生まれる子の血液型は何型ですか。考えられる血液型を次のア～エの中からすべて選び，記号で答えなさい。

ア　**Ａ型**　　イ　**Ｂ型**　　ウ　**ＡＢ型**　　エ　**Ｏ型**

問２　血液型が**Ａ型**の父親と，血液型がわからない母親から**Ｏ型**の子が生まれました。母親の血液型として考えられるものを次のア～エの中からすべて選び，記号で答えなさい。

ア　**Ａ型**　　イ　**Ｂ型**　　ウ　**ＡＢ型**　　エ　**Ｏ型**

下の図２は，ある二つの家系《かけい》における**ＡＢＯ**式血液型の遺伝をあらわしたものです。■は男性，□は女性をあらわし，その下に書かれたアルファベットは血液型をあらわしています。

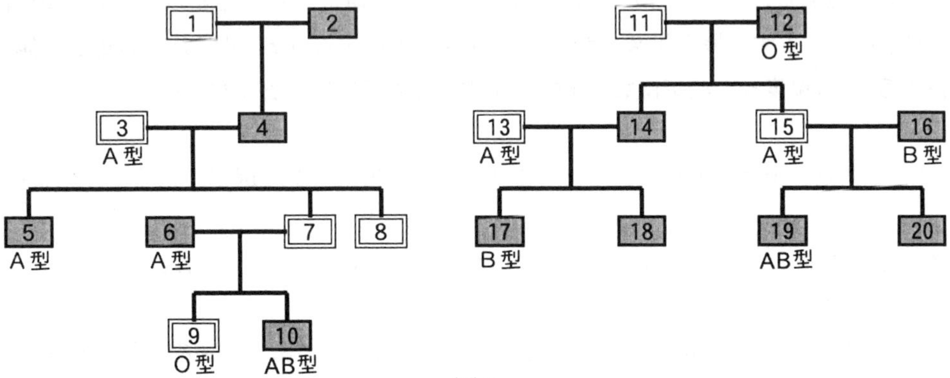

図２

問３　図２の 7 の遺伝子型として考えられるものを，次のア～カの中から１つ選び，記号で答えなさい。

ア　**ＡＡ**　　イ　**ＡＯ**　　ウ　**ＢＢ**　　エ　**ＢＯ**　　オ　**ＡＢ**　　カ　**ＯＯ**

問4　図2の[14]の血液型として考えられるものを，次のア～エの中から1つ選び，記号で答えなさい。

ア　A型　　イ　B型　　ウ　AB型　　エ　O型

問5　図2の[11]の遺伝子型として考えられるものを，次のア～カの中から1つ選び，記号で答えなさい。

ア　AA　　イ　AO　　ウ　BB　　エ　BO　　オ　AB　　カ　OO

問6　図2の[7]と[8]は，一卵性双生児《いちらんせいそうせいじ》です。この場合，[7]と[8]の血液型や遺伝子型は，同じになります。[8]と[17]から子が生まれた場合，それぞれの血液型の子が生まれる可能性は，A型が（ ① ）%，B型が（ ② ）%，AB型が（ ③ ）%，O型が（ ④ ）%になります。①～④にあてはまる数字を，次のア～オの中からそれぞれ選び，記号で答えなさい。必要ならば，同じ記号を何度用いても構いません。

ア　0　　イ　25　　ウ　50　　エ　75　　オ　100

4　近年，夏の暑さは災害級の暑さといわれ，熱中症《しょう》にかかる人が増加しています。そのため熱中症を予防することを目的とした目安である「暑さ指数」を意識することが大切になってきました。

暑さ指数は気温だけで決まるのではなく湿度なども考慮《こうりょ》に入れた温度の目安で，単位は気温と同じ［℃］を使います。暑さ指数の計算には気温を測定する乾球《かんきゅう》温度計の測定値の他に，湿度に関係する湿球《しつきゅう》温度計の測定値などを使います。次の各問いに答えなさい。

問1　「暑さ指数」を表すアルファベット4文字を次のア～エから選び，記号で答えなさい。

ア　SDGs　　イ　WGPS　　ウ　JAXA　　エ　WBGT

問2　湿球温度計について説明した次の文の（ア）と（イ）にあてはまる語句をそれぞれ答えなさい。

湿球温度計は，温度計の球部を水で湿らせたガーゼで包んだ温度計です。空気がかわいているほど乾球温度との差が（ ア ）くなり，湿球温度は乾球温度よりも（ イ ）くなります。

問3　暑さ指数の計算では乾球温度計の測定値よりも湿球温度計の測定値の割合を大きくしています。このことについて述べた次の文の（ウ）にあてはまる語句を漢字2字で答えなさい。

熱中症は，からだから熱が放出されにくくなることでかかりやすくなります。湿度が高い場所では汗が（　ウ　）しにくいのでからだから空気へ熱をにがしにくくなってしまい，熱中症にかかりやすくなります。そのため湿度は熱中症の予防には特に注意すべき項目となります。

問４　夏のある日に学校で乾球温度と湿球温度を測定し，別の日にも同じ測定をしました。暑さ指数が高いと考えられるのは次のアとイのどちらの日ですか。

ア　乾球温度 32.5℃，湿球温度 27.5℃　　　　イ　乾球温度 32.5℃，湿球温度 29.5℃

問５　環境省と気象庁は暑さ指数が 33℃以上と予測された場合に熱中症の危険性が極めて高くなることから，危険な暑さへの注意や気象情報，熱中症予防行動などの情報を発信します。この情報発信のことを何といいますか。次のア～ウから選び，記号で答えなさい。

ア　熱中症注意アラート　　　イ　熱中症警戒アラート　　　ウ　熱中症危険アラート

問６　問５の情報に含まれないものを次のア～エの中からすべて選び，記号で答えなさい。

ア　予想最大瞬間風速　　イ　予想最高気温　　ウ 予測される暑さ指数　　エ　予想最高湿度

問７　問５の情報が発信された場合に行う熱中症予防行動として適さないものを次のア～オから２つ選び，記号で答えなさい。

ア　どうしても急ぐ用事などがある場合以外は，外出を控える。
イ　部屋の中でエアコンなどを使って涼しく過ごす。
ウ　水分補給はのどが渇《かわ》いてから行う。
エ　甘いものをいつも以上に食べる。
オ　適度な塩分補給を行う。

2024年度

城北埼玉中学校　▶解説と解答

算　数　<特待試験>（50分）<満点：100点>

解　答

$\boxed{1}$ (1)　45　(2)　0.25　(3)　時速7.2km　(4)　18頭　(5)　①　40cm^2　②　8 cm　(6)　**ア**…122度，**イ**…27度　(7)　$23\frac{1}{9}$cm^2　$\boxed{2}$ (1)　28分後　(2)　分速75m　(3)　2700m　$\boxed{3}$ (1)　50.24cm^2　(2)　25.12cm^2　(3)　25.12cm^2　$\boxed{4}$ (1)　7000cm^3　(2)　17.5cm　(3)　9 : 7　$\boxed{5}$ (1)　右の図　(2)　32　(3)　9 倍

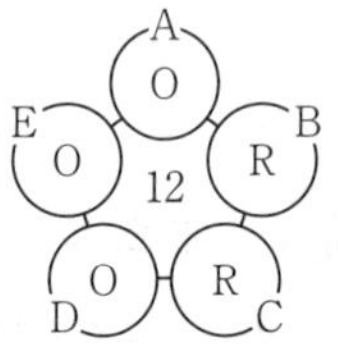

解　説

$\boxed{1}$ **四則計算，逆算，速さ，ニュートン算，消去算，角度，面積**

(1)　$321-(105+123)\div19\times23=321-228\div19\times23=321-12\times23=321-276=45$

(2)　$\left\{(1.25-\square)\times\frac{3}{4}+\frac{7}{8}\right\}\div1.3=1\frac{1}{4}$より，$(1.25-\square)\times\frac{3}{4}+\frac{7}{8}=1\frac{1}{4}\times1.3=\frac{5}{4}\times\frac{13}{10}=\frac{13}{8}$，$(1.25-\square)\times\frac{3}{4}=\frac{13}{8}-\frac{7}{8}=\frac{6}{8}=\frac{3}{4}$，$1.25-\square=\frac{3}{4}\div\frac{3}{4}=1$　よって，$\square=1.25-1=0.25$

(3)　6と9の最小公倍数は18だから，仮に地点Aから地点Bまでの道のりを18kmとする。このとき，行きにかかった時間は，18÷6＝3(時間)，帰りにかかった時間は，18÷9＝2(時間)なので，往復にかかった時間は，3＋2＝5(時間)となる。また，往復の道のりは，18×2＝36(km)である。したがって，往復の平均の速さは時速，36÷5＝7.2(km)とわかる。

(4)　牛1頭が1日に食べる草の量を$\boxed{1}$，1日に生える草の量を①とする。牛を36頭入れて8日で草がなくなるとき，牛が食べる草の量は，$\boxed{1}\times36\times8=\boxed{288}$で，これは初めに生えている草の量と8日で生える草の量の和に等しいので，右の図1のアのように表せる。同様に，牛を24頭入れて16日で草がなくなるとき，$\boxed{1}\times24\times16=\boxed{384}$が，初めに生えている草の量と16日で生える草の量の和に等しいので，図1のイのように表せる。すると，⑯－⑧＝⑧と，$\boxed{384}-\boxed{288}=\boxed{96}$が等しいので，1日に生える草の量は，①＝$\boxed{96}\div8=\boxed{12}$になり，初めに生えている草の量は，$\boxed{288}-\boxed{96}=\boxed{192}$とわかる。また，30日で生える草の量は，$\boxed{12}\times30=\boxed{360}$だから，草が30日間なくならないようにするには，30日間で牛が食べる草の量が，$\boxed{192}+\boxed{360}=\boxed{552}$より少なければよい。したがって，552÷30＝18あまり12より，最大で18頭の牛を入れることができる。

図1

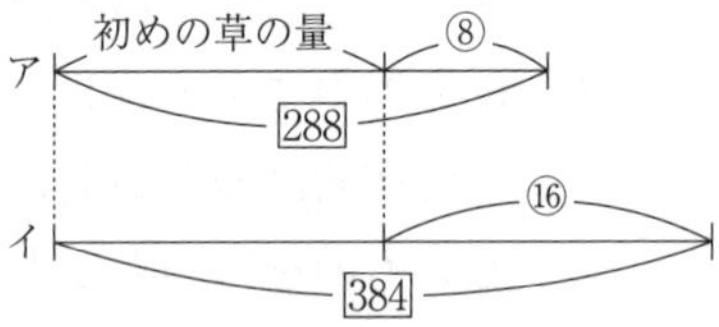

(5)　①　面A，B，Cの面積をそれぞれa cm^2，b cm^2，c cm^{2}とすると，右の図2のア，イ，ウのような式に表せる。ア，イ，ウを足すと，a 5個，b 5個，c 5個の合計が，118＋143＋134＝395(cm^2)となるので，$a+b+c=395\div5=79$(cm^2)と

図2

$a+b+b+c+c=118$(cm^2)…ア
$a+a+b+c+c=143$(cm^2)…イ
$a+a+b+b+c=134$(cm^2)…ウ

わかる。したがって，a 2個，b 2個，c 2個の合計は，79×2＝158(cm^2)だから，アの式より，a＝158－118＝40(cm^2)，イの式より，b＝158－143＝15(cm^2)，ウの式より，c＝158－134＝24(cm^2)となり，最も大きい面の面積は40cm^{2}とわかる。　② 面Aと面Bが接する辺の長さをアcm，面Aと面Cが接する辺の長さをイcm，面Bと面Cが接する辺の長さをウcmとすると，ア×イ＝40(cm^2)，ア×ウ＝15(cm^2)，イ×ウ＝24(cm^2)となる。すると，(ア×イ)×(ア×ウ)÷(イ×ウ)＝ア×アが，40×15÷24＝25＝5×5にあたるので，アの長さは5cmとわかる。したがって，イ＝40÷5＝8(cm)，ウ＝15÷5＝3(cm)より，最も長い辺の長さは8cmである。

(6) 下の図3で，アの角度は角BFEの大きさと等しいので，四角形ABFEに注目すると，360－90×2－58＝122(度)と求められる。次に，折った後の点Dの位置をD′とすると，角ED′Hの大きさは90度だから，三角形ED′Hの内角と外角の関係より，角D′EHの大きさは，100－90＝10(度)となる。また，角FEHの大きさは角FEAと等しく58度だから，角FED′の大きさは，58－10＝48(度)である。よって，角DED′の大きさは，180－(58＋48)＝74(度)となり，角D′EGと角DEGの大きさはどちらも，74÷2＝37(度)とわかる。したがって，イの角度は，37－10＝27(度)になる。

図3

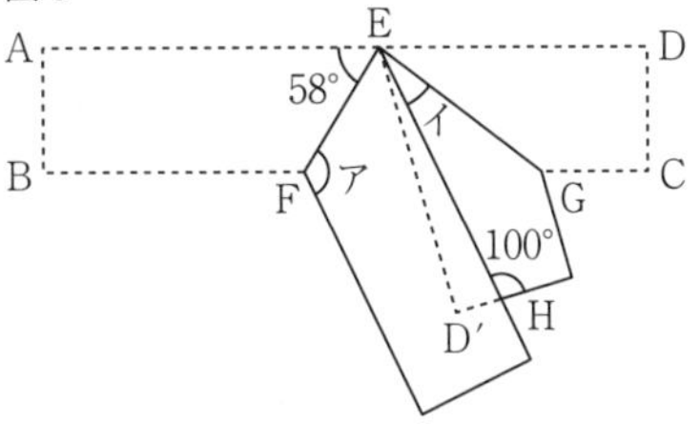

図4

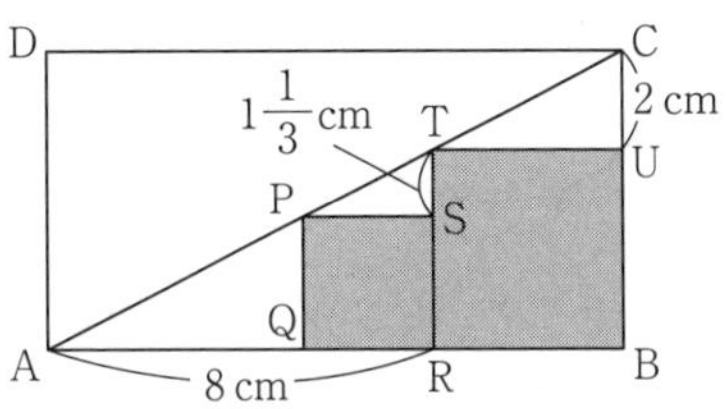

(7) 上の図4の中の三角形は，すべて対応する角の大きさが等しいから相似となる。すると，PS：TU＝TS：CU＝$1\frac{1}{3}$：2＝2：3なので，正方形PQRSと正方形TRBUの1辺の長さの比は2：3である。この比の，3－2＝1にあたる長さが$1\frac{1}{3}$cmだから，正方形PQRSの1辺の長さは，$1\frac{1}{3}\times 2=\frac{8}{3}$(cm)，正方形TRBUの1辺の長さは，$1\frac{1}{3}\times 3=4$(cm)とわかる。したがって，色をぬった部分の面積は，$\frac{8}{3}\times\frac{8}{3}+4\times 4=\frac{64}{9}+16=23\frac{1}{9}$(cm^2)と求められる。

2 旅人算

(1) 3人が進んだようすは右の図のように表せる。はじめに，斜線《しゃせん》をつけた部分に注目すると，A君とB君は1分間に合わせて，100＋60＝160(m)ずつ進むから，ア＝160×7＝1120(m)となる。次に，色をぬった部分に注目すると，A君とB君は1分間に，100－60＝40(m)ずつ差が広がるから，A君が最初にC君に出会うのは，イ＝1120÷40＝28(分)後とわかる。

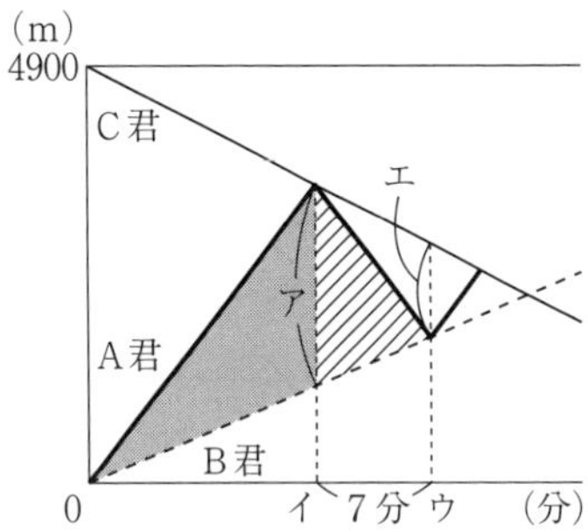

(2) (1)より，A君とC君は28分で合わせて4900m進むから，A君とC君の速さの和は分速，4900÷28＝175(m)となる。よって，C君の速さは分速，175－100＝75(m)である。

(3) 図で，ウ＝28＋7＝35(分)となる。このときまでにB君とC君が進んだ道のりの和は，(60＋75)×35＝4725(m)だから，エ＝4900－4725＝175(m)である。35分後からは，A君とC君は1分間に合わせて，100＋75＝175(m)ずつ進むから，A君が2回目にC君と出会うのは，35分後からさらに，175÷175＝1(分)後となる。したがって，このときまでにC君は，75×(35＋1)＝2700(m)進む。

3 平面図形―図形の移動，面積

(1) リングの直径は，2×2＝4(cm)なので，下の図1のように，くいから4cmはなれたところまでリングを動かすことができる。つまり，動かすことのできる部分は，くいを中心とする半径4cmの円となるから，その面積は，4×4×3.14＝50.24(cm^2)と求められる。

(2) 下の図2のように，リングをくいに引っかけるようにして動かすと，くいの中心から，4－1＝3(cm)はなれたところまで動かすことができる。つまり，動かすことのできる部分は，半径3cmの円から半径1cmのくいの内部を除いた部分となる。よって，その面積は，3×3×3.14－1×1×3.14＝8×3.14＝25.12(cm^2)とわかる。

図1

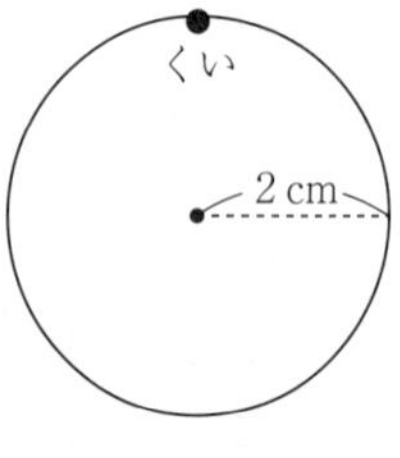

図2

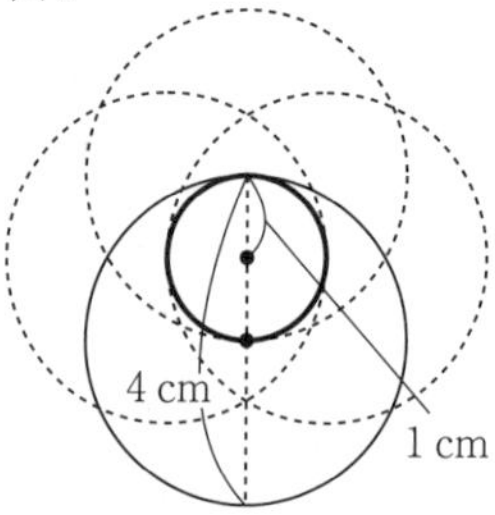

図3

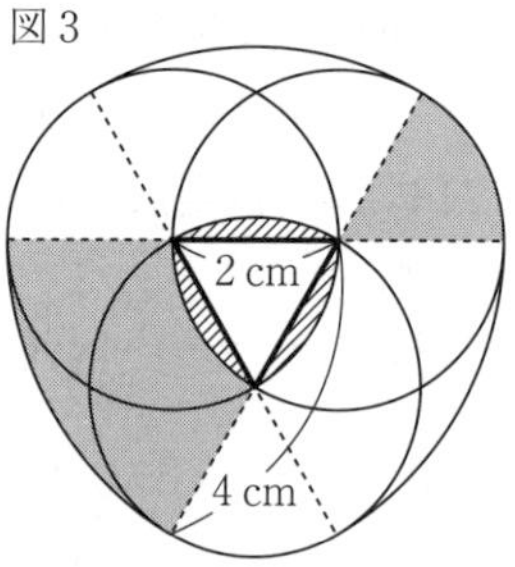

(3) 上の図3のように，リングが正三角形の頂点にふれている状態で動かすと，くいから最も遠くまで動かすことができる。このとき，正三角形の内部と斜線部分は通れないことに注意する。また，色をぬった部分を合わせると，半径4cm，中心角60度のおうぎ形になる。したがって，動かすことのできる部分は，半径4cm，中心角60度のおうぎ形を3個合わせた図形になるから，その面積は，4×4×3.14×$\frac{60}{360}$×3＝8×3.14＝25.12(cm^2)と求められる。

4 立体図形―水の深さと体積

(1) 容器を正面から見ると，下の図①のようになる。JEの長さは，40－20＝20(cm)で，三角形AKLと三角形AJEの相似より，KL：JE＝AL：AE＝10：20＝1：2だから，KLの長さは，20×$\frac{1}{2}$＝10(cm)となる。よって，KMの長さは，10＋20＝30(cm)だから，台形KJFMの面積は，(30＋40)×10÷2＝350(cm^2)になり，水の体積は，350×20＝7000(cm^3)と求められる。

図①

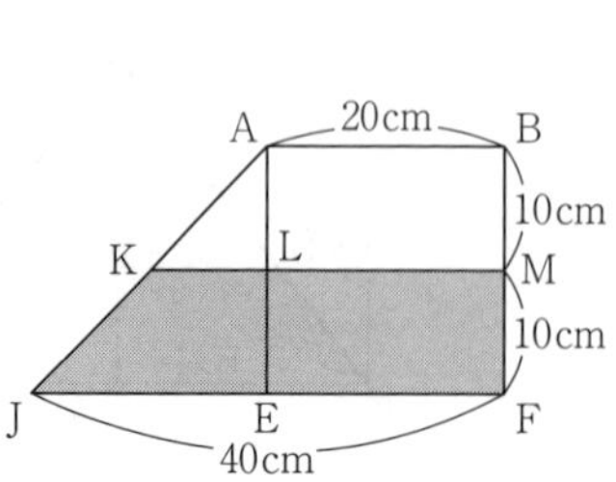

図②

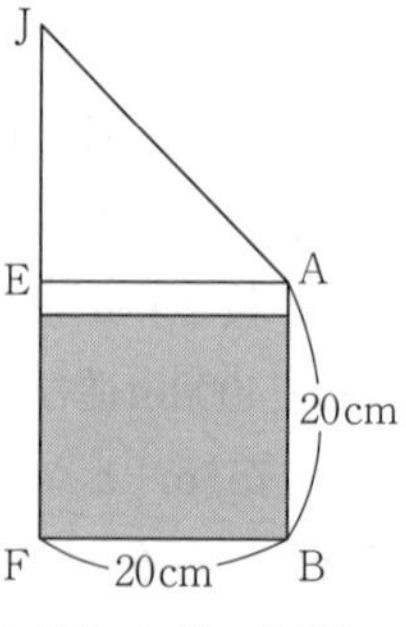

図③

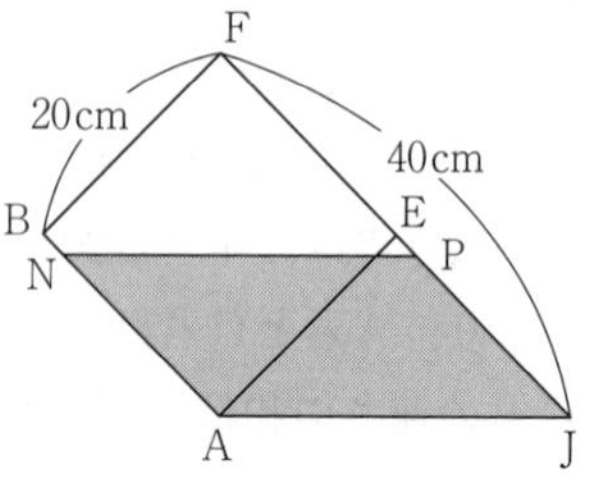

(2) 容器を正面から見ると，上の図②のようになる。図②で色をぬった部分の面積は，図①の台形KJFMの面積と等しくなるから，図②の水面の高さは，350÷20＝17.5(cm)とわかる。なお，図②の水面がEAより高くなると，色をぬった部分の面積が，20×20＝400(cm^2)より大きくなるので，

条件に合わない。

(3) 容器を正面から見ると，上の図③のようになる。図③で色をぬった部分の面積は，図①の台形KJFMの面積と等しく$350cm^2$である。このとき，平行四辺形NAJPの底辺をPJとすると，高さはBFになるから，PJの長さは，350÷20＝17.5(cm)とわかる。したがって，FP：PJ＝(40－17.5)：17.5＝22.5：17.5＝9：7と求められる。なお，図③の水面がBEより高くなると，色をぬった部分の面積が$400cm^2$より大きくなるので，条件に合わない。

5 *N*進数

(1) Aのランプは1，Bのランプは3，Cのランプは9(＝3×3)を表し，赤色はそれぞれの数が1個あること，緑色はそれぞれの数が2個あることを表している。よって，12＝3×1＋9×1より，12に対応するランプの点灯の仕方は，下の図1のようになる。

(2) Dのランプは，9×3＝27，Eのランプは，27×3＝81を表すと考えられる。したがって，問題文中の図に対応する整数は，1×2＋3×1＋27×1＝32となる。

図1

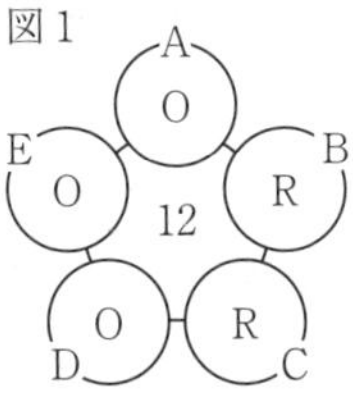

図2

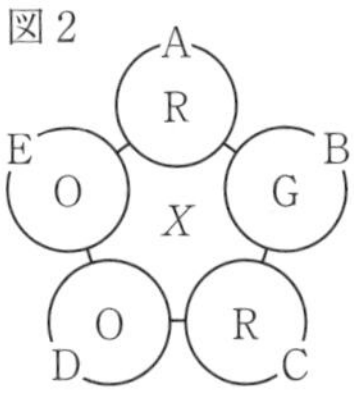

図3

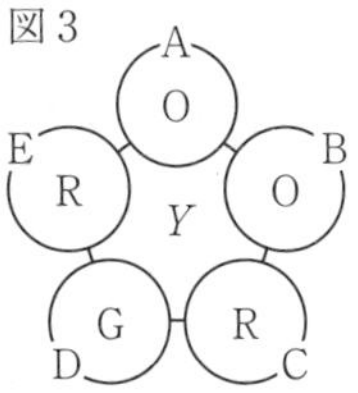

(3) $\frac{144}{360}=\frac{2}{5}$より，点灯の仕方を時計回りに144度回転させると，それぞれの点灯の仕方が2つずつ移ることになる。例えば上の図2のように，Xに対応する点灯の仕方として，Aを赤色，Bを緑色，Cを赤色とすると，$X=1\times\underline{1}+3\times\underline{\underline{2}}+9\times\underline{1}=16$となる。このとき，$Y$に対応する点灯の仕方は上の図3のようになるので，$Y=9\times\underline{1}+27\times\underline{\underline{2}}+81\times\underline{1}=144$になる。すると，このとき$Y$は$X$の，144÷16＝9(倍)である。また，$X$に対応する点灯の仕方を変えても，同じ下線をつけた部分はそれぞれ同じ数字になるため，X＝1×ア＋3×イ＋9×ウのとき，Y＝9×ア＋27×イ＋81×ウと表せる。したがって，Y÷X＝(9×ア＋27×イ＋81×ウ)÷(1×ア＋3×イ＋9×ウ)＝9より，常にYはXの9倍となる。

理 科 <特待試験>(40分)<満点：70点>

解答

1 **問1** (1) 60g (2) 40cm **問2** (1) 50g (2) 40cm **問3** (1) 65g (2) 40cm **問4** (1) 30g (2) 60cm **2** **問1** イ **問2** 9.8g **問3** 19.6g **問4** 28.1% **問5** 60g **問6** 40.4g **3** **問1** ウ **問2** ア，イ，エ **問3** エ **問4** イ **問5** オ **問6** ① ア ② エ ③ ア ④ イ **4** **問1** エ **問2** **ア** 大き **イ** 低 **問3** 蒸発 **問4** イ **問5** イ **問6** ア，エ **問7** ウ，エ

解　説

1　滑車《かっしゃ》についての問題

問1　(1)　おもり１の重さは120ｇだから，動滑車を左右で支えるひもにかかる力は，120÷２＝60（ｇ）である。よって，点Ａを支えている力の大きさは60ｇとわかる。　(2)　おもり１が20cm上がると，動滑車を支えるひもは，20×２＝40(cm)余ることになる。よって，点Ａでひもを40cm引けばよい。

問2　(1)　おもり２の重さが200ｇなので，下の動滑車を支えるひもにかかる力は，200÷２＝100（ｇ），上の動滑車を支えるひもにかかる力(点Ｂを支える力)は，100÷２＝50（ｇ）になる。
(2)　おもり２を10cm上げるためには，下の動滑車をつるすひもを，10×２＝20(cm)，上の動滑車をつるすひもを，20×２＝40(cm)引く必要がある。

問3　(1)　おもり２の重さが200ｇで，動滑車の重さが20ｇだから，下の動滑車を支えるひもにかかる力は，(200＋20)÷２＝110（ｇ），上の動滑車を支えるひもにかかる力(点Ｂを支える力)は，(110＋20)÷２＝65（ｇ）である。　(2)　動滑車に重さがあってもなくても，おもりを引く長さは変わらない。よって，点Ｂでひもを40cm引けばよい。

問4　(1)　120ｇのおもり３を２つの動滑車で支えているから，ひもには，120÷２÷２＝30（ｇ）の力がかかる。よって，点Ｃを支えている力の大きさは30ｇとわかる。　(2)　おもり３が15cm上がると，動滑車を支えるひもは，15×４＝60(cm)余るので，点Ｃでひもを60cm引く必要がある。

2　もののとけ方についての問題

問1　食塩水には固体の食塩がとけているため，水を蒸発させると食塩の固体が結晶《けっしょう》となって出てくる。なお，アについて，食塩・ミョウバン・ホウ酸はいずれも水の温度が上がるととける重さも増えるが，比例の関係にあるわけではない。ウについて，水溶液《すいようえき》の重さは，水ととけている物質の重さの和と等しくなる。

問2　20℃の水100ｇに食塩は37.8ｇまでとけるから，あと，37.8－28＝9.8（ｇ）の食塩をとかすことができる。

問3　20℃の水100ｇにホウ酸は4.9ｇまでとけるので，20℃の水400ｇにホウ酸は，$4.9\times\frac{400}{100}=19.6$（ｇ）までとける。

問4　60℃の水100ｇに食塩は39.0ｇまでとけるから，60℃の水に食塩をとけるだけとかしたときの濃《こ》さは，39.0÷(100＋39.0)×100＝28.05…より，28.1％と求められる。

問5　60℃の水100ｇにホウ酸をとけるだけとかした水溶液にはホウ酸が15.0ｇとけている。よって，60℃の水にホウ酸をとけるだけとかしてできたホウ酸水溶液460ｇには，$460\times\frac{15.0}{100+15.0}=60$（ｇ）のホウ酸がとけている。

問6　問５より，このときの水の重さは，460－60＝400（ｇ）である。問３で述べたように20℃の水400ｇにホウ酸は19.6ｇまでとけるから，とけきれなくなってでてくるホウ酸の重さは，60－19.6＝40.4（ｇ）と求められる。

3　血液型についての問題

問1　子は父親からＡとＡの遺伝子，母親からＢとＢの遺伝子のいずれかを受けつぐので，子の遺伝子型はすべてABになる。よって，子の血液型として考えられる血液型はAB型のみになる。

問2　Ｏ型の遺伝子型はOOなので，子の両親はＯの遺伝子を持つとわかる。したがって，この子の母親の遺伝子型として考えられるのはAO，BO，OOであり，母親の血液型として考えられる血液型はＡ型，Ｂ型，Ｏ型となる。

問３　Ｏ型の子(図２の９)が生まれているから，問２で述べたようにこの子の両親はいずれもＯの遺伝子を持つと考えられる。また，同じ両親からAB型の子(図２の10)が生まれているので，両親のうち一方がＡ，もう一方がＢの遺伝子を持つと考えられる。よって，Ａ型の父親(図２の６)の遺伝子型はAO，母親(図２の７)の遺伝子型はBOとわかる。

問４　Ｏ型である図２の12の遺伝子型はOOなので，その子(図２の14)はＯの遺伝子を持つ。また，図２の17はＢ型で，その母親がＡ型なので，父親(図２の14)はＢの遺伝子を持つと考えられる。これらより，図２の14の遺伝子型はBO(血液型はＢ型)になる。

問５　図２の11とＯ型の図２の12から，Ａ型とＢ型の子が生まれているので，図２の11はＡ，Ｂ両方の遺伝子を持つと考えられる。したがって，図２の11の遺伝子型として考えられるのはABである。

問６　問３より，図２の８の遺伝子型は図２の７と同じBOである。また，Ｂ型の図２の17はＡ型の母親とＢ型(BO)の父親の子だから，考えられる遺伝子型がBOとなる。BOの父親とBOの母親から生まれる子の遺伝子型は，BB，BO，OB(BO)，OOのいずれかで，BB，BOはＢ型，OOはＯ型になるので，生まれる子の血液型の比は，(Ｂ型)：(Ｏ型)＝(１＋２)：１＝３：１とわかる。よって，Ａ型の子が生まれる可能性は０％，Ｂ型の子が生まれる可能性は，３÷(３＋１)×100＝75(％)，AB型の子が生まれる可能性は０％，Ｏ型の子が生まれる可能性は，１÷(３＋１)×100＝25(％)と求められる。

4　暑さ指数についての問題

問１　暑さ指数(WBGT)は熱中症《しょう》を予防すること目的として考えられた数値で，乾球《かんきゅう》温度計・湿《しつ》球《きゅう》温度計・黒球温度計の計測値から計算される。

問２　湿球温度計のガーゼから水が蒸発するときにまわりの熱をうばうため，空気がかわいていて水が蒸発しやすいときほど湿球温度は低くなり，乾球温度との差が大きくなる。

問３　汗《あせ》をかいたあと，汗が蒸発するときにまわりの熱をうばうため体温が下がる。しかし，湿度が高いと汗が蒸発しにくくなるため，熱がにげず，熱中症の危険性が高まる。

問４　乾球温度と湿球温度の差は，アが，32.5−27.5＝５(℃)で，イが，32.5−29.5＝３(℃)である。問２で述べたように乾球温度と湿球温度の差が大きいほど空気がかわいているといえるから，湿度はアよりもイのほうが高いと考えられる。よって，暑さ指数はほかの条件が同じなら湿度が高いときのほうが高くなるので，イが選べる。

問５　熱中症の危険性が極めて高くなると予測されたときに，その予防行動などをうながすために環境《かんきょう》省と気象庁が共同で発信する情報を熱中症警戒《けいかい》アラートといい，令和３年度から全国を対象に運用が開始された。

問６　熱中症警戒アラートで発信される情報に予想最大瞬間風速や予想最高湿度は含《ふく》まれないので，アとエが選べる。なお，熱中症警戒アラートの発信は前日の17時と当日の５時に行われる。

問７　熱中症の危険性があるときは，不要不急の外出は避《さ》け，昼夜を問わずエアコンを使用したり，のどが渇《かわ》く前に水分や塩分を補給したりするなど，いつも以上に熱中症対策をする。なお，糖分を補給しても熱中症の対策にはほとんどならない。

Dr.福井の入試に勝つ！ 脳とからだのウルトラ科学

右の脳は10倍以上も覚えられる！

手や足，目，耳に左右があるように，脳にも左右がある。脳の左側，つまり左脳は，文字を読み書きしたり計算したりするときに働く。つまり，みんなはおもに左脳で勉強していることになる。一方，右側の脳，つまり右脳は，音楽を聞き取ったり写真や絵を見分けたりする。

となると，受験勉強に右脳は必要なさそうだが，そんなことはない。実は，右脳は左脳の10倍以上も暗記できるんだ。これを利用しない手はない！　つまり，必要なことがらを写真や絵などで覚えてしまおうというわけだ。

この右脳を活用した勉強法は，図版が数多く登場する社会と理科の勉強のときに大いに有効だ。たとえば，歴史の史料集には写真や絵などがたくさん載っていて，しかもそれらは試験に出やすいものばかりだから，これを利用する。やり方は簡単。「ふ～ん，これが○○か…」と考えながら，載っている図版を５秒間じーっと見つめる。すると，言葉は左脳に，図版は右脳のちょうど同じ部分に，ワンセットで記憶される。もし，左脳が言葉を忘れてしまっていたとしても，右脳で覚えた図版が言葉を思い出す手がかりとなる。

また，項目を色でぬり分け，右脳に色のイメージを持たせながら覚える方法もある。たとえば江戸時代の三大改革の内容を覚えるとき，享保の改革は赤，寛政の改革は緑，天保の改革は黄色というふうに色を決め，チェックペンでぬり分けて覚える。すると，「“目安箱”は赤色でぬったから享保の改革」というように思い出すことができ，混同しにくくなる。ほかに三権分立の関係，生物の種類分け，季節と星座など，分類されたことがらを覚えるときもピッタリな方法といえるだろう。

Dr.福井（福井《ふくい》一成《かずしげ》）…医学博士。開成中・高から東大・文Ⅱに入学後，再受験して翌年東大・理Ⅲに合格。同大医学部卒。さまざまな勉強法や脳科学に関する著書多数。

2023 年度　城北埼玉中学校

【算　数】〈第１回試験〉（50分）〈満点：100点〉

〔注　意〕

○分数で答えるときは約分して、もっとも簡単な分数にしなさい。
○比で答えるときは、もっとも簡単な整数を用いなさい。
○円周率の値を用いるときは、3.14として計算しなさい。
○コンパス、定規は使用できますが、分度器や計算機（時計などの）は使用できません。

1　次の各問いに答えなさい。

(1)　次の計算をしなさい。

①　$6.28 \times 8 - 1.57 \times 12$

②　$4\frac{1}{2} \div \frac{3}{8} \times \left(2\frac{4}{5} \div 3\frac{1}{2} - \frac{1}{2}\right)$

(2)　□にあてはまる数を求めなさい。

$72 \div (15 - \square \div 3) \times 8 = 48$

(3)　12％の食塩水 100ｇに 11％の食塩水何ｇかを混ぜ，水 50ｇを加えると 10％の食塩水ができました。混ぜた 11％の食塩水の重さを求めなさい。

(4)　A,B,C,Dの４人がじゃんけんを１回したとき,あいことなる手の出し方は何通りありますか。

(5)　代金のかかる箱にりんごを入れて買うとき，12 個入りは 2560 円，20 個入りは 4120 円になります。箱の代金は何円ですか。

(6)　何人かの子どもにあめを配ります。１人に８個ずつ配ると１個不足し，６個ずつ配ると 13 個余ります。あめの個数を求めなさい。

(7)　右の図のように，正三角形と正六角形が重なっています。アの角度を求めなさい。

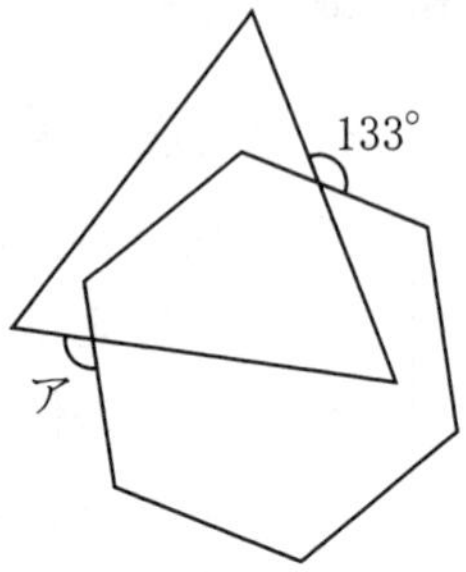

(8)　右の図のように，直角三角形 ABC と線分 BC を直径とする半円があります。色がぬられた部分のアとイの面積が等しいとき，辺 AB の長さを求めなさい。

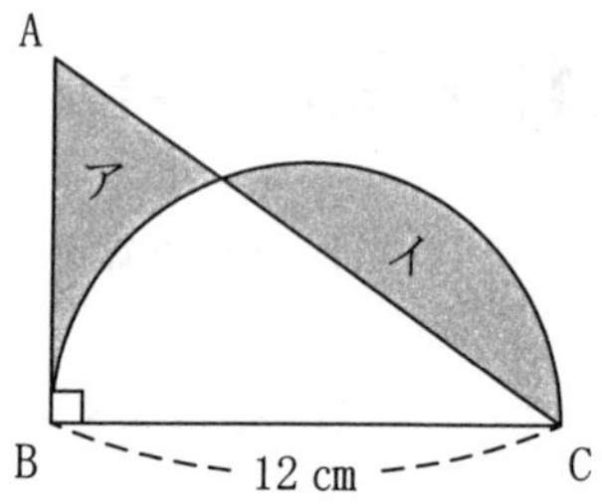

(9)　右の図のように，半径３ cm の円周上に２点 A，B があり，AB の長さは３ cm です。２点 P，Q は長い方の弧《こ》 AB の上にあり，PQ は円の中心を通ります。このとき，図の色をぬった部分の周の長さを求めなさい。

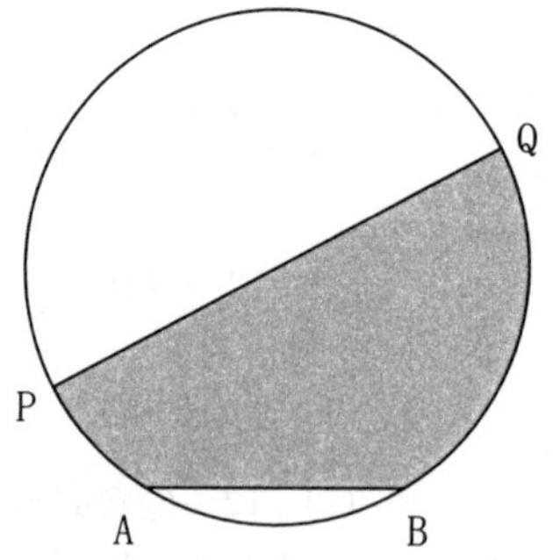

(10)　次の会話を読み，ア，イ に適する数を答えなさい。

A 君「B 君，次の質問に答えてよ。」
B 君「いいよ。」
A 君「B 君の誕生日の『日』を 50 倍して，５を加えて。」
A 君「次にその数を２倍して，『月』を加えて出てきた数を教えて。」
B 君「その数は，1413 だよ。」
A 君「B 君の誕生日は ア 月 イ 日だね。」
B 君「正解！」

2 ２つの地点 P，Q があります。A さんと B さんは P から Q に，C さんは Q から P に向かって，それぞれ同時に歩き出しました。
A さんはとちゅう C さんと出会うと同時にその場で休み，B さんに追い抜《ぬ》かれると同時にはじめと反対の向きに進み，C さんを追い抜きました。C さんは A さんと出会ってから２分後に B さんと出会いました。A さんは分速 100m，B さんは分速 80m，C さんは分速 60m で歩きます。
次の問いに答えなさい。

(1) A さんと C さんが出会ったとき，A さんと B さんは何 m はなれていましたか。

(2) A さんが休んでいる時間は何分何秒ですか。

(3) C さんが P に着くのは，A さんが P に着いてから何分何秒後ですか。

3 図のような１辺６cm の正方形の辺 AB 上に BE ＝４cm となるように点 E をとります。B から CE に垂直な線をひき，CE との交点を G，AD との交点を F とします。
次の問いに答えなさい。

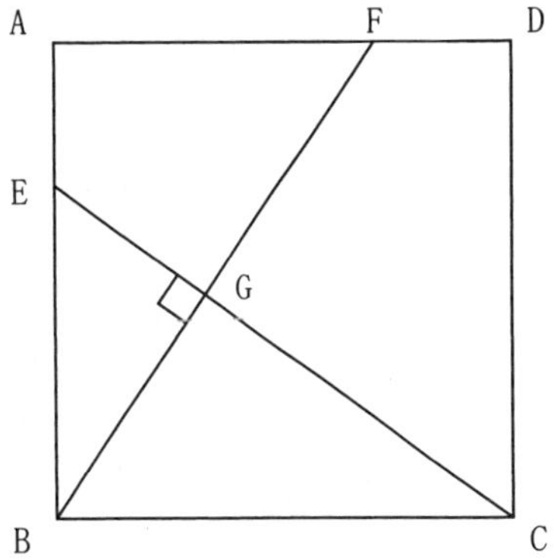

(1) FD の長さを求めなさい。

(2) 四角形 FGCD の面積を求めなさい。

(3) BG : GF を求めなさい。

4 次の図のように1辺1cmの立方体が1秒ごとに増えていく立体があります。
次の問いに答えなさい。

（1） 3秒後の立体の体積を求めなさい。

（2） 4秒後の立体は，3秒後の立体から何個の立方体が増えたか答えなさい。

（3） 5秒後の立体の体積を求めなさい。

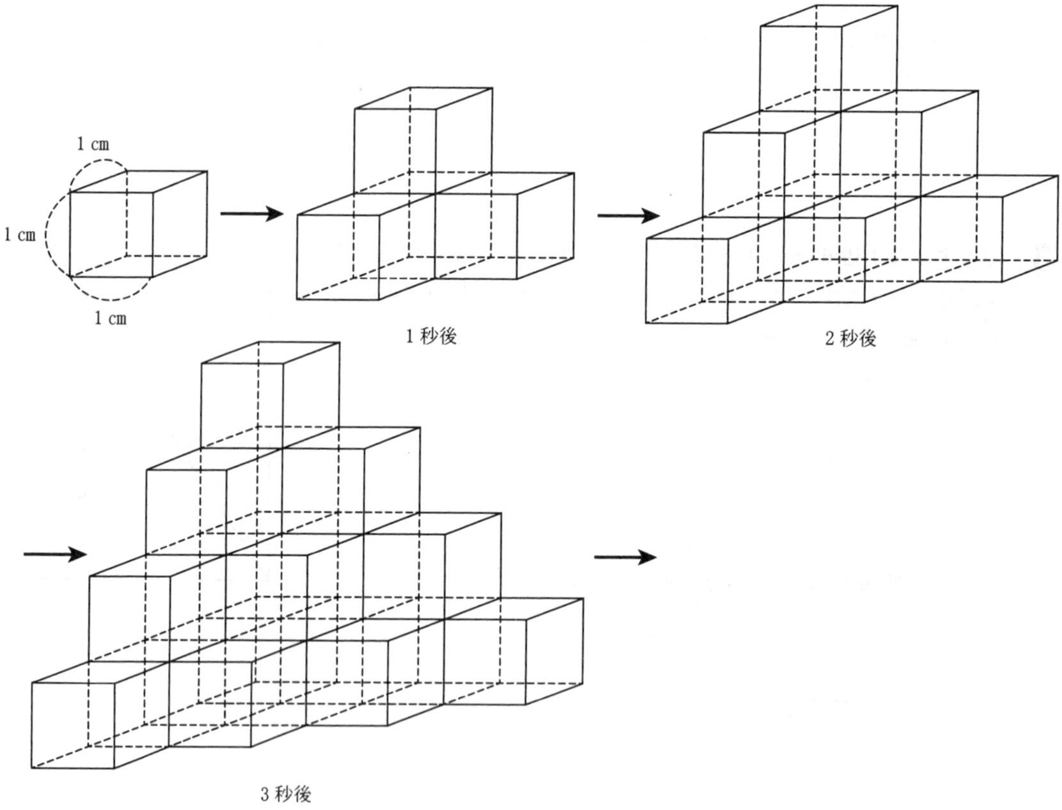

【社　会】〈第１回試験〉（30分）〈満点：50点〉

〔注　意〕選択肢《し》がある問題は、指定された記号・番号で答えなさい。

次の文章を読み、以下の問いに答えなさい。

現在では日本の伝統的な文化・慣習になっていても、①外国から伝わった言葉や行動・習慣がもとになっているものはたくさんあります。例えば、亡くなった人を②火葬する習慣は７世紀に中国から伝わったとされています。③ヨーロッパが大航海時代に入り東アジアへ進出してくる④16世紀までは、主に中国・朝鮮半島の影響を受け、多くの言葉や習慣が日本へと取り込まれていきました。必然的に、大陸に近い西日本、とりわけ⑤九州地方は大きな影響を受けていたと推測されます。16世紀半ば以降にポルトガル人・スペイン人が日本へとやってくると、それまでと同様に中国の影響を受けつつも、初めて触れるヨーロッパの文化に魅了《みりょう》され、それまでに触れたことのないものを積極的に取り入れていきました。このころ、ヨーロッパの人々が伝える産物や習慣とともに多くの外来語が日本語へと取り入れられました。原産国は南北アメリカとされていますが、寄港地《きこうち》のカンボジアからもたらされた野菜と伝えられる「(　　1　　)」、喫煙できる場所が年々少なくなっていますが嗜好品《しこうひん》の「タバコ」、服に付けられている「ボタン」などが外来語由来の言葉です。調べてみるとたくさんあることに驚かされることでしょう。

今回はその中でも、ポルトガル語由来である「カルタ（かるた)」について、くわしく見ていきましょう。カルタは羽子板《はごいた》や福笑いなどとともにお正月に遊ばれることが多いカードゲームです。有名なものとして「犬も歩けば棒に当たる」「論より証拠」などのことわざが書かれた「(　　2　　)」、⑥和歌の上の句と下の句を合わせる「百人一首」などをイメージする人が多いでしょう。ポルトガル語由来のカルタは16世紀に伝わった言葉ですが、和歌は古代から存在する日本固有のものです。和歌の上の句と下の句を合わせる遊びは⑦平安時代の「貝合わせ・貝覆《おお》い」にルーツがあり、大蛤《おおはまぐり》の貝を地貝《じがい》と出貝《だしがい》の２つに分け、それぞれに和歌の上の句と下の句を書き、ぴったりと合う貝の組み合わせを見つけるものでした。文字だけでなく挿絵《さしえ》が描かれているもの、文字がなく挿絵《さしえ》だけで合わせる難易度が高いものも生まれました。いわゆる百人一首として定着している『⑧小倉百人一首』は、鎌倉時代初期に『新古今和歌集』の選者としても知られている（　　3　　）が選んだものです。平安時代や⑨鎌倉時代に成立したものに16世紀に伝わったカルタという名称が付いていることになります。

では、いつ頃、このような日本の伝統的な遊びや歌にカルタの名称がついたのでしょうか。もともとポルトガル語で「四角い紙」を表すカルタは、堅い紙で作られたカード全般を指す名称でした。伝わった当初はトランプに近いもので、数字の１～９と現在のＪ（ジャック)、(　　4　　)、Ｋ（キング）にあたる絵札を合わせた12枚と４種類のスート（スペード・ダイヤ・クローバー・ハート）の48枚で構成されていました。このカードを使って遊ぶことをカルタと名付けたのですが、時代が経つにつれて堅い四角い⑩紙を使う遊びを総じてカルタとよぶようになります。

日本初の国産カルタは天正年間に作られた「天正カルタ」とされています。現在の（　　5　　）県大牟田市三池の地で作られたこのカルタは、１枚だけ現存し、⑪兵庫県芦屋市の滴翠《てきすい》美術館に保存されています。ポルトガル人が伝えたトランプに近い数字と絵柄のカルタでした。この時代にカルタの需要が多くあったのが（　　6　　）と⑫名護屋といわれています。名護屋は（　　7　　）が朝鮮出兵の拠点として城を築いた地であり、出兵を控えた兵士たちの娯楽として需要が高かったようです。「天正カルタ」は賭《か》け事の道具としても使用されたことから、江戸時代を通じてくり返し禁止されました。その際、多くのカルタが焼かれたり、捨てられたりしたため、当時のカルタは現在ほとんど残っていません。また一方で、日本古来の伝統的文化である「あわせ遊び」がポルトガルから伝来した「カルタ」と融合することで、伊勢物語歌カルタ・源氏物語歌カルタ、あるいは百人一首歌カルタ・（　　2　　）につながる日本の「歌カルタ」の歴史が始まります。

「天正カルタ」から日本独自のカルタである「うんすんカルタ」が江戸時代に生まれます。これは「天正カルタ」を和風にして⑬大衆化したものであり、１〜15の数字と５種類のスートで75枚組でした。江戸時代中期にかなり流行したものの、その遊戯法は、現在、熊本県人吉市に唯一伝わるのみで、県の⑭重要無形民俗文化財に指定されています。前述したようにカルタは賭け事の道具として使われたため、⑮寛政の改革で教育に役立つ歌カルタと（　　２　　）以外は禁止されてしまいます。この取り締まりにより現在のカルタの形式が整えられたといえるでしょう。一方で、カルタによる賭け事を禁止された人々は何とかして幕府の目を盗んで賭け事を行おうとします。諸説ありますが、このとき生まれたのが数字を⑯花や動物でカムフラージュした「花札」といわれています。よくよく考えてみれば、「花札」も堅い四角い紙で出来ていますから、カルタの一種といえるのではないでしょうか。現在では、ゲームの会社になっていますが、（　　６　　）に本社を置く⑰任天堂もトランプや花札を製造する玩具メーカーであった歴史があります。

江戸時代の規制もあり、カルタは賭け事に使う道具から教育に役立つ道具として重宝《ちょうほう》されていきます。百人一首カルタは教養的な部分もありますが、明治時代にはジャーナリストである黒岩涙香《くろいわるいこう》がその競技性に注目し、東京カルタ会が創設されました。地方によってルールが異なっていましたが、黒岩によって、ルールの統一や競技技術の研究が行われました。黒岩は自身の新聞である『万朝報《よろずちょうほう》』において特集記事をくみ、広く民衆へ周知させ、明治37年に第１回の競技カルタ大会が開かれています。その後、人気が低迷する時期もありましたが、戦後成立した全国団体である「全日本かるた協会」によって現在も競技カルタ大会が続けられています。「全日本かるた協会」は平成８（1996）年に社団法人として新たなスタートをしており、競技カルタの普及や競技人口の増加、百人一首文化の普及などを目的として精力的に活動しています。近年では、競技カルタを題材にした漫画『ちはやふる』が⑱アニメ・実写映画化され、人気を博したことを覚えている人もいるでしょう。

また、近年、注目を集めているカルタが⑲郷土カルタです。特に有名なものが、（　　８　　）県の歴史・自然・人物・産業などを読んでいる「上毛《じょうもう》かるた」で、（　　８　　）県出身の芸能人や有名人が紹介することによって知られるようになりました。県の競技大会に向けて子どもたちは必ず練習にはげむため、他の⑳都道府県の子どもたちも同じように練習しているという間違った認識を持っていることが多く、大人になってから全国共通ではないことを知って驚くことも多いようです。城北埼玉中学がある埼玉県にも多くの郷土カルタがありますが、まだまだ知名度は低いようです。

日本の伝統的な玩具であるカルタですが、時代の変遷とともに子どもたちの遊びの中心からは遠ざかっているようです。昔ながらのカルタ遊びをすることは少なくなっていますが、カードを使う遊び全体をカルタと捉《とら》えるならば、ポケモンカードや遊戯王カードなどの㉑トレーディングカードゲームもカルタといってもよいかもしれません。現在のカードゲームとはルールも遊び方も異なりますが、昔ながらのカードゲームであるカルタも遊んでみてはどうでしょうか。何か新しい発見があるかもしれません。

（参考サイト　三池カルタ・歴史資料館　http://karuta-rekishi.com/
全日本かるた協会　https://www.karuta.or.jp/）

問１　空欄（　１　）〜（　８　）にあてはまる**適当な語句**を答えなさい。ただし、空欄（　４　）は**アルファベット１文字**、空欄（　７　）は**人物名**を答えなさい。

問２　下線部①について、外国から伝わり日本語として定着した言葉として**適当でないもの**を次のア～エの中から一つ選び、その記号を答えなさい。

ア　カッパ　　イ　エンピツ　　ウ　テンプラ　　エ　コンペイトウ

問３　下線部②について、日本の歴史上、天皇で初めて火葬されたのは持統天皇であるといわれています。持統天皇が行った出来事として**正しいもの**を次のア～エの中から一つ選び、その記号を答えなさい。

ア　夫である天智天皇を助け、中央集権体制の構築に尽力した。
イ　和同開珎を発行し、貨幣の使用を促進した。
ウ　都を藤原京へ遷《うつ》した。
エ　最初の戸籍を作成し、班田収授を行った。

問４　下線部③について、以下の問いに答えなさい。
（１）　ヨーロッパには多くの国が存在します。ヨーロッパにある国の国旗として、**正しいもの**を次のア～エの中から一つ選び、その記号を答えなさい。

ア

イ

ウ

エ

（２）　ヨーロッパには多くの国際機関が本部を置いています。オランダのハーグに本部を置く国際機関の説明として**適当なもの**を次のア～エの中から一つ選び、その記号を答えなさい。

ア　国家間の法律的紛争について裁判を行ったり、国連総会や国連安保理などの要請に応じて勧告的意見を与える。
イ　難民や国内避難民の保護など、難民に関する諸問題の解決を目指して活動している。
ウ　発展途上国の経済開発促進と南北問題の経済格差是正を目的としている。
エ　教育、科学、文化の発展と推進を目的として国連に設けられた専門機関である。

問５　下線部④について、16 世紀の出来事として**正しいもの**を次のア～エの中から一つ選び、その記号を答えなさい。

ア　島原の乱（島原・天草一揆）　　イ　大坂夏の陣　　ウ　関ヶ原の戦い　　エ　応仁の乱

問６　下線部⑤について、以下の問いに答えなさい。

（１）　下の説明文はある九州地方の県についてのものです。説明されている県の形として**正しいもの**を次のア～エの中から一つ選び、その記号を答えなさい。

【説明文】

この地を治めていた武士の名が県名の由来となっており、都道府県の中で最も島が多いことで知られている。島が多いうえにリアス海岸も多数あり、海岸線の長さは都道府県２位となっている。

ア

イ

ウ

エ

（都道府県の主要部分の形を表しています。縮尺は一定ではありません。）

（２）　北海道、本州、四国、九州の面積（2020 年）・人口（2020 年）・農業生産額（2020 年）・製造品出荷額等（2019 年）を表にまとめました。九州にあたるものを次のア～エの中から一つ選び、その記号を答えなさい。

	面積（㎢）	人口（万人）	農業生産額（億円）	製造品出荷額等（億円）
ア	83, 424	522. 5	12, 667	61, 336
イ	231, 235	10297. 9	54, 453	2, 844, 655
ウ	18, 803	369. 6	4, 103	95, 881
エ	42, 231	1277. 9	17, 422	246, 595

（『日本国勢図会 2022/23　矢野恒太記念会　編集・発行』をもとに作成）

問７　下線部⑥について、和歌の中には当時の都を詠《よ》んだ歌がたくさんあります。以下の和歌の中の空欄に共通して入る語句を**漢字**で答えなさい。

【和歌１】　紅に　深く染みにし　心かも　□の都に　年の経ぬべき
【和歌２】　あをによし　□の都は　咲く花の　にほふがごとく　今盛りなり
【和歌３】　秋されば　春日の山の　黄葉見る　□の都の　荒るらく惜しも

問８　下線部⑦について、平安時代に起こった以下の出来事ア～エを**左から古い順**になるようにならべかえ、記号で答えなさい。

ア　菅原道真が遣唐使の廃止を進言した。
イ　藤原道長が摂政に就任した。
ウ　白河上皇が院政を開始した。
エ　坂上田村麻呂が征夷大将軍に任命された。

問９　下線部⑧について、小倉百人一首の説明として**適当でないもの**を次のア～エの中から一つ選び、その記号を答えなさい。

ア　選ばれた和歌の詠《よ》まれた時代は、飛鳥時代から鎌倉時代までと幅広い。
イ　女性の作者の中には、和歌が２首以上選ばれている者がいる。
ウ　全部で 100 首の歌が選ばれており、カルタの枚数は 200 枚である。
エ　選者自身の歌も 100 首の中に選ばれている。

問 10　下線部⑨について、以下の問いに答えなさい。

（１）　鎌倉時代の名称の由来は、鎌倉に幕府が開かれたからです。鎌倉の位置として**適当なもの**を地図１のア～エの中から一つ選び、その記号を答えなさい。

＜地図１＞

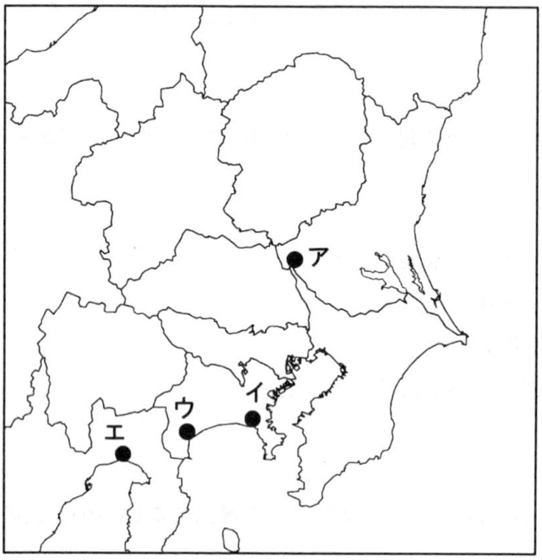

（２）　下の役職図は、この時代の幕府のものです。空欄Ａにあてはまる役職の名称を**漢字**で答えなさい。

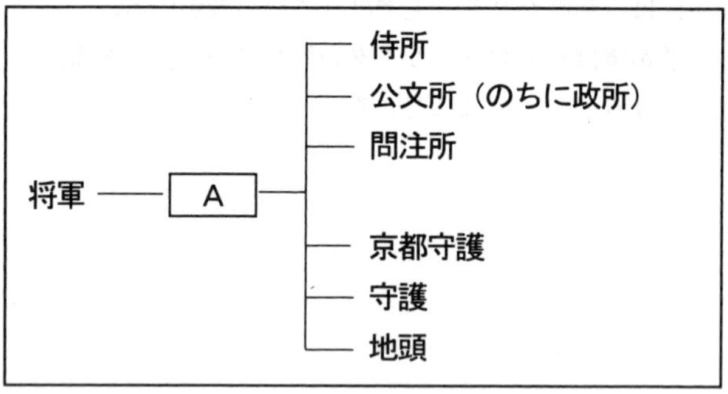

問 11　下線部⑩について、以下の問いに答えなさい。

（１）　特殊な紙を使用しているものに紙幣があります。現在、日本で紙幣を発行している機関の名称を**漢字４字**で答えなさい。

（２）　2024 年に現在の紙幣から新しいデザインの紙幣に変わることが決定しています。右の新１万円札にデザインされている人物の氏名を**漢字**で答えなさい。

問 12　下線部⑪について、兵庫県の説明文として**正しいもの**を次のア～エの中から一つ選び、その記号を答えなさい。

ア　日本の標準時子午線が通過する都道府県はこの県のみである。
イ　たまねぎの産地として知られる淡路島は、瀬戸内海で３番目に大きい島である。
ウ　この県にある世界遺産は、日本で最初に登録された世界遺産の一つである。
エ　明石市と淡路島を結ぶ明石海峡大橋は、日本で最長の吊り橋である。

問 13　下線部⑫について、名護屋の位置として**適当なもの**を地図２のア～エの中から一つ選び、その記号を答えなさい。

＜地図２＞

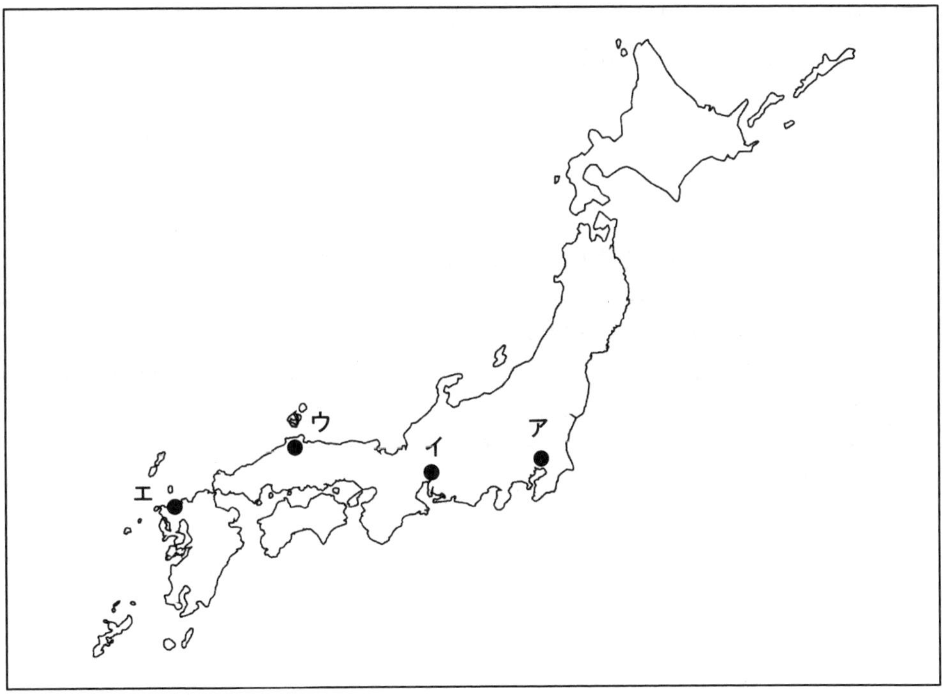

問 14　下線部⑬について、大衆とは「多数の人。おおぜいのひとびと、民衆。」のことをいいます。大衆の意見のことで、公共の問題について多くの人々が共有している考えを意味する言葉を**漢字２字**で答えなさい。

問 15　下線部⑭について、九州地方の重要無形民俗文化財として**正しいもの**を次のア～エの中から一つ選び、その記号を答えなさい。

ア　祇園山笠　　　イ　竿灯祭　　　ウ　だんじり祭　　　エ　秩父夜祭

問 16　下線部⑮について、寛政の改革で行われた政策を次のア～ケの中から選び、その記号を**すべて**答えなさい。

ア　上げ米の制　　イ　囲米の制　　ウ　足し高の制　　エ　上知令　　オ　棄捐令
カ　株仲間の奨励　キ　生類憐みの令　ク　外国船打払令　ケ　人返し令

問 17　下線部⑯について、埼玉県は県の花を制定しています。昭和 46 年埼玉県制施行百周年を記念して制定された県の花として**正しいもの**を次のア～エの中から一つ選び、その記号を答えなさい。

ア　ソメイヨシノ　　イ　ヤマユリ　　ウ　スイセン　　エ　サクラソウ

問 18　下線部⑰について、下の文章を読み、以下の問いに答えなさい。

任天堂のように、複数の国に拠点を持ち、それぞれの国でビジネスを展開している企業のことを［　　］企業という。日本の企業ではソニーやトヨタなどがあてはまり、世界の企業ではＧＡＦＡ（ガーファ）とよばれる巨大ＩＴ企業も［　　］企業といえるだろう。

（１）　上の文章の［　　］にあてはまる語句を**漢字**で答えなさい。

（２）　下線部のＧＡＦＡに**あてはまらない**企業を次のア～エの中から一つ選び、その記号を答えなさい。

ア　アップル　　イ　ファーウェイ　　ウ　アマゾン　　エ　グーグル

問 19　下線部⑱について、ここ数年、家庭でのアニメや映画の視聴方法に変化が見られます。これまではＤＶＤやブルーレイなどのディスクを購入するか借りてきて視聴していましたが、ネット回線の高速化により、インターネット経由で映像コンテンツを視聴する家庭が増えています。その中でも、Netflix（ネットフリックス）やU-NEXT（ユーネクスト）などのように定期的に料金を支払い視聴する方式が広まっています。このような方式の名称として**適当なもの**を次のア～エの中から一つ選び、その記号を答えなさい。

ア　サブリース　　イ　サステイナブル　　ウ　サブプライム　　エ　サブスクリプション

問20　下線部⑲について、右の絵札は、ある都道府県の郷土カルタの絵札です。読み札の文章を参考にして、この郷土カルタを作成した都道府県名を**漢字**で答えなさい。

【読み札】

「は」 版木にて　歴史を刻み　名を残す

問21　下線部⑳について、以下の問いに答えなさい。

（１）　参議院議員選挙の選挙区選挙（比例代表制ではない選挙）では、長い間、都道府県ごとの選挙区でした。平成27年の選挙法改正により、人口の少ない県は定員が減らされるか合区され、人口の多い都道府県は定員が増やされました。合区された県の組み合わせとして**正しいもの**を次のア～エの中から一つ選び、その記号を答えなさい。

ア　青森県と秋田県　　イ　石川県と福井県　　ウ　島根県と山口県　　エ　徳島県と高知県

（２）　2022年７月に第26回参議院議員選挙が行われました。125議席が改選され、非改選議席と合わせて自由民主党が過半数を超えた議席を獲得し、強さを見せつけました。あまり話題になっていませんが、実は参議院議員選挙の中で過去最多の女性議員が当選しました。第26回参議院議員選挙で当選した女性議員の数として**正しいもの**を次のア～エの中から一つ選び、その記号を答えなさい。

ア　25人　　イ　35人　　ウ　45人　　エ　55人

問22　下線部㉑について、トレーディングカードのトレーディングは、トレードという言葉が変化したものです。トレードという言葉の意味の一つに貿易という意味があります。下の表は、日本の貿易相手国上位５ヵ国を表したものです。Ｃにあてはまる国名を**正式名称**で答えなさい。

年	2005年	2010年	2015年	2020年
1位	A	B	B	B
2位	B	A	A	A
3位	C	C	C	C
4位	台湾	台湾	台湾	台湾
5位	タイ	オーストラリア	タイ	タイ

(財務省貿易統計より作成　https://www.customs.go.jp/toukei/suii/html/data/y3.pdf)

【理　科】〈第１回試験〉（30分）〈満点：50点〉

〔注　意〕グラフや図を描く場合は、定規を使用してもかまいません。

1　2022年７月に２回目の超電導《ちょうでんどう》リニア体験乗車がありました。現時点で世界最速の鉄道であり，物流や交通において期待が高まっています。超電導リニアについて，次の各問いに答えなさい。

問１　2027年JR東海によって超電導リニアが実走される予定となっています。現在の予定では，どの区間を走行しますか。次のア～エから選び，記号で答えなさい。

ア　新大阪 ― 広島　　イ　品川 ― 名古屋　　ウ　新潟 ― 仙台　　エ　大宮 ― 秋田

問２　超電導の説明として正しいものを，次のア～エの中から選び，記号で答えなさい。

ア　特定の金属を超低温にし，電気抵抗が０（ゼロ）に近づくこと。
イ　特定の金属に超高電圧をかけ，金属の種類が変化すること。
ウ　特定の金属を極細《ごくほそ》に引きのばし，コイルにすること。
エ　特定の金属から金だけを取り出し，電気が流れにくくなること。

図１のように，超電導リニアの車体側面には超電導磁石が取り付けられています。また，側面の壁《かべ》には推進《すいしん》コイルと浮上《ふじょう》・案内コイルが取り付けられており，それらのコイルに電流が流れると電磁石としてのはたらきをします。車体に取り付けられている超電導磁石とこれらのコイルが反応することによって，車体は運動と浮上をし，壁へ衝突《しょうとつ》することなく安全走行をすることができます。

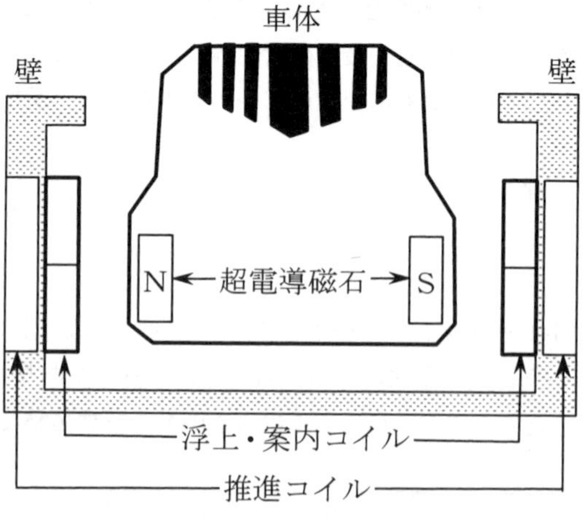

図１

問３　推進コイルは側面の壁に取り付けられており，車体を進ませるために必要なコイルです。その推進コイルに電流を流し，電磁石として超電導磁石と反応させたとき，はじめ静止していた車体が左向きにまっすぐ進み始めました。このときの推進コイルと超電導磁石のようすとして，最も適した図を次のア～エから選び，記号で答えなさい。ただし，次の図は車体と壁を上から見たようすとして模式的に表したものです。

ア

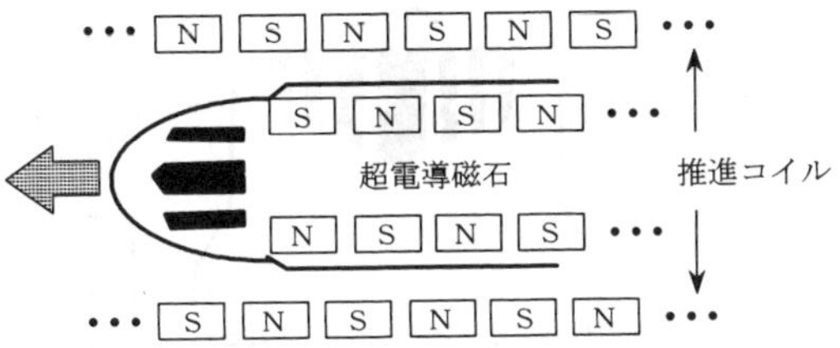

イ

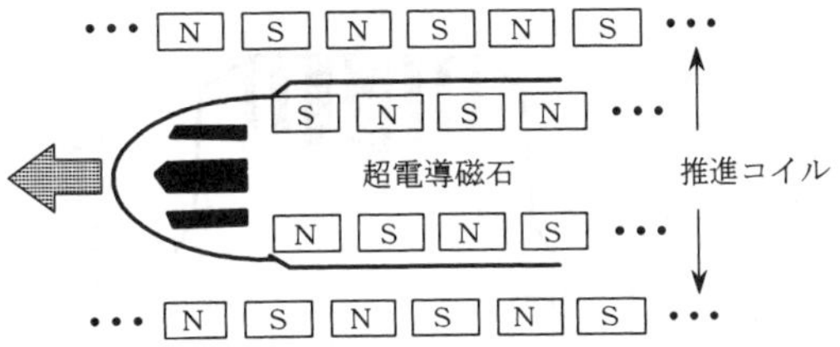

ウ

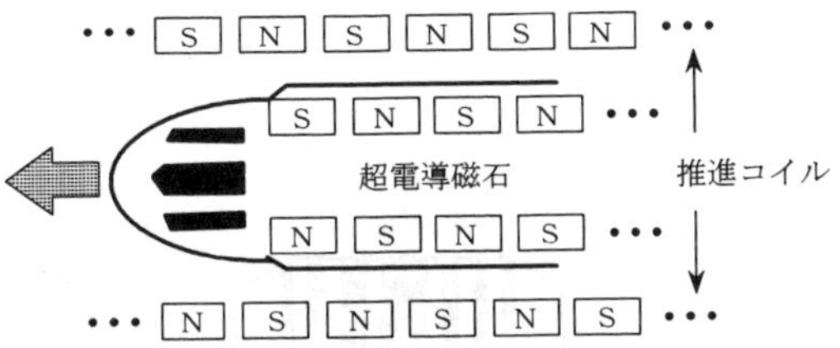

エ

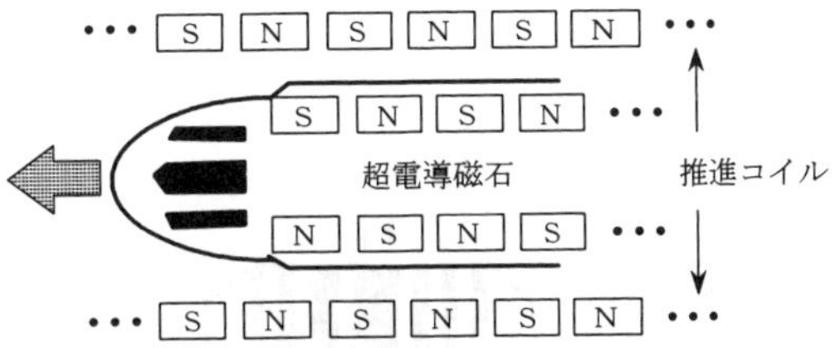

問４　問３のように車体が左向きに移動し始めると，約４分後には１時間に600km進む速さまで加速していきます。車体がその速さまで加速していくためには，問３の状態からどのような変化が必要ですか。その変化について正しいものを次のア～エの中から選び，記号で答えなさい。

ア　速さに合わせて推進コイルのＮ極とＳ極を切りかえていく。
イ　速さに合わせて推進コイルに流す電流の強さをだんだん強くしていく。
ウ　速さに合わせて車体に取り付けられた超電導磁石の強さをだんだん強くしていく。
エ　速さに合わせて車体に取り付けられた超電導磁石の数をふやしていく。

問５　図１の位置に浮上・案内コイルが取り付けられており，車体がこのコイルを通過すると電流が流れ電磁石と同じはたらきをするようになっています。この浮上・案内コイルと超電導磁石が反応することにより，車体は約 10cm ほど浮上しています。車体が浮上するために適した図を下のア～エから選び，記号で答えなさい。ただし，次の図は車体と壁を前方から見たようすとして模式的に表したものです。

ア

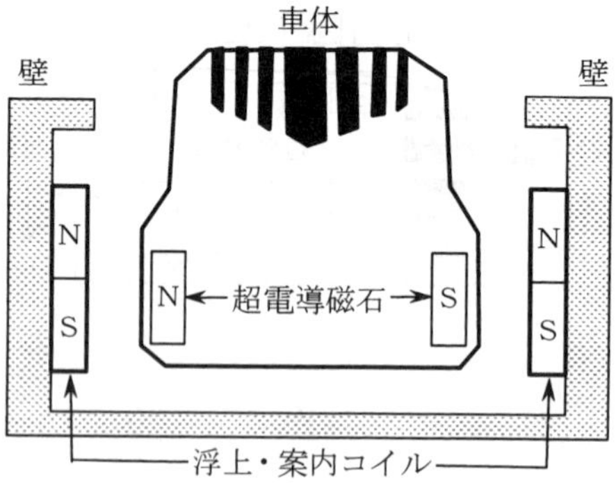

イ

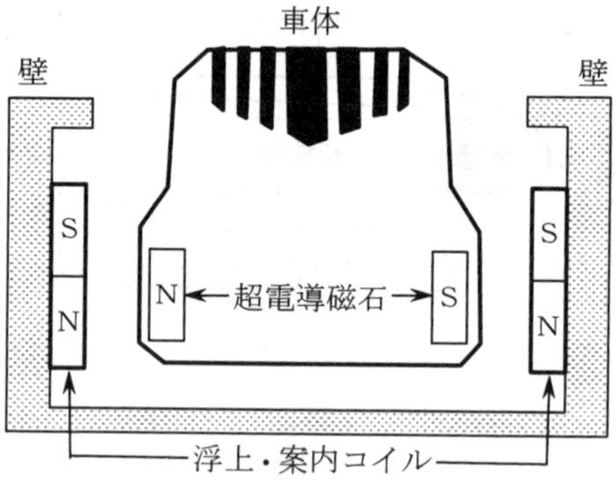

ウ

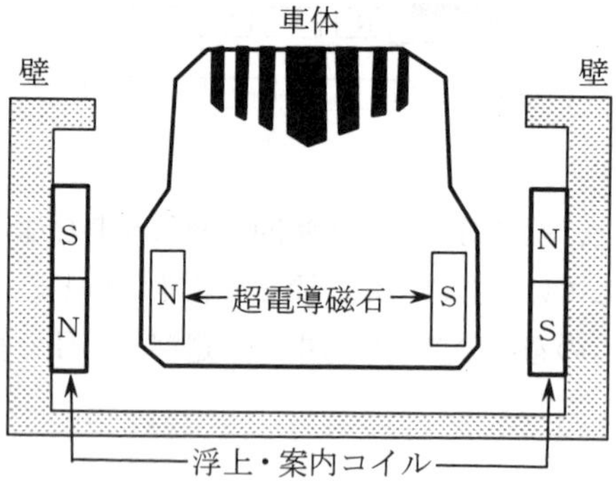

エ

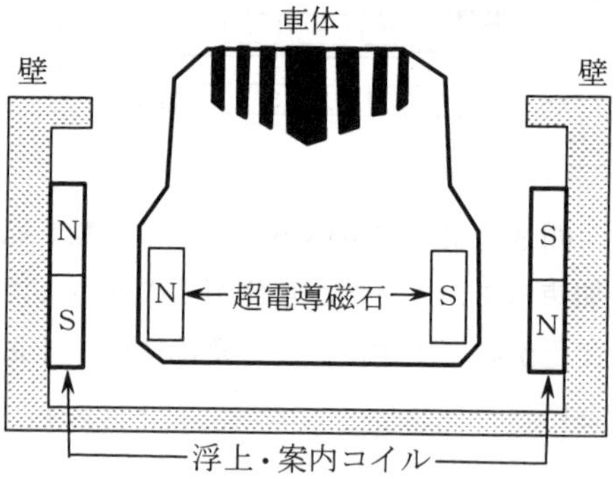

2 アルミニウム1.2gに，ある濃度の塩酸（溶液《ようえき》Ａとする）や水酸化ナトリウム水溶液《すいようえき》（溶液Ｂとする）を少しずつ加えていき，発生する気体の体積を20℃で測定しました。その結果をグラフにしたところ図１，図２のようになりました。さらに，溶液Ａと溶液Ｂを混ぜ合わせて，混ぜ合わせた溶液が中性になるときのそれぞれの体積の関係を調べ，その結果が図３です。下の各問いに答えなさい。

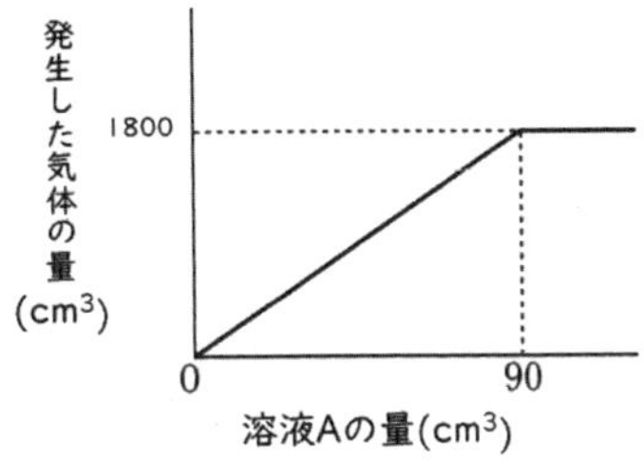

図１

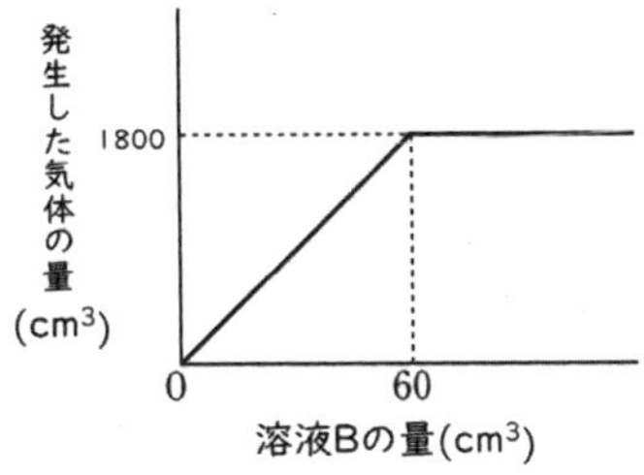

図２

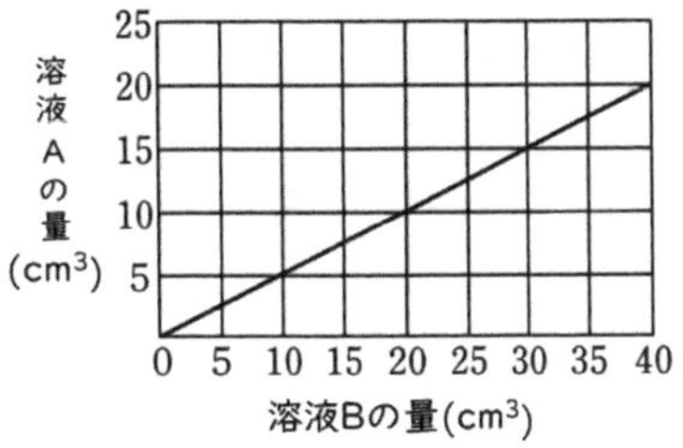

図３

問１　アルミニウムが溶液Ａと反応して発生する気体は，溶液Ｂと反応して発生する気体と同じものです。その気体の名前を答えなさい。

問２　この実験で発生した気体の性質として正しいものを次のア～オから１つ選び，記号で答えなさい。

ア　気体の入った試験管の中に，火のついた線香《せんこう》を入れると，はげしく燃える。
イ　気体の入った試験管に，マッチの火を近づけると，ポッと音がして，火がついて燃える。
ウ　石灰水に通すと白い沈殿ができる。
エ　無色の気体で，湿った赤いリトマス紙を青く変える。
オ　色のついた気体で，臭いはしない。

問３　アルミニウム1.2ｇに溶液Ａを100cm^{3}加えたとき，発生する気体の量は何cm^{3}ですか。

問４　アルミニウム1.5ｇに溶液Ｂを30cm^{3}加えたとき，発生する気体の量は何cm^{3}ですか。また，反応しないで残っているアルミニウムの重さは何ｇですか。

次に，溶液Ａと溶液Ｂを60cm^{3}ずつ混ぜ合わせた溶液をつくりました。

問５　この混ぜ合わせた溶液にＢＴＢ溶液を１滴《てき》たらしました。混ぜ合わせた溶液は何色になりますか。

問６　この混ぜ合わせた溶液にアルミニウムを1.8ｇ入れました。発生する気体の量は何cm^{3}ですか。また，反応しないで残っているアルミニウムの重さは何ｇですか。

3　植物の光合成と呼吸作用に関する次の文章を読み，下の各問いに答えなさい。

植物は光をエネルギー源にして光合成を行います。光合成は，（　①　）という色素を含む葉緑体という部分で行われます。この葉緑体が光を受けると，水と二酸化炭素からでんぷんなどの栄養分を合成し，このとき，酸素が発生します。なお，でんぷんは水に溶けにくいため，水に溶けやすい糖に変えられて植物の体全体に運ばれ，呼吸作用などに使われます。生物は呼吸作用により生活に必要なエネルギーを得ており，植物も１日中，呼吸作用を行っています。

問１　文章中の空欄《くうらん》（　①　）に適する用語を答えなさい。

問２　文章中の下線部に関して，糖が植物の体全体に運ばれた後の使われ方として正しいものを，次のア～エから１つ選び，記号で答えなさい。

ア　再びでんぷんに変わり，根や茎《くき》などにたくわえられる。サツマイモでは主に茎にたくわえられる。

イ　再びでんぷんに変わり，インゲンマメの種子では子葉にたくわえられ，発芽の際のエネルギー源となる。

ウ　再びでんぷんに変わることはなく，すべての糖が呼吸作用で使われる。

エ　再びでんぷんに変わることはなく，糖のまま根や茎などにたくわえられる。

問３　文章中の下線部に関して，糖が植物の体全体に運ばれるときに通る管を何といいますか。

次に，植物の呼吸作用を調べるため，次ページにある実験を行いました。

［実験］

下の図のような装置をつくり，ある植物の発芽しかけた種子《しゅし》を同じ個数，それぞれの三角フラスコに入れた。また，フラスコＡの中の小さなビーカーには水酸化カリウム水溶液《すいようえき》を，フラスコＢの中の小さなビーカーには水を入れた。装置に発芽しかけた種子を入れてから一定の時間後に，着色液の移動距離からフラスコ内の気体の体積の変化量を測定した。ただし，水酸化カリウム水溶液は，発生した二酸化炭素をすべて吸収したものとする。

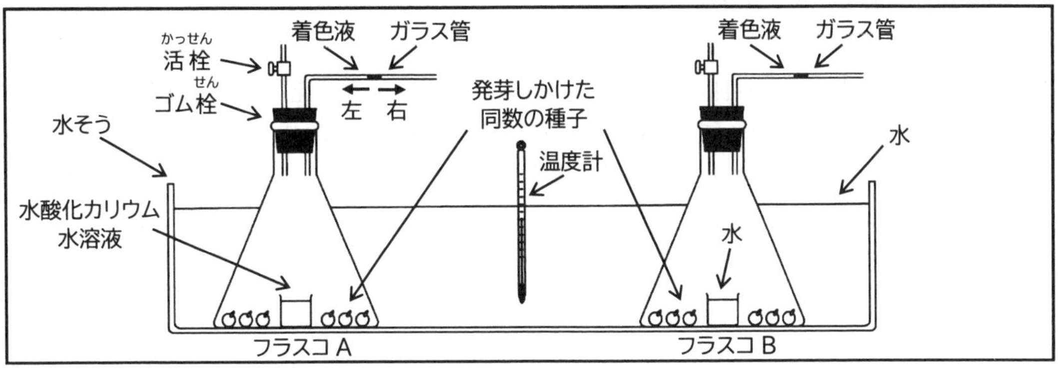

図

※　活栓《かっせん》は閉まっており，活栓がついたガラス管から空気が外に出ることはありません。

［結果］

フラスコＡでは，気体が $1.1cm^3$ 減少し，フラスコＢでは，気体が $0.3cm^3$ 減少した。

問４　図の装置において，三角フラスコを水につける理由を説明しなさい。

問５　次の文章は，フラスコＡの中で起きた現象を説明するものです。文章中の空欄（　①　）～（　③　）に適する用語を，それぞれ答えなさい。ただし，（　③　）は，図中の右と左のどちらかを答えなさい。

発芽しかけた種子は呼吸作用をしたため，（　①　）を吸収し，（　②　）を放出した。これにより，フラスコ内の（　①　）の体積は減少し，（　②　）の体積は増加した。発生した（　②　）は，すべて水酸化カリウム水溶液に吸収されたため，（　①　）の体積の変化の分だけ，着色液が（　③　）に動いた。

問６　実験の結果から，フラスコＢに入れた発芽しかけた種子は，この実験中に何 cm^3 の二酸化炭素を放出したと考えられますか。ただし，実験で用いたすべての発芽種子の，呼吸作用による気体の出入りの量は，同じであるとします。

4 2021 年 12 月 25 日に JWST といわれる宇宙望遠鏡がロケットとともに打ち上げられ，2022 年 7 月に初めて撮影《さつえい》画像が公開されました。次の各問いに答えなさい。

問１　JWST といわれる宇宙望遠鏡の日本での名前を次のア～エから選び，記号で答えなさい。

ア　ジョン・ウィリアムズ宇宙望遠鏡　　イ　ジェームズ・ワット宇宙望遠鏡
ウ　ジェームズ・ウェッブ宇宙望遠鏡　　エ　ジュラシック・ワールド宇宙望遠鏡

問２　JWST は宇宙空間にある目に見えない光を利用して果てしなく遠い天体を観測しています。この光はテレビのリモコンや非接触型《ひせっしょくがた》体温計にも活用されており，私たちの生活にも身近な光です。その目に見えない光の名前を漢字 3 文字で答えなさい。

問３　JWST による撮影画像が 2022 年 7 月 11 日と 13 日に公開されました。JWST が撮影したものを次のア～エから２つ選び，記号で答えなさい。

ア

アポロ計画　月面着陸

イ

イータカリーナ星雲

ウ

ステファンの五つ子銀河

エ

火星　表面

問４　物体は高温であるほど強い問２の光を放つので，JWST が高温の天体の近くにいると，遠い天体の観測がうまくいきません。JWST の観測位置として最も適したものを次の図中のア～エから選び，記号で答えなさい。

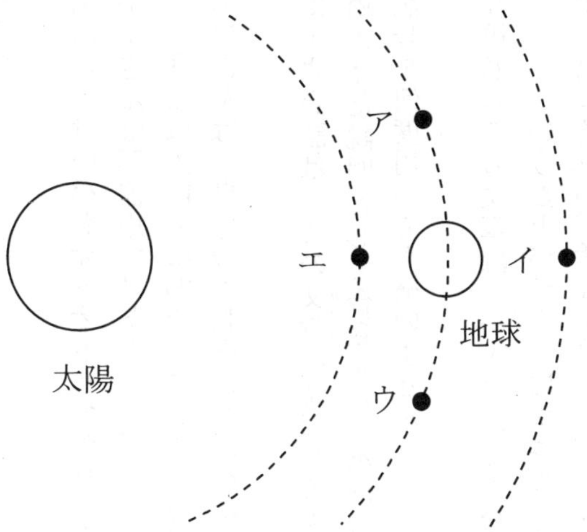

問５　JWST が軌道を周回する中でスペースデブリ（宇宙ゴミ）と衝突《しょうとつ》し，破損してしまう危険性があります。スペースデブリの増加が宇宙の環境問題にもなっており，国際ルールの強化が必要になっています。スペースデブリが発生する原因として**正しくないもの**を次のア～エから選び，記号で答えなさい。

ア　人工衛星同士が衝突し，破損した破片がスペースデブリとなっている。
イ　かつての打ち上げロケットから切りはなされた燃料タンクがスペースデブリとなっている。
ウ　小惑星の岩石が大《たい》気《き》圏《けん》の熱によりちりや岩に分解されてスペースデブリとなっている。
エ　役目を終えた人工衛星が回収されずにスペースデブリとなっている。

条件① 自分の好きな、または得意な分野を文頭に記すこと。
条件② どのような場面で活かして活躍していきたいかを記すこと。
条件③ 字数は五十字以上、八十字以内にすること。（句読点、カッコなども字数に数えて答えなさい。）

問９ 傍線⑥「子どもたちへのメッセージなのに、やっぱりちょっともじもじしながら岡田さんは言ったのだった。」とありますが、岡田さんの人柄《ひとがら》について最も適当なものを次から一つ選び、記号で答えなさい。

ア 岡田さんはいつもオドオドしており、自分の主張を他人にはっきりと言えない。
イ 岡田さんは不器用ではあるが、研究者としての強い信念を持っている。
ウ 岡田さんは人前では弱そうにしているが、裏では人を操《あやつ》る計算ができる。
エ 岡田さんは、自分の主張を通すために、意図して自信なさげに振《ふ》る舞っている。

問10 次に示す会話は、この文章を読んだ五人の生徒が、本文について話し合っている場面です。本文を踏《ふ》まえた説明として合致《がっち》するものにはAを、そうでないものにはBを記しなさい。ただし、同じ記号を何度用いても構いません。

ア 高橋君「この文章は、一人ではできなくても、互いに助け合って生きていくことが重要だということがテーマになっているよね。」
イ 木下君「それが、チキンラーメンのくぼみの例につながってくるんじゃないかな。このスペースが互いに幸せを生んでいるんだよね。」
ウ 原田君「岡田さんはそういう人間の本質を見抜いて自分の活路を見出してのし上がっていったんだろうね。」
エ 森　君「結局のところ、岡田さんも優秀で、多数の優秀な科学者が集まるからこそ、多様性って生まれるんじゃないかな。」
オ 泉　君「無理に社会に求められている姿に近づけるよりも、自分の性質を理解したうえで活躍できる場を作り出すことも大切なんだね。」

問４　傍線①「『存在感をアピールするロボット』が増えてきているそうだ。」とありますが、今このようなロボットに高い関心が寄せられているのは、どうしてだと筆者は考えていますか。本文中59行目～96行目から解答欄にあてはまるように、三十五字以上四十字以内で抜《ぬ》き出し、最初と最後の五字を記しなさい。（句読点、カッコなども字数に数えて答えなさい。）

今、このようなロボットに高い関心が寄せられているのは、□から。

問５　傍線②「〈弱いロボット〉」と同じような存在を本文中より四字の単語で抜き出しなさい。

問６　傍線③「それ」とありますが、どういうことですか。最も適当なものを次から一つ選び、記号で答えなさい。

ア　周りの人間を一人でも多く蹴落とすこと。
イ　オドオドしたりもじもじしたりしていること。
ウ　人からの援助や厚意を引き出すこと。
エ　周りを味方にしてうまく仕事をすること。

問７　傍線④「ある意味、人間の生存戦略としても非常に使えるやり方」とありますが、そのやり方として適当でないものを次から一つ選び、記号で答えなさい。

ア　多くの人に受け入れられ、理解してもらえるものを研究するやり方。
イ　自分の得意な分野を活かせる世界を、新しく考えていくやり方。
ウ　当たり前の観点から少し引き、別の価値観を添えてあげるやり方。
エ　かなわないと思ったら、違う分野を探して研究を進めるやり方。

問８　傍線⑤「自分の好きな、得意な分野の土俵は年齢問わず、どこにでも作れるはずだ。」とありますが、あなたは中学校に入学したら、どのような場面で活躍《かつやく》していきたいと考えますか。次の条件に合うように記しなさい。

失敗は、ひとつの過程でもあるということだろう。

⑥子どもたちへのメッセージなのに、やっぱりちょっともじもじしながら岡田さんは言ったのだった。

（雨宮処凜《かりん》「生きのびるための『失敗』入門」河出書房新社）

※岡田さん……岡田美智男。豊橋技術科学大学情報・知能工学系教授。

※〈アイ・ボーンズ〉……ティッシュを配ろうと街に立つが、渡せなくてもじもじしているロボット。引っ込《こ》み思案な子どものような姿で、ティッシュを受け取ってもらえると嬉しそうにおじぎをする。

※〈む～〉……「スライム」を思わせる丸っこい身体の真ん中に大きな目がひとつで、鼻も口も手足も無く、話しかけると「む～、む、む、む」と反応するが、喋《しゃべ》ることはできない、不気味で可愛いロボット。

問１　傍線《ぼうせん》ａ～ｄと同じ漢字を含む語を後の語群の中からそれぞれ一つずつ選び、記号で答えなさい。

ａ　キュウキョク　ｂ　ヨチ　ｃ　ユウノウ　ｄ　ジシン

語群
ア　親子　イ　地球　ウ　結局　エ　身体　オ　曲解　カ　能力
キ　頭脳　ク　知識　ケ　極意　コ　信頼　サ　数値　シ　苦悩

問２　空欄《くうらん》Ⅰ～Ⅳの中に入る四字熟語として正しい組み合わせを次から一つ選び、記号で答えなさい。

ア　Ⅰ　試行錯誤《しこうさくご》　Ⅱ　他力本願　Ⅲ　理路整然　Ⅳ　創意工夫
イ　Ⅰ　試行錯誤　Ⅱ　理路整然　Ⅲ　創意工夫　Ⅳ　他力本願
ウ　Ⅰ　他力本願　Ⅱ　理路整然　Ⅲ　創意工夫　Ⅳ　試行錯誤
エ　Ⅰ　他力本願　Ⅱ　試行錯誤　Ⅲ　理路整然　Ⅳ　創意工夫

問３　空欄あ～えの中に入る最も適当なものを次からそれぞれ一つずつ選び、記号で答えなさい。ただし、同じ記号を何度用いても構いません。

ア　偶然　イ　必然

ていく野性の思考は弱者の戦法なんです。それが僕には合ってるなと感じます」

※〈む〜〉を作って20年以上。当初は「誰にも相手にされなかった」と言うが、今、〈弱いロボット〉に注目が集まっているのは、この国が効率や合理性を求める中、疲れたり生きづらさを感じる人が増えているからだろう。

「そういうこともあるかもしれないですね。でも、みんなが理解しちゃうと面白くない。2割くらいの人に理解してもらっている時がバランス的にちょうどいい。5割を超《こ》えると、そこはレッドオーシャンになってしまいます。みんなそこに寄ってきて競い合う。血で血を洗うようなレッドオーシャンになるから、生きにくいんですね。僕らはブルーオーシャンと言って、誰も泳いでないところで泳ごうと。そんなブルーオーシャンを探しだすコツは、当たり前の価値観を、ちょっとだけ引き算してあげるんですね。そこに別の価値観をちょっとだけ添《そ》えてあげる。だから、〈弱いロボット〉がレッドオーシャンになっちゃったら、そんなの古臭《くさ》いよって新しい分野を探して泳いでいくしかないんですね」

④ある意味、人間の生存戦略としても非常に使えるやり方ではないか。

「こいつにはかなわないと思ったら、そこで競ってちゃダメだと思ってます。大学でテニスを始めた時にも、うまい人はいくらでもいた。職場にも、全国から優秀な人が集まってきていて、そこでみんなの得意なところで競い合ってもダメなので、自分で新しい世界を探しながら研究を進めてきました」

これは非常に重要なことだ。既存《きそん》の土俵で競っても勝てないなら、自分で新しい土俵を作ってしまえばいい。⑤自分の好きな、得意な分野の土俵は年齢《ねんれい》問わず、どこにでも作れるはずだ。

非常に示唆《しさ》に富んだ岡田さんのお話、あなたはどう受け止めただろうか。

最後に、岡田さんに14歳へのメッセージを頂いた。

「僕の好きな言葉のひとつが〝出会うのは偶然《ぐうぜん》なんだけど、出会ってからは必然なんだよ〟というものです。誰と出会うか、誰と同じクラスになるかは単なる［あ］にすぎないけれど、その［い］の積み重ねがなければ今の自分はない。そういう意味では、失敗というのはひとつの［う］ですが、ひとつひとつに意味があり、［え］につながる。僕のように［Ⅳ］をして、また修正を加えてということを常にやっていると、あることを失敗ととらえるか、探索行為《たんさくこうい》ととらえるかという違《ちが》いにすぎないと思います」

僕らも自己完結した完璧《かんぺき》な人間よりも、どこかへこんでいるくらいの方がほっとしたり、人を幸せにしますよね」

本当だ。特に私の場合、過去のいじめられ経験から、いまだに声がデカくて自信満々で自分は完璧と思っている人が心底苦手だ。それよりも、オドオドして見るからに自信なさげな人の方がずっと安心できるし近づきやすい。しかし、今の時代はそんな人が「ダメな奴《やつ》」扱《あつか》いされていたりする。そう言うと、岡田さんは「僕のことですね」と笑って続けた。

「僕は、ずっと言葉がなまってたり、人前でちゃんと喋《しゃべ》れない人間で、いつもオドオドしてるタイプなんです。昔、ＮＴＴの研究所に長らくつとめてたんですけど、最初から偉《えら》くなるのをあきらめてました。自分でロボットを手作りし始めた時も上司を説得するのにすごく苦労しました。［Ⅱ］と、『こういう研究をしたいのでお金が必要なんです』って言えば会社のお金が使えたんですけど、そういう説得ができない。なので、オドオドしながら外堀《そとぼり》を埋《う》めていくんです。上司を説得する前に、『これ面白いぞ』って、周りの評判を作っちゃう。そうするとようやくお金を使わせてくれて、ロボット作りも進む。そういうやり方でやってきました」

口がうまくない人なりの［Ⅲ］が、〈弱いロボット〉を作ってきたのだ。っていうか、もしかして〈弱いロボット〉のモデルって、岡田さんdジシンでは？

「かもしれないですね。オドオドしたりもじもじしてる自分は、世の中に出る時になかなか大変だぞと思ってたんです。でも、意外と応援《おうえん》してくれる人はいる。なんとなく、隙《すき》があるんでしょうね。『こいつはたぶん、俺《おれ》を食ってしまうことはないだろう』って、みんな隙を見せちゃうんですね」

非常によくわかる。とにかく周りの人間を一人でも多く蹴落《けお》とすことが「生き残る唯一《ゆいいつ》の道」とされる競争社会で、オドオドしたりもじもじしてる人は、なんともいえない安心感を与《あた》えてくれる。そんなキャラクターは、人からの援助《えんじょ》や厚意《こうい》を引き出す力に満ちているとも言えるのだ。

「今、もじもじしちゃいけないって文化になりつつあるんだけど、実は③それは大事なことで、周りを味方にしながら関係性の中でうまく仕事をやっていく上ではいい感じの性質かもしれないですね」

それに完璧な人ばかりだと、多様性からもほど遠い。

「そうですね。優秀《ゆうしゅう》な研究者ばかり集めても、なかなか面白い製品って生まれないんです。むしろいろいろなところがへこんでいたり、とんがったりしてる人を集めた方が面白いものが生まれる。合理的な思考に対して、野性の思考ですね。合理的な思考は強者の戦法なんですが、あり合わせで解決し

てもいる。〈弱いロボット〉は、生きづらい時代だからこそ生まれた存在とも言えるだろう。

「僕《ぼく》らって、ずっと『一人でできる』ことをよしとする文化の中で育ってきましたよね。靴下《くつした》を履《は》くにしても、早く一人で履けるようになるんだよって言われるし、学校教育の中でも、例えば試験は誰《だれ》の力も借りずに受けるものとされている。そうして高齢者《こうれいしゃ》になっても、『まだまだ若い人の世話なんかになりません』と口にする。そんなふうに、誰にも頼《たよ》れないっていう社会圧を感じながら生きてる気がするんですね。

　でも、例えば一人で靴下を履いている姿をよく見ると、椅子《いす》に座って背中を委ねつつ、いろいろなところを支えてもらってやっと一人で靴下を履ける。必ずしも一人で履いているわけではなくて、依《い》存先《ぞんさき》をたくさん見つけることで靴下が履けているんです」

【中略】

　ここで岡田さんは、今大切にしているという「well-being」（ウェルビーイング）という言葉を紹《しょう》介《かい》してくれた。「自らの能力が十分に生かされ、生き生きとした幸せな状態にある」という意味だ。

「この感覚をなんとしても取《と》り戻《もど》したくて。唐突《とうとつ》ですが、チキンラーメンのくぼみって知ってますか？」

　中心にある、卵を落とすくぼみのことだろうか？

「そうです。載《の》せても載せなくてもいいんですけど、ちょっとした手間や工夫を引き出すための隙間《すきま》なんですね。このくぼみは、いろいろな関係性を引き出すための余白になっている。誰かがすべて調理したものを出してくれると『ぬるいじゃないか』『味が薄《うす》い』とかクレームを引き出しちゃうんだけど、自分でやった工夫に対しては、結構幸せを感じることが多いんじゃないかな。そういうことを考えたテクノロジーをいろいろ作ろうとしてるんですけど……」

　そう言って、岡田さんはある動画を見せてくれた。ティッシュを配ろうとしてなかなか配れない※〈アイ・ボーンズ〉の動画。この章のはじめで触《ふ》れたロボットのひとつだ。

「こうやってもじもじしてなかなか上手にできないっていうのが、先ほどの〝くぼみ〟なんですよね。そこから人が関わるｂヨチが生まれて、関わった人がなんとなく嬉《うれ》しい気持ちになる。ｃユウノウ感やつながりを感じて全体として幸せな感覚を生み出す。手伝ってもらった方も嬉しいけれど、手伝ってあげた方も嬉しいので、くぼみが重要な役割を果たしてるのが②〈弱いロボット〉のポイントですね。

問８　傍線７「それ」が指すものとして最も適当なものを次から一つ選び、記号で答えなさい。

ア　医学と天文学はやはりヨーロッパの方が日本より進んでいるということ。

イ　南蛮寺に立派な医者がいるので診察《しんさつ》してもらったらどうか、ということ。

ウ　久蔵は、少しでも父親の信春に近づこうと日夜努力しているということ。

エ　学問所での久蔵は、先学が頭を下げるほど立派な様子であるということ。

問９　この物語が描いている時代として最も適当なものを次から一つ選び、記号で答えなさい。

ア　平安時代　　イ　鎌倉時代　　ウ　安土桃山時代　　エ　明治時代

三　次の文章を読んで後の問いに答えなさい。

今、ロボットの世界では、利便性や合理性だけでなく、①「存在感をアピールするロボット」が増えてきているそうだ。最近、※岡田さんたちは「ＮＩＣＯＢＯ《ニコボ》」という〈弱いロボット〉をパナソニックと共同開発した。

まん丸の顔に、しっぽがついた「気ままな同居人ロボット」だ。撫《な》でるとしっぽを振《ふ》ったり、言葉を覚えるとカタコトの言葉で「あっ、あのね」などと話しかけてくれたりする。寝言《ねごと》を言ったりオナラをしたりもするけれど、自分で歩くことはできない。見ているだけで癒《いや》されてくる、ペットのような存在感。

このような存在感のキュウ ａキョクは「赤ちゃん」だと岡田さんは言う。

「赤ちゃんっていろいろなところに委《ゆだ》ねまくってるんですね。最初は寝てばかりいて、母親の胸に抱《だ》っこされて何もできない存在。ちょっとぐずってはミルクを運んできてもらったり、おしめを替《か》えてもらったり。そうやって［Ｉ］で生きている」

しかし、成長するにつれ、人間は「なんでも一人でできること」を求められる。それだけではない。社会に出れば「効率よく利益を生み出すこと」に重きが置かれ、そんな競争の果て、多くの人が疲《つか》れ

問５　傍線３「この大陸のはじにへばりついている奴《やつ》です」と言った久蔵の気持ちの説明として最も適当なものを次から一つ選び、記号で答えなさい。

ア　日本の医学や天文学はヨーロッパに比べておくれていることを久蔵はなげいている。

イ　日本という国が世界の中ではとても小さい国であることを、久蔵は両親に伝えたかった。

ウ　日本は中国に学ばなければならないことがまだまだ沢山あることを久蔵は気づいた。

エ　日本は島国であることを地球儀を見ることで初めて知り、久蔵は大変驚いている。

問６　傍線５で「やっぱりこの子」と日珖上人が言った理由として最も適当なものを次から一つ選び、記号で答えなさい。

ア　久蔵は自分の頭でものを考えることのできる人間だということを、日珖上人は以前から知っていたから。

イ　久蔵が先学を慌てさせるほどの知識をすでに身につけていることに、日珖上人が気づいていたから。

ウ　久蔵のものの見方、考え方が他の人とちがっておもしろいと、日珖上人が普段から感じていたから。

エ　久蔵がいつも出過ぎたことをしていたので、日珖上人は前々から久蔵の将来を心配していたから。

問７　傍線６「その精神」の説明として最も適当なものを次から一つ選び、記号で答えなさい。

ア　分からないことがあったら、すぐに質問しなければならないという精神。

イ　何でもヨーロッパのものが一番と考えるようでは進歩がないという精神。

ウ　知らないことを、知らないと言える勇気がなければならないという精神。

エ　昼も夜も自分の進むべき道のために努力しなければならないという精神。

問１　空欄《くうらん》A・B・Cに入る語句として最も適当なものを次からそれぞれ一つずつ選び、記号で答えなさい。

A　ア　あと　イ　ひけ　ウ　おし　エ　って

B　ア　得意《とくい》そうに　イ　けだるそうに　ウ　静かに　エ　乱暴《らんぼう》に

C　ア　合いの手　イ　奥の手　ウ　ダメ出し　エ　助け舟

問２　空欄X・Yに入る語句として最も適当なものを次からそれぞれ一つずつ選び、記号で答えなさい。

ア　そして　イ　しかし　ウ　だから　エ　つまり

問３　傍線《ぼうせん》１「高揚《こうよう》した声」の説明として最も適当なものを次から一つ選び、記号で答えなさい。

ア　今日一日の様子を両親にどう話そうかと、あれこれと考えている声。
イ　母の病気のことが心配でいることを隠《かく》そうと、わざと明るくした声。
ウ　家に着いたことを両親にしっかり伝えようとする、大きくて高い声。
エ　今日学んだことを早く両親に伝えたくて、気持ちが高ぶっている声。

問４　傍線２「ならって」・４「ゆかりの」の意味として最も適当なものを次からそれぞれ一つずつ選び、記号で答えなさい。

２「ならって」　ア　練習して　イ　学んで　ウ　まねをして　エ　いっしょに

４「ゆかりの」　ア　関係がある　イ　すぐれた　ウ　開いた　エ　特別の

日珖は7それを伝えたくてわざわざ※常緑坊《じょうりょくぼう》に足を運んだのだった。
「それは有難《ありがた》い。一緒に診てもらいに行こうじゃないか」
信春は勇《いさ》んで応じようとしたが、
「ええ、有難いお話ですが……」
静子は気乗りがしないようで、曖昧《あいまい》な返事をくり返すばかりだった。
「どうした。行きたくないのか」
「そのような偉《えら》いお医者さまに診ていただいては、もったいのうございます」
「病気を治すために診てもらうのだ。偉いももったいないもあるか」
早く病気を治したいばかりに、信春はつい強い口調になった。
追い詰められたように黙り込む静子を見て、
「母さまは南蛮のお医者さまが怖《こわ》いんですよ」
久蔵が［　C　］を出した。
南蛮人は牛の肉を食べ血をするという噂《うわさ》は、彼らが行く先々でついて回っている。血ではなく赤ワインなのだが、そうした噂を信じる者は多かった。

（安部龍太郎「等伯」日本経済新聞出版社）

注
髷……髪の毛をたばねて、曲げたり折り返したりした部分。
若衆姿……元服する前の男子の姿。
南蛮貿易……かつてポルトガル・スペインなどとの間に行われた貿易。
聡い……頭のはたらきが優れている。
開山……寺院の創始者。
教学……宗教の教義。
恰幅……体のかっこう。
風采……人の見かけのすがた。
先学……学問上の先輩《せんぱい》。
日蓮上人……日蓮宗をひらいた僧。
豊後……現在の大分県。
常緑坊……信春一家が住んでいる建物の名前。

※恰幅《かっぷく》のいい堂々たる※風采《ふうさい》で、誰からも親しまれるおだやかな人柄《ひとがら》だった。

「さっき※先学に面白いこと尋《たん》ねたやろ。あの話をしたってや」

「さっきと申しますと」

「地球が回っとんのなら、鳥はどうして元の場所に戻ることができるかと言うたやないか」

「あの時、お上人《しょうにん》さまもおられたんですか」

「通りがかりに学問所をのぞいたんや。面白いことを尋ねんのがいる思《おも》たら、5やっぱりこの子でしたわ」

「母さま、ちがいます。先学に地球は一日一回自転し、一年に一回太陽の周りを回ると教えていただいたのです」

生意気なことを言って迷惑《めいわく》をかけたのではないかと、静子は生きた心地もしないようだった。

「あの……、何か失礼なことを申し上げたのでしょうか」

[X] 朝と夜があり、一年ごとに四季がめぐるという。

だが地上がいつも回っているのなら、空を飛んでいる鳥たちは置き去りにされて、元の場所にもどれないのではないか。久蔵はそう考えて、日珖がさっき言った質問をしたのだった。

「これには先学の方が慌《あわ》てましてな。まだそこまでは自分の勉強が進んでおらんと、素直に頭を下げよりました」

「それは出過ぎたことをいたしました。申し訳ございません」

「構いませんて。近頃はみんなヨーロッパのものが優れている言うて、訳も分らんと飛びつく※輩《やから》が大勢おります。そやけど、この子のように自分の頭で物を考えんと、学問も修行も進みまへん。日蓮上人も、夜は眠りを断ち昼は暇《ひま》を止めて之《これ》を案ぜよと言うてはります」

それにつづく言葉は、一生空《むな》しく過《すぐ》して万歳悔《ばんざいく》ゆること勿《なか》れ。日蓮ほどこの言葉に忠実に、身命《しんめい》を惜《お》しまず仏道に打ち込んだ修行者は日本でも稀《まれ》である。

6その精神を日珖も信春も受け継いでいる。久蔵もこれにつづこうと、精一杯の背伸びをしているのだった。

「[Y] 医学と天文だけは、ヨーロッパのほうが進んどると聞いとります。港の近くの南蛮寺に、※豊後《ぶんご》からアルメイダという立派な医者が来て治療《ちりょう》にあたっているそうです。静子さんも一度診《み》てもらわはったらどうですか」

二　次の文章を読んで後の問いに答えなさい。

外でにぎやかな足音がして久蔵《きゅうぞう》が入ってきた。※髷《まげ》をゆった※若衆姿《わかしゅすがた》をして、両手に木の箱を抱《かか》えている。信春《のぶはる》に似て背が高く、大人に［ A ］を取らないほどの体格をしていた。

「父上、母《かか》さま、ただ今戻《もど》りました」

立ったまま1高揚《こうよう》した声をあげ、静子の前に木箱をおいた。

「何ですか。これは」

「この中に世界というものが入っています。父上や母さまにご覧いただきたくて、学問所から借りてきたのです」

久蔵は興奮さめやらぬ顔でふたを開け、中から地球儀《ちきゅうぎ》を取り出した。

ポルトガル人たちが伝えた地球儀を、精巧《せいこう》に複製したものである。※南蛮《なんばん》貿易が盛んな堺《さかい》では普通に出回っていたが、信春も静子も見たのは初めてだった。

「私たちが住んでいる世界は、このように丸い形をしているそうです。日本はどこだか分りますか」

久蔵が［ B ］地球儀を回した。

「明《みん》国や朝鮮のとなりだろう」

信春にもそれくらいの知識はあったが、どこかは分らなかった。

「何だか手鞠《てまり》のようですね」

静子も久蔵に2ならって地球儀を回してみた。

「日本はここです。弓のような形をして、3この大陸のはじにへばりついている奴《やつ》です」

朝鮮はここ。明国とインドはここ。そしてポルトガル人が住んでいるのはこの地球の裏側だと、久蔵は教えられたばかりの知識を夢中で語った。

信春と静子は何と応じていいか分らず、戸惑《とまど》った顔を見合わせるばかりだった。

「※聡《さと》い子や。さっそく伝教してはるんやな」

日珖上人《にっこうしょうにん》がにこにこしながら入ってきた。

妙国寺の※開山で四十八歳になる。日蓮宗《にちれんしゅう》きっての学僧で、※教学に精通している。それが評価されて、後に日蓮4ゆかりの中山《なかやま》法華経寺《ほけきょうじ》（千葉県市川市）の住職も兼ねるようになった。

2023年度 城北埼玉中学校

【国　語】〈第一回試験〉（五〇分）〈満点：一〇〇点〉

〔解答用紙記入上の注意〕

○文字ははっきりと丁寧《ていねい》に書くこと。
○特に漢字の書き取りは、トメ・ハネにも注意すること。
○字数に制限がある問いに対しては、その指示をよく確認すること。

一　次の傍線《ぼうせん》部のカタカナは漢字に、漢字はひらがなに直しなさい。

①　石版に文字をキザむ。
②　学校と自宅をオウフクする。
③　青色にソめた布。
④　こまかな細工をほどこす。
⑤　相手の反応がない。

2023年度

城北埼玉中学校　▶解説と解答

算　数　＜第１回試験＞（50分）＜満点：100点＞

解　答

1 (1) ① 31.4　② $3\frac{3}{5}$　(2) 9　(3) 300g　(4) 39通り　(5) 220円　(6) 55個　(7) 107度　(8) 9.42cm　(9) 15.28cm　(10) ア 3　イ 14　**2** (1) 280m　(2) 3分30秒　(3) 5分50秒後　**3** (1) 2cm　(2) $15\frac{9}{13}$cm^2　(3) 6：7　**4** (1) 20cm^3　(2) 15個　(3) 56cm^3

解　説

1 **計算のくふう，四則計算，逆算，濃度《のうど》，場合の数，消去算，過不足算，角度，面積，長さ，推理**

(1) ①　$6.28\times8-1.57\times12=3.14\times2\times8-3.14\times\frac{1}{2}\times12=3.14\times16-3.14\times6=3.14\times(16-6)=3.14\times10=31.4$　②　$4\frac{1}{2}\div\frac{3}{8}\times\left(2\frac{4}{5}\div3\frac{1}{2}-\frac{1}{2}\right)=\frac{9}{2}\times\frac{8}{3}\times\left(\frac{14}{5}\div\frac{7}{2}-\frac{1}{2}\right)=12\times\left(\frac{14}{5}\times\frac{2}{7}-\frac{1}{2}\right)=12\times\left(\frac{4}{5}-\frac{1}{2}\right)=12\times\left(\frac{8}{10}-\frac{5}{10}\right)=12\times\frac{3}{10}=\frac{18}{5}=3\frac{3}{5}$

(2)　72÷(15−□÷3)×8＝48より，72÷(15−□÷3)＝48÷8＝6，15−□÷3＝72÷6＝12，□÷3＝15−12＝3　よって，□＝3×3＝9

(3)　12％の食塩水100gには食塩が，100×0.12＝12(g)ふくまれているから，12％の食塩水100gに水50gを混ぜると，食塩水の重さは，100＋50＝150(g)となり，濃度は，12÷150×100＝8(％)になる。ここに11％の食塩水を□g混ぜて10％の食塩水ができたから，右の図1のように表せる。図1で，ア：イ＝(10−8)：(11−10)＝2：1なので，150：□＝$\frac{1}{2}$：$\frac{1}{1}$＝1：2となり，□＝150×$\frac{2}{1}$＝300(g)と求められる。

図1

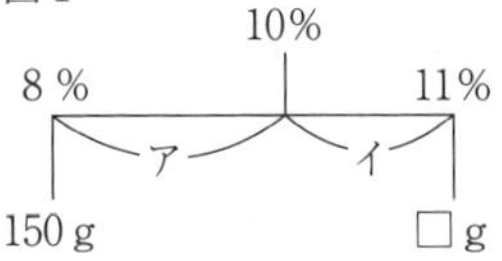

(4)　4人があいことなるのは，4人とも同じ手を出す{グー，グー，グー，グー}，{チョキ，チョキ，チョキ，チョキ}，{パー，パー，パー，パー}の場合か，2人だけが同じ手を出す{グー，グー，チョキ，パー}，{グー，チョキ，チョキ，パー}，{グー，チョキ，パー，パー}の場合である。4人が同じ手を出す場合は，それぞれ1通りずつあるので，1×3＝3(通り)である。また，2人だけが同じ手を出す場合は，残りの手を出す2人の組み合わせが，4×3＝12(通り)ずつあるから，12×3＝36(通り)となる。よって，全部で，3＋36＝39(通り)ある。

(5)　りんご1個の値段を①とすると，右の図2のア，イのような式に表せる。アとイの差を考えると，⑳−⑫＝⑧が，4120−2560＝1560(円)となるから，①＝1560÷8＝195(円)とわかる。よって，⑳＝195×20＝3900(円)なので，イより，箱の代金は，4120−3900＝220(円)と求められる。

図2

(箱の代金)＋⑫＝2560(円)…ア
(箱の代金)＋⑳＝4120(円)…イ

(6)　1人に8個ずつ配るときと6個ずつ配るときで，必要な個数の差は，1＋13＝14(個)である。

これは，１人あたり，８－６＝２(個)の差が子どもの人数分だけ集まったものだから，子どもの人数は，14÷２＝７(人)とわかる。よって，７人に８個ずつ配ると１個不足するから，あめの個数は，８×７－１＝55(個)と求められる。

(7)　N角形の内角の和は，180×(N－２)(度)だから，下の図３で太線をつけた五角形の内角の和は，180×(５－２)＝540(度)である。また，正六角形の内角の和は，180×(６－２)＝720(度)なので，ウ，エの角度はどちらも，720÷６＝120(度)となる。さらに，オの角度は133度で，三角形ABCは正三角形だから，カの角度は60度である。よって，イの角度は，540－(120＋120＋133＋60)＝540－433＝107(度)だから，アの角度も107度となる。

図３

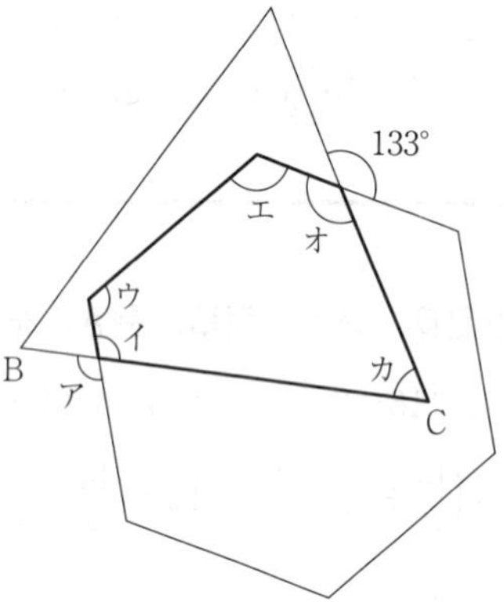

図４

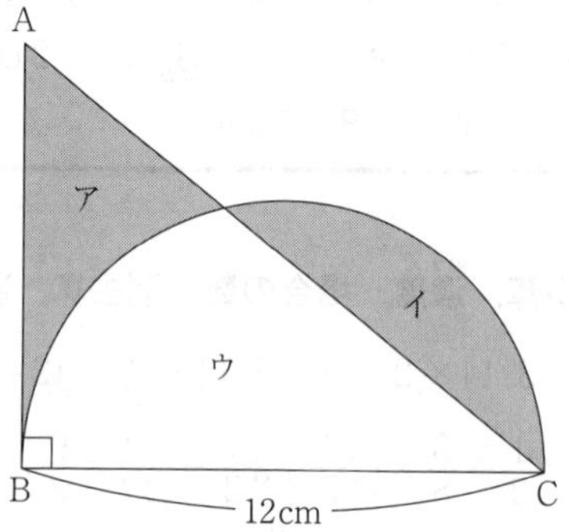

図５

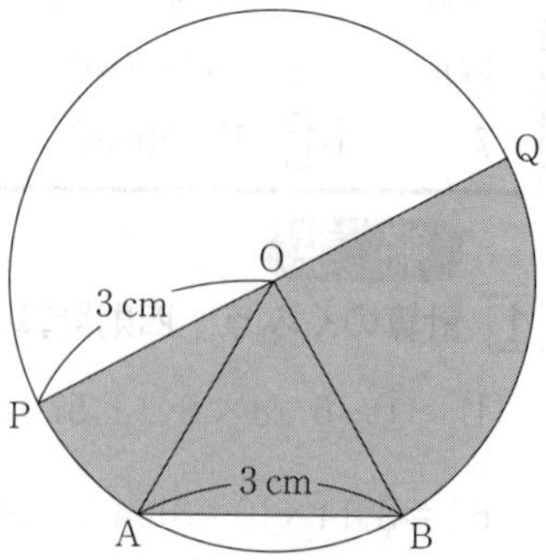

(8)　上の図４で，アとイの面積が等しいとき，アとウを合わせた三角形ABCの面積と，イとウを合わせた半円の面積が等しくなる。半円の半径は，12÷２＝６(cm)なので，半円の面積は，６×６×3.14÷２＝56.52(cm^2)である。よって，三角形ABCの面積も56.52cm^2なので，ABの長さを□cmとすると，12×□÷２＝56.52(cm^2)より，□＝56.52×２÷12＝9.42(cm)と求められる。

(9)　上の図５のように円の中心をＯとすると，OA，OB，ABの長さはいずれも３cmで等しいから，三角形OABは正三角形とわかる。よって，角AOBの大きさは60度なので，角AOPと角BOQの大きさの和は，180－60＝120(度)となる。したがって，弧《こ》PAと弧BQの長さの和は，半径３cm，中心角120度のおうぎ形の弧の長さと等しいから，$3\times2\times3.14\times\frac{120}{360}=6.28$(cm)と求められる。さらに，PQの長さは，３×２＝６(cm)，ABの長さは３cmだから，色をぬった部分の周の長さは，6.28＋６＋３＝15.28(cm)である。

(10)　Ｂ君の誕生日の「日」にあたる数(イ)を50倍して５を加えた数は，イ×50＋５と表せる。これを２倍すると，(イ×50＋５)×２＝イ×50×２＋５×２＝イ×100＋10となり，さらに「月」を表す数(ア)を加えた数が1413なので，イ×100＋10＋ア＝1413となる。イ×100＋10の一の位は０だから，ア＝３とわかり，イ×100＋10＝1413－３＝1410である。よって，イ×100＝1410－10＝1400より，イ＝1400÷100＝14と求められる。

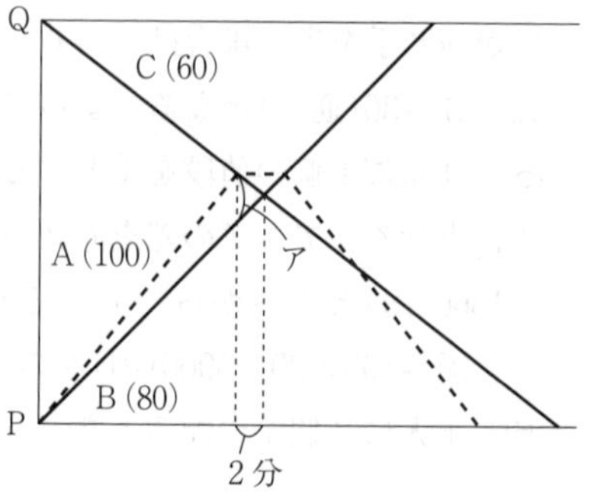

2　旅人算

(1)　３人が進んだようすは右のようなグラフになり，かっこ内の数は分速を表している。グラフより，ＡさんとＣさんが出会ったときのＡさんとＢさんの距離《きょり》(ア)は，Ｃさんと B さんが２分間で進んだ距離の和に等しい。よって，アの距離は，(60＋80)×２＝280(m)だから，Ａさんと C さんが出会ったとき，Ａさんと B さんは280mはなれていた。

(2)　グラフより，Ａさんが休んだ時間は，Ｂさんがアの距離を進む時間と等しい。よって，その時間は，280÷80＝3.5(分)で，0.5分は，60×0.5＝30(秒)だから，３分30秒とわかる。

(3)　ＡさんはＢさんよりも１分あたり，100－80＝20(m)多く歩き，280m多く歩いたときにＣさんと出会ったので，Ｐを出発してから，280÷20＝14(分後)にＣさんと出会ったことになる。よって，ＡさんとＣさんが出会った地点からＰまでの距離は，100×14＝1400(m)だから，ＣさんがＰに着くのはＡさんと出会ってから，1400÷60＝$\frac{70}{3}$＝23$\frac{1}{3}$(分後)となり，$\frac{1}{3}$分は，60×$\frac{1}{3}$＝20(秒)なので，23分20秒後とわかる。一方，Ａさんは３分30秒休んだ後，Ｐに着くまで14分かかるので，Ｃさんと出会ってから，３分30秒＋14分＝17分30秒後にＰに着く。したがって，ＣさんがＰに着くのは，ＡさんがＰに着いてから，23分20秒－17分30秒＝５分50秒後である。

3　平面図形―長さ，面積，相似

図１

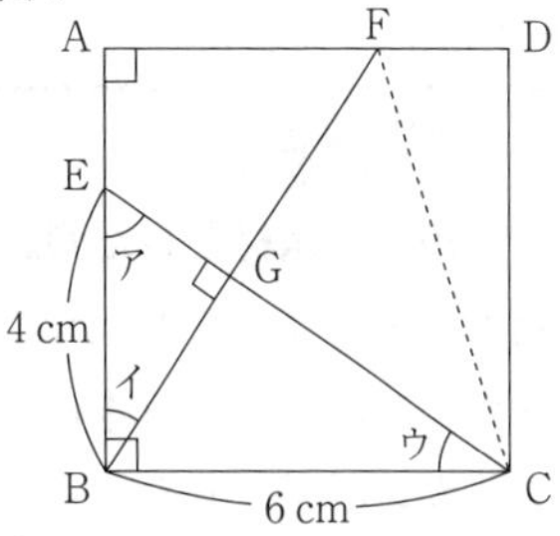

(1)　右の図１で，角ア＋角イ＝180－90＝90(度)で，角ア＋角ウも90度だから，角イと角ウの大きさは等しい。よって，直角三角形FABと直角三角形EBCは，角イと角ウの大きさが等しく，辺ABと辺BCの長さも等しいから，合同とわかる。したがって，AFの長さはBEの長さと同じ４cmなので，FDの長さは，６－４＝２(cm)と求められる。

図２

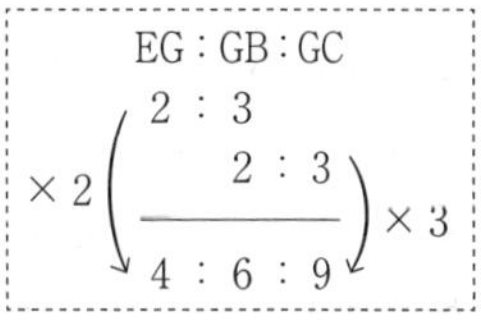

(2)　直角三角形EGBと直角三角形EBCは，角アが共通な角で等しく，角イと角ウの大きさも等しいから相似であり，EG：GB＝EB：BC＝４：６＝２：３となる。同様に，直角三角形BGCと直角三角形EBCも相似なので，GB：GC＝EB：BC＝２：３になる。よって，右の図２のようにGBの長さの比の数を６にそろえると，EG：GB：GC＝４：６：９となるので，EG：GC＝４：９である。また，直角三角形EGBと直角三角形BGCの面積の比は，EG：GCと等しく４：９となる。直角三角形EBCの面積は，６×４÷２＝12(cm^2)だから，直角三角形BGCの面積は，12×$\frac{9}{4+9}$＝$\frac{108}{13}$＝8$\frac{4}{13}$(cm^2)とわかる。したがって，台形FBCDの面積は，(２＋６)×６÷２＝24(cm^2)だから，四角形FGCDの面積は，24－8$\frac{4}{13}$＝15$\frac{9}{13}$(cm^2)と求められる。

(3)　BG：GFは三角形BGCと三角形GFCの面積の比と等しくなる。三角形GFCの面積は，三角形FBCの面積から三角形BGCの面積をひいて，６×６÷２－$\frac{108}{13}$＝18－$\frac{108}{13}$＝$\frac{126}{13}$(cm^2)だから，BG：GF＝$\frac{108}{13}$：$\frac{126}{13}$＝６：７とわかる。

4　図形と規則

(1)　３秒後の立体では，上から１段目に１個，２段目に，１＋２＝３(個)，３段目に，１＋２＋３＝６(個)，４段目に，１＋２＋３＋４＝10(個)の立方体が積まれているから，全部で，１＋３＋６＋10＝20(個)の立方体が積まれている。よって，１辺１cmの立方体の体積は１cm^3なので，３秒後の立体の体積は20cm^3である。

(2)　(1)より，４秒後の立体は３秒後の立体から，１＋２＋３＋４＋５＝15(個)の立方体が増える。
(3)　５秒後の立体は４秒後の立体から，１＋２＋３＋４＋５＋６＝21(個)の立方体が増える。よって，５秒後の立体は立方体を，20＋15＋21＝56(個)積んだ形になるので，体積は56cm^{3}とわかる。

社　会　＜第１回試験＞（30分）＜満点：50点＞

解　答

問１　**１**　カボチャ(かぼちゃ)　**２**　いろはかるた(いろはがるた)　**３**　藤原定家　**４**　Q　**５**　福岡　**６**　京都　**７**　豊臣秀吉　**８**　群馬　**問２**　イ　**問３**　ウ　**問４**　(1)　エ　(2)　ア　**問５**　ウ　**問６**　(1)　ア　(2)　エ　**問７**　奈良　**問８**　エ→ア→イ→ウ　**問９**　イ　**問10**　(1)　イ　(2)　執権　**問11**　(1)　日本銀行　(2)　渋沢栄一　**問12**　ウ　**問13**　エ　**問14**　世論　**問15**　ア　**問16**　イ，オ　**問17**　エ　**問18**　(1)　多国籍　(2)　イ　**問19**　エ　**問20**　埼玉県　**問21**　(1)　エ　(2)　イ　**問22**　大韓民国

解　説

カルタを題材とした問題

問１　**１**　カボチャ(かぼちゃ)はアメリカ大陸が原産の野菜で，16世紀半ばに日本に漂着《ひょうちゃく》したポルトガル船によって日本にもたらされたと伝えられている。「カボチャ」の名は，カンボジアを意味する「カンボジャ」や「カンボジア瓜《うり》」というよび方がなまったものという説が有力である。　**２**　カルタ(かるた)のうち，読み札の最初の文字がそれぞれ「いろは」47文字に「京」の字を加えた48字で始まるものを，いろはかるた(いろはがるた)という。いろはかるたの読み札には一般的に，「犬も歩けば棒《ぼう》に当たる」のような，短いことわざやたとえが書かれている。　**３**　藤原定家は平安時代後期～鎌倉時代前期の貴族である。後鳥羽《ごとば》上皇の命により，選者として『新古今《こきん》和歌集』の編《へん》さんにたずさわった。　**４**　トランプの絵札には，従者や家来を表すＪ(ジャック)，女王を表すＱ(クイーン)，王を表すＫ(キング)の３種類がある。　**５**　大牟田《おおむた》市は福岡県の最南端《さいなんたん》に位置する都市である。国内最大級の炭鉱であった三池炭鉱があり，かつては石炭化学工業でさかえていたが，石炭化学工業が衰退《すいたい》したため現在は工業団地を形成して新たな企業誘致《ゆうち》に力を入れている。なお，三池炭鉱の関連施設《しせつ》の一部は，「明治日本の産業革命遺産《かくめいいさん》　製鉄・製鋼，造船，石炭産業」の構成資産の一つとしてユネスコ(国連教育科学文化機関)の世界文化遺産に登録されている。　**６**　花札などをつくる玩具《がんぐ》メーカーから，世界的なゲームメーカーへと成長した任天堂《にんてんどう》の本社は，京都市に置かれている。
７　豊臣秀吉は1590年に全国統一をはたすと，明(中国)の征服《せいふく》を企《くわだ》て，その先導役を朝鮮に務めるよう要求したが，これを断られた。そこで，1592～93年の文禄《ぶんろく》の役と1597～98年の慶長《けいちょう》の役の二度にわたり，朝鮮出兵を行った。豊臣秀吉はこのとき，朝鮮への出兵拠点《きょてん》として名護屋《なごや》城を築いた。
８　古代，北関東一帯は「けの」や「けぬ」とよばれており，それが上毛野国《かみつけのくに》(現在の群馬県)と下毛野国《しもつけのくに》(現在の栃木県)に分かれた。その後，それぞれの国名から「毛」の文字が抜《ぬ》かれて「上野国《こうずけのくに》」と「下野国《しもつけのくに》」に改められたが，「上毛《じょうもう》」という別称が今でも用いられている。
問２　エンピツ(鉛筆)は外国語を和訳したもので，外国から伝わり日本語として定着した外来語とは

性質が異《こと》なるので，イが適当でない。なお，ほかはどれも，南蛮《なんばん》貿易のさいにポルトガルから伝わった言葉が日本語として定着したものである。

問３　ア　持統天皇の夫は天智天皇ではなく天武天皇なので誤り。天智天皇は天武天皇の兄である，持統天皇の父にあたる人物。　イ　和同開珎《かいちん》は日本で最初の流通貨幣《かへい》といわれており，元明天皇のときの708年に発行された。　ウ　694年，持統天皇は飛鳥浄御原宮《きよみはらのみや》から藤原京に都を遷《うつ》した。よって，正しい。藤原京は唐(中国)の都を手本につくられた日本で最初の本格的な都である。　エ　日本で最初の戸籍《こせき》は，天智天皇の命でつくられた庚午年籍《こうごねんじゃく》なので誤り。持統天皇は690年に庚寅《こういん》年籍という戸籍をつくらせ，これをもとに班田収授が初めて行われた。

問４　(1)　エはヨーロッパの南東に位置するギリシャの国旗なので，正しい。青と白の横縞《よこじま》が９本ならぶギリシャ国旗の左上には，キリスト教徒の信仰《しんこう》心の象徴《しょうちょう》である白十字が描《えが》かれている。なお，アはアメリカ合衆国，イはカナダの国旗で，両国とも北アメリカ州の国。ウは南アメリカ州に位置するアルゼンチンの国旗である。　(2)　オランダのハーグには国際司法裁判所が置かれている。国際司法裁判所は，国や国際機関からの訴《うった》えにもとづき，法的判断を下すことで国家間の紛争を解決する機関なので，アが正しい。なお，イはUNHCR(国連難民高等弁務官事務所)，ウはUNCTAD《アンクタッド》(国連貿易開発会議)について説明しており，いずれも本部はスイスのジュネーブに置かれている。エは本部がフランスのパリに置かれているUNESCO《ユネスコ》の説明である。

問５　16世紀とは，1501年から1600年までの100年間にあたる期間をいう。したがって，1600年に起こったウが正しい。なお，アは1637～38年，イは1615年でともに17世紀，エは1467～77年で15世紀のできごとである。

問６　(1)　長崎県は五島列島や対馬などの離島《りとう》が多く，島の数は日本で最も多い。また，海岸は複雑に入り組んだリアス海岸が発達しているため，海岸線の長さが北海道についで日本で２番目に長い。したがって，長崎県の形を表したアが正しい。なお，イは沖縄県の沖縄島，ウは三重県，エは鹿児島県の形である。　(2)　日本を構成する四つの主要な島は，本州・北海道・九州・四国の順に大きく，そのおよその面積比は12：４：２：１で表せる。したがって，エが九州地方にあたる。九州地方はふくまれる県の数が本州についで多いため，人口や農業産出額，製造品出荷額等も本州についで多くなっている。

問７　どの和歌も奈良の都，つまり平城京が詠《よ》まれている。なかでも，『万葉集』におさめられている【和歌２】は，平城京の華《はな》やかさを詠んだ和歌としてよく知られる。

問８　アは894年，イは1016年，ウは1086年，エは797年のできごとなので，古い順にならべかえると，エ→ア→イ→ウとなる。

問９　『小倉百人一首』は，飛鳥時代から鎌倉時代初期までの代表的な百人の歌人の和歌から，一首ずつ選び出してまとめた歌集である。したがって，男女を問わず同じ作者の和歌が２首以上選ばれることはないので，イが適当でない。

問10　(1)　鎌倉は，神奈川県の南東部にのびる三浦半島の西側のつけ根に位置し，相模《さがみ》湾に面しているので，イが適当である。なお，アは茨城県猿島《さしま》郡，ウは神奈川県小田原市，エは静岡県富士市の位置を示している。　(2)　鎌倉幕府では初代将軍源頼朝の死後，将軍の補佐役として執権《しっけん》が置かれ，頼朝の妻北条政子の実家である北条氏が代々その職を務めた。そして，源氏の将軍が三代で途絶《とだ》えたあとは，北条氏が執権として政治の実権を握《にぎ》った。

問11 (1) 日本で発行されている紙幣は,「日本銀行券」とよばれ，日本の中央銀行であり唯一《ゆいいつ》の発券銀行である日本銀行が発行している。　(2) 渋沢《しぶさわ》栄一は埼玉県深谷市出身の実業家で，明治政府に仕えたのち，1873年に日本で最初の銀行である第一国立銀行を設立した。その後も数々の企業の設立や運営にたずさわり，実業界で活躍《かつやく》したことから,「日本資本主義の父」ともよばれる。そうした功績が評価され，2024年に発行予定の新１万円札には，渋沢栄一の肖像《しょうぞう》がデザインされることとなった。

問12 ア　日本の標準時子午線である東経135度の経線は，明石《あかし》市をはじめとする兵庫県各市のほか，京都府の京丹後《きょうたんご》市と福知山市，和歌山県和歌山市の友ヶ島を通っている。　イ　淡路《あわじ》島は瀬戸内海の島のなかで最も面積が大きい。なお，２番目に大きい島は香川県の小豆島，３番目に大きい島は山口県の周防大島《すおうおおしま》である。　ウ　兵庫県姫路《ひめじ》市にある姫路城は,「法隆寺地域の仏教建造物」(奈良県)とともに1993年，日本で初めてユネスコの世界文化遺産に登録された。　エ　吊《つ》り橋として日本最長，世界第２位の長さをほこる明石海峡《かいきょう》大橋は，明石市ではなく兵庫県神戸市と淡路島を結んでいる。

問13 名護屋城は現在の佐賀県唐津《からつ》市につくられたので，エが適当。なお，アの付近には江戸城(東京都)，イの場所には名古屋城(愛知県)，ウの場所には松江城がある。

問14 多くの人々が共有している意見や考えのことを，世論という。世論の形成には，新聞やテレビなどのマスメディアやインターネットが大きな影響《えいきょう》をあたえる。

問15 祇園山笠《ぎおんやまがさ》は福岡県各地で行われる祭りである。なかでも鎌倉時代に始まったとされる福岡市博多区の博多祇園山笠は，博多どんたくとともに福岡県を代表する祭りの一つで，1979年に国の重要無形民俗文化財に，2016年にはユネスコの無形文化遺産に登録された。なお，竿灯《かんとう》祭は秋田県，秩父《ちちぶ》夜祭は埼玉県で行われる祭り。だんじり祭は西日本各地で行われているが，大阪府岸和田市のものが全国的にも有名である。

問16 寛政《かんせい》の改革は，江戸幕府の老中松平定信が行った幕政改革である。改革のなかで松平定信は，ききんに備えて米をたくわえさせる囲米の制を制定した。また，旗本が札差《ふださし》からした借金を帳消しにする棄捐《きえん》令を出したので，イとオが正しい。なお，上げ米の制と足し高の制は第８代将軍徳川吉宗の享保《きょうほう》の改革，上知令と人返し令は老中水野忠邦《ただくに》の天保の改革で行われた。また，株仲間の奨励《しょうれい》は老中田沼意次《おきつぐ》が行った政策，生類憐《しょうるいあわれ》みの令は第５代将軍徳川綱吉，外国船打払《うちはらい》令は第11代将軍徳川家《いえ》斉《なり》のときに出された法令である。

問17 かつて荒川の沿岸に広く自生していたサクラソウは，1971年に埼玉県の県の花に指定された。なお，ソメイヨシノは東京都，ヤマユリは神奈川県，スイセンは福井県の花である。

問18 (1) 活動拠点を一つの国に限定せず，複数の国にまたがって置く企業《きぎょう》を，多国籍企業という。多国籍企業には現地の雇用《こよう》を生み，貿易摩擦《まさつ》を少なくできるといった利点がある一方で，その国の小さな企業の経営を圧迫《あっぱく》するといった難点もある。　(2) GAFA《ガーファ》とは，アメリカのIT関連企業大手４社(グーグル，アップル，フェイスブック，アマゾン)の頭文字をとってつくられたことばである。したがって，中国に本社を置く通信機器メーカーであるファーウェイはあてはまらない。なお，フェイスブックは2021年にメタと社名を変更することを発表し，現在はその名で活動している。

問19 サブスクリプションは「定期購読《こうどく》」や「継続《けいぞく》購入」といった意味の言葉で，商品やサービスを買うのではなく，一定期間利用できる権利に料金を支払うビジネスモデルをいう。サブスクともよばれ，近年はインターネットによる動画・音楽の配信や雑誌・書籍の購読などで広く利用されている。なお，サブリースは不動産会社が貸主から賃貸物件を一括《いっかつ》で借り上げて入居者に転貸すること，サブプライムとはアメリカにおける住宅ローンのうち信用力の低い借り手であるサブプライム層に向けた住宅ローンをいう。また，サステイナブルは日本語で「持続可能」を意味する。

問20　埼玉県でつくられた「彩《さい》の国21世紀郷土かるた」では，「は」の絵札に埼玉県本庄《ほんじょう》市出身の国学者である塙《はなわ》保《ほ》己《き》一《いち》が描かれている。塙保己一は子どものころに失明したが，江戸に出て学問にはげみ，古代から江戸時代までの国書を集めて分類し，『群書類従《ぐんしょるいじゅう》』としてまとめた。

問21　(1)　選挙区によって議員一人あたりの有権者数が異なるため，有権者の一票の価値に格差が生まれるという問題を「一票の格差」という。一票の格差を縮《ちぢ》めるため，2016年の参議院議員選挙から，徳島県と高知県，島根県と鳥取県が合区とされ，それぞれ一つの選挙区としてあつかわれるようになった。　(2)　2022年に行われた第26回参議院議員選挙では過去最多の35人の女性当選者が出た。しかし，日本の国会議員の女性比率は世界的にみると非常に低く，政治分野におけるジェンダーギャップはまだ大きいままである。

問22　日本の貿易相手国は，長い間強い結びつきを持っていたアメリカをのぞくと，近隣《きんりん》のアジア諸国が中心となっている。2000年代に中国が第１位になってからは，アメリカが第２位，大韓民国が第３位，台湾が第４位という状況《じょうきょう》が続いている。

理　科　＜第１回試験＞（30分）＜満点：50点＞

解　答

1　**問１**　イ　**問２**　ア　**問３**　ウ　**問４**　ア　**問５**　ウ　2　**問１**　水素　**問２**　イ　**問３**　1800cm^3　**問４**　**気体**…900cm^3　**アルミニウム**…0.9ｇ　**問５**　黄色　**問６**　**気体**…600cm^3　**アルミニウム**…1.4ｇ　3　**問１**　葉緑素　**問２**　イ　**問３**　師管　**問４**　（例）温度を一定に保つため。　**問５**　①　酸素　②　二酸化炭素　③　左　**問６**　0.8cm^3　4　**問１**　ウ　**問２**　赤外線　**問３**　イ，ウ　**問４**　イ　**問５**　ウ

解　説

1　超《ちょう》電導リニアのしくみについての問題

問１　2022年現在，JR東海は，2027年に東京(品川)と名古屋間で，超電導リニア方式で走るリニア中央新幹線の開業を予定している。

問２　ある金属を一定の温度以下にすると電気抵抗《ていこう》が０に近づく現象を，超電導現象という。超電導リニアは，電気抵抗を０に近づけた電磁石に電流を流して得られる強い磁石(超電導磁石)の力を利用している。

問３　超電導リニアは，車両に設置された超電導磁石や側面の壁《かべ》に設置された推進コイルの，Ｎ極とＳ極が引き合う力やＮ極どうし，Ｓ極どうしが反発する力で車両を移動させる。車体が紙面に対して左向きに進むためには，超電導磁石のＮ極の少し前に推進コイルのＳ極が，超電導磁石のＳ極の少し前に推進コイルのＮ極があるとよいので，ウが選べる。

問４　超電導リニアは車両に設置された超電導磁石と側面の壁に設置された推進コイルが引き合ったり反発したりする力を利用していて，車体の速さに合わせて推進コイルのＮ極とＳ極を切りかえることで加速や減速をする。

問５　車体を浮上《ふじょう》させるためには，車両に設置された超電導磁石のＮ極側の側面の壁に設置された浮上・案内コイルのＮ極を下に，Ｓ極を上にする。また，車両に設置された超電導磁石のＳ極側の側面の壁に設置された浮上・案内コイルは，Ｎ極を上に，Ｓ極を下にするとよい。したがって，ウが適当である。

2　気体の発生と中和についての問題

問１　アルミニウムと塩酸や水酸化ナトリウム水溶《よう》液が反応すると，水素が発生する。なお，塩酸は，塩化水素という気体が水に溶《と》けてできた水溶液である。

問２　水素にマッチの火を近づけると，ポッという音を立てて燃える。このとき，水素と空気中の酸素が結びつき，水ができる。

問３　図１から，アルミニウム1.2ｇと溶液Ａ90cm^3が過不足なく反応し，1800cm^3の気体が発生することがわかる。加えた溶液Ａ100cm^3のうち，アルミニウムと反応するのは90cm^3なので，発生する気体の体積は1800cm^3である。

問４　図２より，アルミニウム1.2ｇは溶液Ｂ60cm^3とちょうど反応し，1800cm^3の気体が発生する。よって，アルミニウムと溶液Ｂ30cm^3が反応するとき，発生する気体は，$1800\times\frac{30}{60}=900(\text{cm}^3)$である。このとき，溶液Ｂと反応したアルミニウムの重さは，$1.2\times\frac{30}{60}=0.6$(ｇ)なので，$1.5-0.6=0.9$(ｇ)のアルミニウムが残る。

問５　図３から，溶液Ａと溶液Ｂを混ぜ合わせて中性になるときの体積の比は，溶液Ａ：溶液Ｂ＝５：10＝１：２なので，溶液Ａと溶液Ｂを60cm^3ずつ混ぜ合わせると，溶液Ａ30cm^3と溶液Ｂ60cm^3が反応し，溶液Ａが，$60-30=30(\text{cm}^3)$あまる。溶液Ａは酸性の塩酸なので，BTB溶液を１滴《てき》たらすと，混ぜ合わせた溶液は黄色に変化する。

問６　混合液中のあまった溶液Ａ30cm^3と，アルミニウムが反応して気体が発生する。溶液Ａ30cm^3とちょうど反応するアルミニウムの重さは，$1.2\times\frac{30}{90}=0.4$(ｇ)で，このとき発生する気体の体積は，$1800\times\frac{30}{90}=600(\text{cm}^3)$である。また，反応しないで残るアルミニウムの重さは，$1.8-0.4=1.4$(ｇ)とわかる。

3　植物の光合成と呼吸についての問題

問１　葉緑体には，葉緑素という緑色の色素がふくまれている。葉緑素はクロロフィルともよばれ，光のエネルギーを吸収するはたらきなどをする。

問２　インゲンマメの種子は，無はいにゅう種子で，発芽のための養分(でんぷん)を子葉にたくわえているので，イは正しい。なお，サツマイモがでんぷんをおもにたくわえるのは根の部分なので，アは誤り。体の各部に運ばれた糖がすべて呼吸作用に使われるとは限らないので，ウも正しくない。また，呼吸作用に使われなかった糖は，おもにでんぷんとしてたくわえられるので，エもまちがい。

問３　糖が植物の体全体に運ばれるときに通る管を師管といい，根から吸収した水分などが通る管を道管という。

問４　呼吸作用などの植物のはたらきは温度の影響《えいきょう》を受けるので，フラスコを大きな水そうに入れることで温度変化を小さくする。同時に，フラスコＡとフラスコＢの温度の条件をそろえることもできる。

問５　①，②　植物は呼吸作用によって，酸素を吸収し二酸化炭素を放出する。発芽しかけた種子がさかんに呼吸をおこなったため，フラスコ内の酸素の体積は減少し，二酸化炭素の体積は増加したと考えられる。　　③　実験の結果に，フラスコＡの気体は1.1cm^3減少したとあるので，ガラス管内の着色液は左に動くはずである。

問６　フラスコＡでは，種子の呼吸により放出された二酸化炭素はすべて水酸化カリウム水溶液に吸収されるので，気体の減少量1.1cm^3は，吸収された酸素の体積と等しい。一方で，フラスコＢでは，放出された二酸化炭素が吸収されないので，その分だけフラスコＡより気体の体積が増える。フラスコＡとフラスコＢの気体の減少量の差は，1.1−0.3=0.8(cm^3)なので，放出した二酸化炭素の体積は0.8cm^3とわかる。

4　宇宙望遠鏡についての問題

問１　JWST（ジェームズ・ウェッブ宇宙望遠鏡）はNASA（アメリカ航空宇宙局）の宇宙望遠鏡で，2021年12月25日にロケットで打ち上げられた。なお，この名前は，NASAの２代目長官のジェームズ・エドウィン・ウェッブにちなんでつけられた。

問２　赤外線は熱をよく伝える性質がある電磁波で，テレビのリモコンや非接触《せっしょく》型体温計のほか，ハロゲンヒーターや赤外線カメラなどに活用されている。

問３　JWSTは宇宙空間にあり，月面や火星の表面は撮影《さつえい》していないので，ア，エはあやまり。イのイータカリーナ星雲は地球から約7600光年，ウのステファンの五つ子銀河は約２億9000万光年はなれているが，JWSTはさらに遠い約131億光年はなれた銀河のすがたもとらえている。

問４　太陽のような高温の天体から遠く，また，太陽からの赤外線がとどきにくい地球の裏側が最も適していると考えられる。

問５　スペースデブリ（宇宙ゴミ）とは，役目を終えた人工衛星やロケットなど，地球の衛星軌《き》道上を周回している不要な人工物のことをいう。この場合，天然の岩石や小さいいん石とは区別されるため，ウを選ぶ。

国語　＜第１回試験＞（50分）＜満点：100点＞

解答

一　①～③　下記を参照のこと。　④　さいく　⑤　はんのう　**二**　**問１**　**Ａ**　イ　**Ｂ**　ア　**Ｃ**　エ　**問２**　**Ｘ**　ウ　**Ｙ**　イ　**問３**　エ　**問４**　**２**　ウ　**４**　ア　**問５**　イ　**問６**　ア　**問７**　エ　**問８**　イ　**問９**　ウ　**三**　**問１**　**ａ**　ケ　**ｂ**　イ　**ｃ**　カ　**ｄ**　エ　**問２**　ウ　**問３**　**あ**　ア　**い**　ア　**う**　ア　**え**　イ　**問４**　（今，このようなロボットに高い関心が寄せられているのは，）この国が効～増えている（から。）　**問５**　赤ちゃん　**問６**　イ　**問７**　ア　**問８**　（例）　私は音楽が得意だ。ピアノを習っているので音感には自信があるし，休み時間に友達と歌うことも好きなので，中学校ではオリジナルの曲をつくり文化祭でバンド演奏したい。　**問９**　イ　**問10**　**ア**　Ｂ　**イ**　Ａ　**ウ**　Ｂ　**エ**　Ｂ　**オ**　Ａ

●漢字の書き取り

一 ① 刻(む)　② 往復　③ 染(めた)

解説

一 漢字の書き取りと読み

① 音読みは「コク」で，「時刻」などの熟語がある。　② 行ったり来たりすること。
③ 音読みは「セン」で，「感染《かんせん》」などの熟語がある。　④ 細かい作業でつくること，またはその物。　⑤ あることに対して起こす行動や，わいてくる感情。

二 出典は安部《あべ》龍《りゅう》太郎《たろう》の『等伯《とうはく》』による。学問所から帰宅した久蔵《きゅうぞう》が，借りてきた地球儀《ちきゅうぎ》を片手に世界地理について両親に熱く語っていると，知人の学僧《がくそう》・日珖上人《にっこうしょうにん》がおとずれる。

問１　A 「ひけを取らない」とは，何かに比べて劣《おと》っていないさま。　B 前後の部分で，久蔵は両親に地球儀を見せながら「興奮さめやらぬ」ようすで世界の地理について語っている。新しく学んだ知識を披露《ひろう》したくてたまらない気持ちになっていることが読み取れるので，アが正しい。
C 前の部分で久蔵は，母が受診《じゅしん》に乗り気でないようすを受け，母に代わってその理由を説明している。よって，困っている人を助けることを意味する「助け舟《ふね》を出す」が合う。

問２　X 地球の自転と公転の結果，一日の中で「朝と夜があり」，一年の中で「四季がめぐる」と書かれている。よって，前のことがらを理由・原因として，後にその結果をつなげるときに用いる「だから」が選べる。　Y 日珖上人は「ヨーロッパのものが優《すぐ》れている」と無条件に信じこむ姿勢を批判した後，「医学と天文だけは，ヨーロッパのほうが進」んでいるらしいと話している。よって，前のことがらを受けて，それに反する内容を述べるときに用いる「しかし」がよい。

問３　問１のBで見たように，久蔵はこの日に学問所で学んだことを早く両親に伝えようと興奮気味に話しているので，エが正しい。久蔵はあれこれ考える間もなく「夢中で語っ」ているので，アやイは合わない。また，「高揚《こうよう》した声」は久蔵の気持ちの高まりを表しているが，声の高低については書かれていないので，ウもふさわしくない。

問４　2 「ならう」とは，“誰《だれ》かのやり方を模倣《もほう》し，同じようにやってみる”という意味。
4 「ゆかり」とは，つながりや縁《えん》のこと。

問５　日本を「大陸のはじにへばりついている奴《やつ》」と呼ぶ久蔵の口ぶりからは，地球儀という新しい視点から世界の国々をながめ，日本の小ささを実感したことが読み取れる。よって，イが正しい。ヨーロッパの医学や天文学について話したのは久蔵ではなく日珖上人なので，アは誤り。久蔵は中国と日本を比べていないので，ウも正しくない。久蔵が新しく学んだこととして話しているのは，地球の形や「地球が回っ」ていることなので，エも合わない。

問６　続く部分で日珖上人は久蔵について，ヨーロッパのものなら何でも「訳《わけ》も分《わか》らんと飛びつく輩《やから》」とは異なり，「自分の頭で物を考え」る子だと語っている。「やっぱり」という言い方から，日珖上人が久蔵のかしこさに日頃《ひごろ》から確信を持っていたことが読み取れるので，アがふさわしい。日珖上人は，久蔵の知識ではなく考え方をほめているので，イは合わない。日珖上人は，ほかの人と比べた面白《おもしろ》さではなく，「自分の頭」を使うことを重視しているので，ウもふさわしくない。久蔵が「出過ぎたこと」をしたのかと心配しているのは，日珖上人ではなく久蔵の母親なので，エも正しくない。

問７　前の部分で日珖上人は，日蓮《にちれん》が夜も昼も時間を惜《お》しんで修行に打ちこんだことを説明しているので，エがよい。

問８　前の部分で日珖上人は，医学などはヨーロッパの方が日本よりも進んでいるという話に関連づけ，評判の良い医者が南蛮《なんばん》寺にいるので静子も一度診《み》てもらってはどうかと提案している。日珖上人が久蔵の家に来た目的は，医学の話から受診を勧《すす》めることだったとわかるので，イが正しい。

問９　本文中では，中国が「明《みん》国」と呼ばれているほか，「南蛮貿易」のことが書かれている。安土桃山時代から江戸時代初期までの話だとわかるので，ウが選べる。

三　**出典は雨宮処凛《あまみやかりん》の『生きのびるための「失敗」入門』による。**筆者は，自己完結せず人間の手を必要とする「弱いロボット」を題材として，完璧《かんぺき》ではない存在が生き残るための戦略を紹介《しょうかい》している。

問１　**a**　「究極」は，一つのことを突《つ》き詰《つ》めた先にあるもの。　**b**　「余地」は，自由に使える空間的・心理的なゆとり。　**c**　「有能」は，能力があること。　**d**　「自身」は，その人そのもの。

問２　Ⅰ～Ⅳ　Ⅰは，「赤ちゃん」が自分以外の人に頼《たよ》って生きているさまを表すので，「他力本願」が入る。Ⅱは，上司が納得《なっとく》できるようにわかりやすく説明するさまを表すので，「理路整然」がよい。Ⅲは，上司をうまく説得できない人が，代わりに周囲に根回ししてほしいものを手に入れるさまを表すので，「創意工夫」が合う。Ⅳは，失敗のたびに模索《もさく》し，修正を加えるさまを表すので，「試行錯誤《さくご》」がふさわしい。よって，ウが選べる。

問３　**あ**　前の部分に「出会うのは偶然《ぐうぜん》」とあるので，「誰《だれ》と同じクラスになるか」という出会いも「偶然」に分類されるとわかる。　**い**　直前の空欄《くうらん》を受け，偶然の出会いの積み重ねが「今の自分」をつくると書かれているので，「偶然」が入る。　**う**　出会いと同じく，失敗もある種の偶然だと説明されている部分なので，「偶然」が合う。　**え**　失敗という偶然を重ねていくと，ひとつひとつに意味が生まれて「今の自分」という必然がつくられる，と述べられているので，「必然」がよい。

問４　「弱いロボット」が注目を集めている理由について，筆者は，「この国が効率や合理性を求める中，疲《つか》れたり生きづらさを感じる人が増えているからだろう」と推測している。

問５　前後の部分で岡田さんは「弱いロボット」について，自分だけでは完結せず，人から「手伝ってもら」うことで成立する存在だと話している。本文のはじめに登場する「赤ちゃん」は，「弱いロボット」と同様に，自分一人では生きていけず，誰かからの世話を必要とする存在として描《えが》かれている。

問６　前の部分では，社会には「オドオド」したり「もじもじ」したりしてはいけないという風潮がある一方で，そのような態度は周囲からの助けを引き出す上で大事だと書かれている。よって，イがふさわしい。

問７　前の部分で岡田さんは，「みんな」に理解されるようなものは「面白くな」く，「２割くらいの人に理解してもらっている時」が「ちょうどいい」と話しているので，アが適当でない。続く部分に，「みんなの得意なところで競《きそ》い合」うのではなく，「自分で新しい世界を探」すと書かれているので，イは正しい。「当たり前の価値観」から少し「引き算」をした上で，「別の価値観」を「添《そ》え」ることがコツだと書かれているので，ウもふさわしい。「みんな」が「寄ってきて競い合う」

ような土俵からは離《はな》れて「新しい分野を探」すべきだと述べられているので，エも合う。

問8　自分の好きなことや得意なことを一つあげた上で，中学校生活ではそれをどのようにいかすかを説明する。自分がどんな人で，どんなことをがんばってきたかが伝わるように，わかりやすく具体的に説明できるとよい。

問9　本文を通じて，岡田さんが「いつもオドオドしてるタイプ」でありながら，周りからも助けられ，自分なりに研究の道を歩んできたことが書かれているので，イがよい。筆者は岡田さんの話を「非常に示唆《しさ》に富んだ」としており，オドオドして主張ができないだけの人ではないと述べているので，アはふさわしくない。岡田さんが計算で人を操《あやつ》っているという説明は本文にないので，ウも合わない。岡田さんは意図的に自信がなさそうに振《ふ》る舞《ま》っているのではなく，実際に「人前でちゃんと喋《しゃべ》れない人間」だと打ち明けているので，エも正しくない。

問10　**ア**　筆者は人が助け合って生きていくことの重要性よりも，「弱いロボット」のコンセプトや不完全な人の生存戦略に焦点《しょうてん》を当てているので，合わない。　**イ**　即席ラーメンのくぼみは，人が助けたり助けられたりする「関係性を引き出す」余白であり，「関わった人がなんとなく嬉《うれ》しい気持ちになる」と書かれているので，正しい。　**ウ**　岡田さんは「最初から偉《えら》くなるのをあきらめて」いたと話しているので，ふさわしくない。　**エ**　「優秀《ゆうしゅう》な研究者ばかり」を集めても「多様性」からはほど遠く，「面白い製品」はなかなか生まれないと本文にあるので誤り。
オ　「もじもじ」してはいけないという文化に合わせなくても，「あり合わせで解決し」たり，自分の得意な「土俵を作」ったりすればよいと本文に書かれているので，合う。

2023年度 城北埼玉中学校

【算　数】〈特待試験〉（50分）〈満点：100点〉

〔注　意〕
- ○分数で答えるときは約分して、もっとも簡単な分数にしなさい。
- ○比で答えるときは、もっとも簡単な整数を用いなさい。
- ○円周率の値を用いるときは、3.14として計算しなさい。
- ○コンパス、定規は使用できますが、分度器や計算機（時計などの）は使用できません。

1 次の各問いに答えなさい。

(1)　$8-(2-\frac{5}{8}\div 1\frac{1}{4})\times 4$ を計算しなさい。

(2)　次の式の [ア][イ] は2桁《けた》の整数，[ウ]，[エ] は1より大きい1桁の整数を表しています。

[ア][イ]，[ウ]，[エ] に入る整数を答えなさい。ただし，$\frac{\boxed{ウ}}{3}$，$\frac{26}{\boxed{エ}}$ はこれ以上約分できません。

$$(\boxed{ア}\boxed{イ}-7)\times\frac{\boxed{ウ}}{3}=\frac{26}{\boxed{エ}}$$

(3)　J君は1人で12日間かかる仕事を，最初はJ君1人で行っていましたが，6日目からS君が手伝ってくれたので，8日目で終わりました。この仕事を最初から最後までS君1人で行うと，何日間で終わりますか。

(4)　A君，B君，C君3人の所持金の合計は10000円です。B君の所持金はA君の所持金の2倍で，C君の所持金はA君の所持金の$\frac{3}{4}$倍より1000円多いです。C君の所持金を求めなさい。

(5) 6で割ると3余り，8で割ると5余り，9で割ると6余る3桁の数のうち最も小さい数を求めなさい。

(6) さいころを3回投げます。出た目の積が60となるような目の出方は何通りあるか求めなさい。

(7) 右の図はおうぎ形を折り，中心Oを弧《こ》ABに重なるように折ったものです。
アの角度を求めなさい。

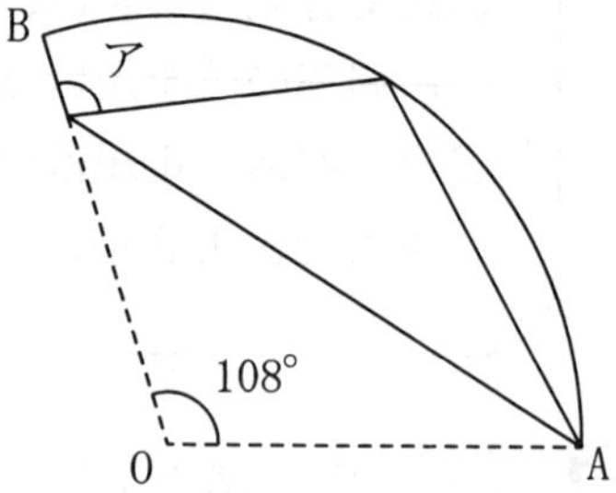

(8) 半径6cmの円の周上に，円周を12等分する点をとります。
図の色をぬった部分の面積を求めなさい。

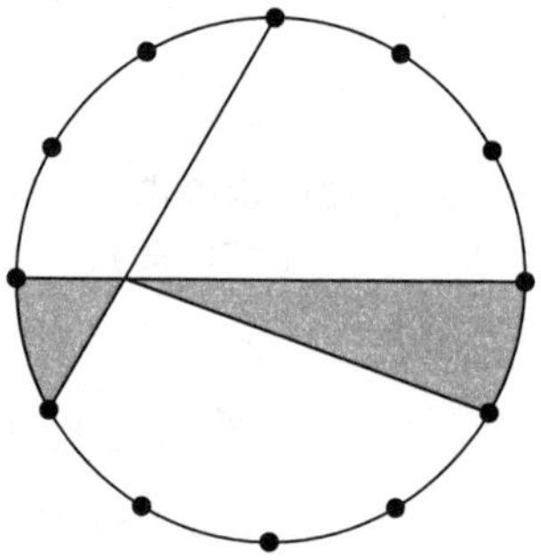

2 世界にある様々な課題を解決し，持続可能な世界を実現するために「持続可能な開発目標（SDGs）」が立てられましたが，その中で「貧困」は特に重要な課題の1つです。「貧困」は，大きく分けて「絶対的貧困」と「相対的貧困」の2つの種類があります。「絶対的貧困」とは，住んでいる国や地域の生活レベルとは無関係に，生きるのが困難なほど生活水準が低いことを示します。具体的には1日に約200円以下で生活する状態です。世界のこどもの人口は約21億人で，そのうち6人に1人が「絶対的貧困」であるといわれています。「相対的貧困」とは，住んでいる国や地域の水準と比較《かく》して大多数より生活水準が低いことを示します。具体的には，税金等を引いて得られる所得の中央値の半分の額である「貧困線」に満たない状態です。

人口が1億2700万人のJ国では「相対的貧困」が大きな問題となっています。その国の税金等を引いて得られる所得の中央値は20XX年の調査では246万円でした。またJ国では人口の14.8%が17歳以下であり，そのうち255万人が「相対的貧困」です。

次の問いに答えなさい。

(1) 本文の20XX年での「貧困線」にあたる額はいくらか答えなさい。

(2) 世界の「絶対的貧困」の状態にあるこどもの人数はJ国の人口の何倍になるか，小数第1位を四捨五入して整数で答えなさい。

(3) J国では，17歳以下の何人に1人が「相対的貧困」の状態にあるか，次の中から最も近いものを選びなさい。

① 16人に1人　② 13人に1人　③ 10人に1人　④ 7人に1人

3 図１のように，１辺が２cm，４cm，６cmの正方形とそれぞれの内側に接し，点０を中心とする３つの円があります。

点Ｐは図１の線上を点Ａから一定の速さで動く点であり，１度通った線は通りません。

また，図２は点Ｐが点Ａからスタートして点Ａまでもどったときの点０と，点Ｐの距離と時間の関係を表したグラフで，ア，イ，ウの時間に関してはアが１番長く，イとウは同じです。

次の問いに答えなさい。

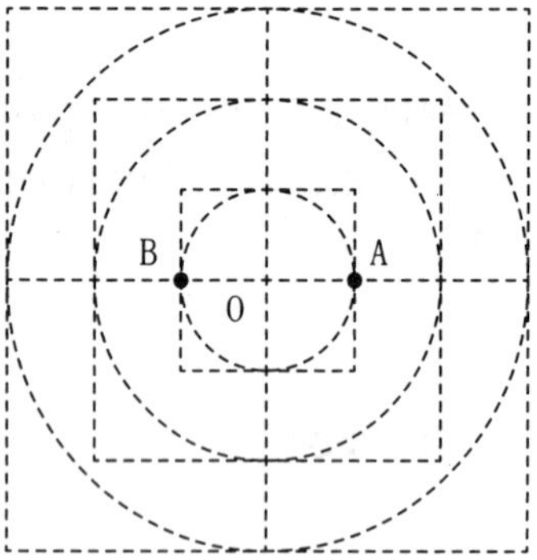

図１

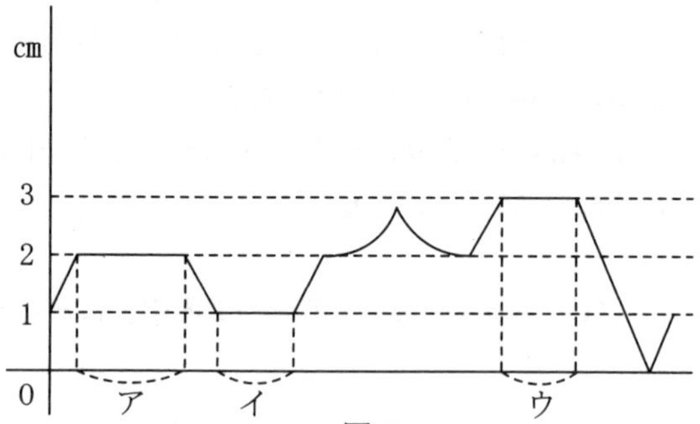

図２

(1) 点Ｐが図１の１番小さい円周上をＡからＢまで動きます。このときの点０との距離の関係を表すグラフを次の①～④の中から選びなさい。

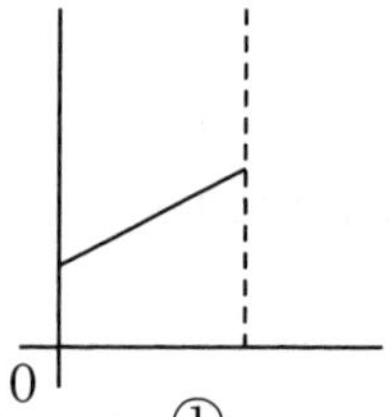

①

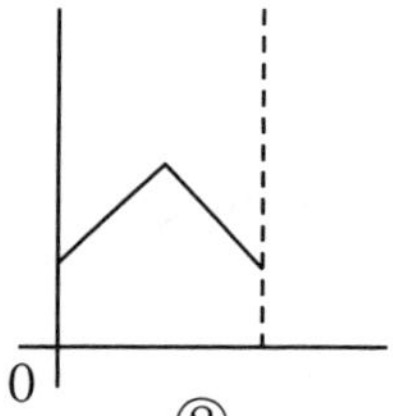

②

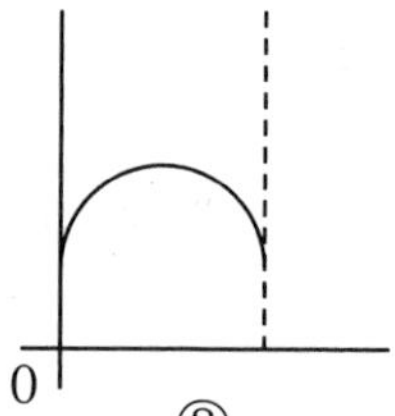

③

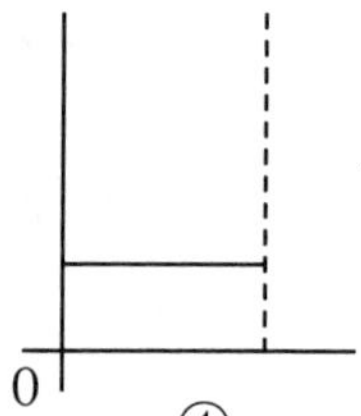

④

(2) 図２のグラフになるような点Ｐの通り方は複数あります。そのうち１つを解答用紙の図１にかきなさい。

(3) 点Ｐが動いた距離を求めなさい。

4 次の図1のような1辺の長さが8cmの立方体があります。辺AB，EF，FG，EHの真ん中の点をP，Q，R，Sとします。
次の問いに答えなさい。

(1) 図2は，3点B，Q，Rを通る平面でこの立方体を切ったときにできた立体のうち，体積が小さい方の立体の展開図です。三角形BQRの面積を求めなさい。

3点P，E，Gを通る平面でこの立方体を切り，体積の大きい方を立体Rとします。

(2) 切り口の面積を求めなさい。

(3) 立体Rをさらに3点B，D，Sを通る平面で切りました。このとき，点Cをふくむ立体の表面積を求めなさい。

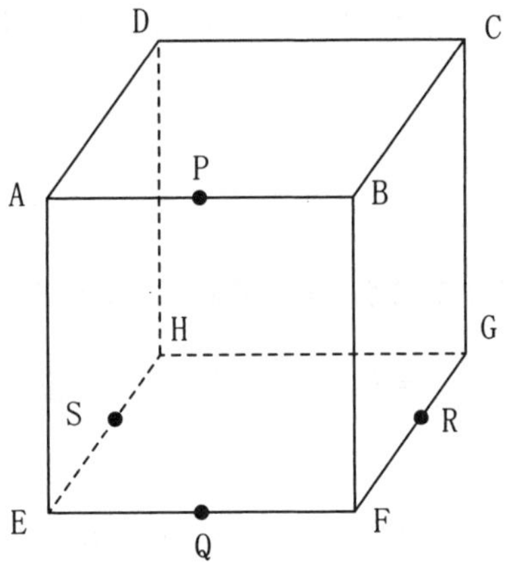

図1

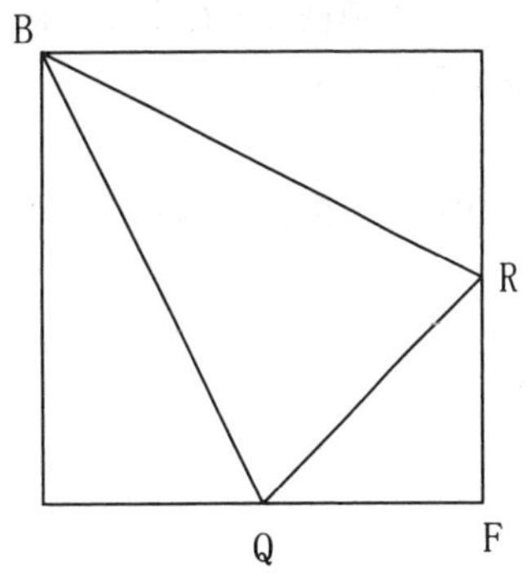

図2

5 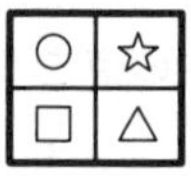の○，☆，△，□の並べかえ方のうち，次の①～⑧のような８通りの並べかえ方を考えます。⑧は①～⑦とは異なるように，記号が４つとも異なる場所へ移動する並べかえ方とします。

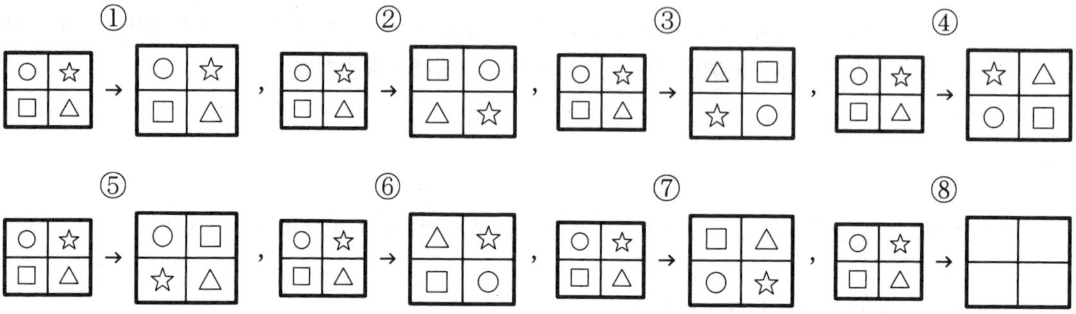

２つの並べかえ方Ⓐ，Ⓑをこの順で行うことを，Ⓐ・Ⓑと表します。例えば，並べかえ方⑥，⑦をこの順で連続して行うと，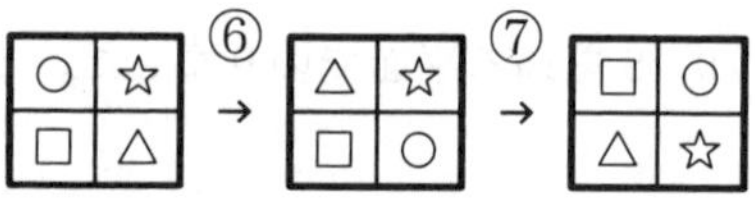

となり，⑥・⑦は並べかえ方②に等しくなります。このとき，⑥・⑦＝②と表します。

②→⑤→③など２回以上連続して並べかえを行うときも②・⑤・③と表します。このように複数の並べかえを連続して行うことを「計算する」と呼ぶことにします。また，以下の式の（　）は先に計算することを表します。

次の問いに答えなさい。

(1)　次の式の [ア]，[イ]，[ウ] に適する記号を①～⑦より１つ選びなさい。

④・②＝[ア]，　　⑦・[イ]＝④，　　[ウ]・③＝⑥

(2)　⑧が①～⑦すべての並べかえ方と計算して，その結果が①～⑧のいずれかになるように，⑧を定め，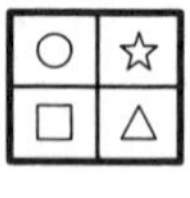を並べかえた結果を解答用紙にかきなさい。

(3)　次の式の[エ]に適する記号を①～⑧より１つ選びなさい。

（⑥・[エ]）・④＝⑥・（⑤・④）

(4)　次の式の [オ]，[カ] に適する記号を①～⑧から選ぶとき，[オ]，[カ]の記号の組合せは全部で何通りありますか。

（[オ]・④）・（②・[カ]）＝①

【理　科】〈特待試験〉（40分）〈満点：70点〉

〔注　意〕グラフや図を描く場合は、定規を使用してもかまいません。

1　空《から》の大きな容器１，水で満たされた容器２，ばねはかり，アルミニウムでできたおもり１，銅でできたおもり２，および木片を用意しました。図１は，容器１の中に容器２を入れ，ばねはかりにおもり１，おもり２，木片のいずれかをつるしたようすを模式的に表したものです。その後，図２のようにつるしたものを静かに容器２へ入れる実験をしました。この問題において水の蒸発は考えず，容器２からあふれた水はすべて容器１に入るものとします。容器２の中にある物体が受ける浮《ふ》力《りょく》の大きさは，容器１に入った水（容器２からあふれた水）の重さに等しくなります。水の重さは１cm^3あたり１gとして，下の各問いに答えなさい。

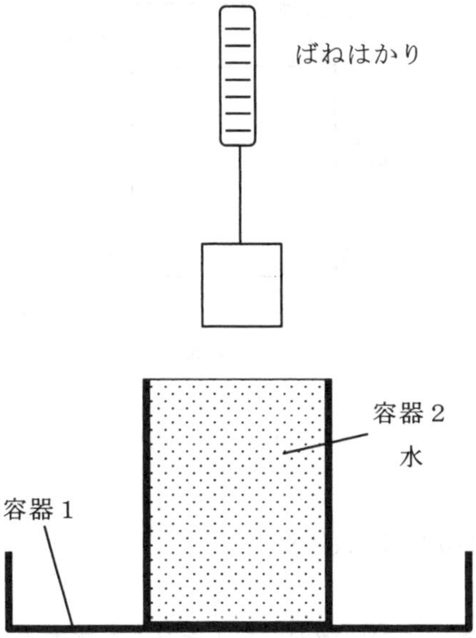

図１

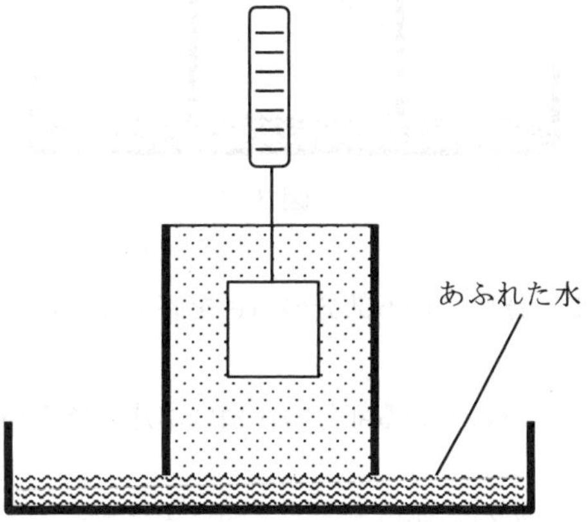

図２

［実験１］　ばねはかりにおもり１をつるして実験をしたところ，おもり１はすべて水中に沈《しず》み，容器１へ20cm^3の水があふれて，ばねはかりは34gを示した。

問１　おもり１が受ける浮力の大きさを答えなさい。

問２　おもり１の重さを答えなさい。

問３　比重は下の式で求まり，水の比重は１となります。おもり１のアルミニウムの比重を答えなさい。

（比重）＝（物体の重さ）÷（物体と同じ体積の水の重さ）

［実験２］　ばねはかりにおもり２をつるして実験をしたところ，おもり２はすべて水中に沈み，容器１へ10cm^3の水があふれた。

問４　おもり２の銅の比重は8.9です。このときのばねはかりの示す値を答えなさい。

［実験３］　ばねはかりに木片をつるして実験をしたところ，図３のように木片は水に浮いてばねはかりの読みは0gとなった。木片の各辺の長さは図４のようになっており，この木片の比重は0.60である。

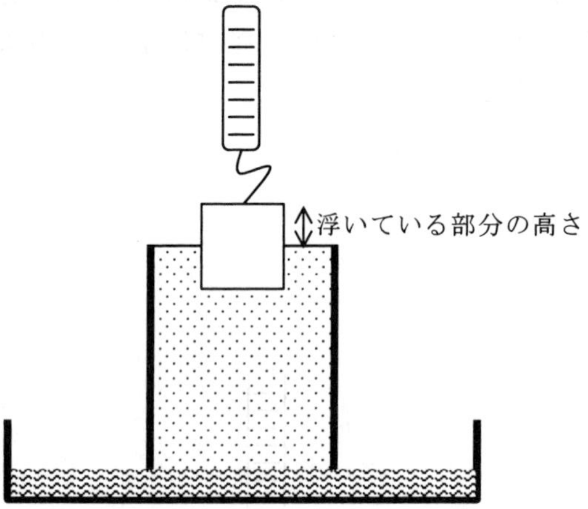

図３

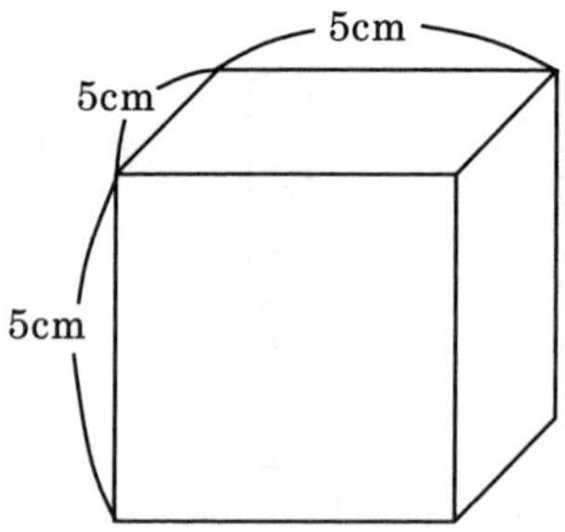

図４

問５　浮いている部分の高さを答えなさい。

問６　浮いている部分の体積は木片全体の体積の何％か答えなさい。

問７　空気を吸いこんだ人間は水に浮かぶことができ，体の体積のおおよそ２％が水面上に出ます。しかし，空気を吐《は》いてしまうと水に沈んでしまいます。そのため，川や海で水難事故にあった際には無理に大きな声で助けを呼び続けるのではなく，浮いて救助を待つことが望ましいです。空気を吸いこんだ人間の体の比重と，救助を待つ際の望ましい浮く姿勢について，それぞれ下のア～キから選び，記号で答えなさい。

ア　0.80　　イ　0.98　　ウ　1.02　　エ　1.20

オ　　カ　　キ

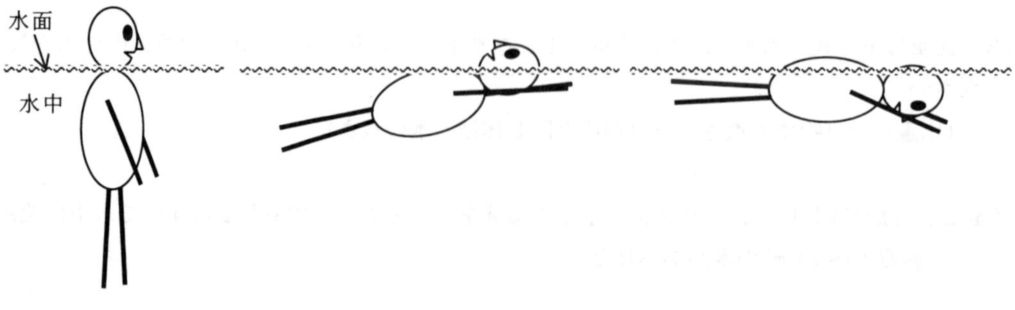

2 水酸化ナトリウム水溶液《すいようえき》と塩酸の中和について，次のような実験をおこないました。下の各問いに答えなさい。

［操作1］ ある量の水酸化ナトリウムを水にとかし，100cm^3 の水溶液をつくり，A～Eの5つのビーカーにそれぞれ 20cm^3 ずつ分けた。

［操作2］ A～Eのビーカーに，BTB 溶液《ようえき》をそれぞれ2滴《てき》ずつ加えた。

［操作3］ A～Eのビーカーに，同じ濃さの塩酸をそれぞれ違う量加えた。

［操作4］ A～Eのビーカーの水溶液を加熱して液体をすべて蒸発させ，残った固体の重さをはかった。

ビーカー	A	B	C	D	E
加えた塩酸の体積（cm^3）	10	20	30	40	50
ビーカー内の溶液の色	青色	青色	青色	緑色	（ ① ）
加熱後に残った固体の重さ（g）	（ ② ）	5.90	6.45	7.00	7.00

問1 表の（ ① ）に入る色を次のア～オから選び，記号で答えなさい。

ア 青色　　イ 緑色　　ウ 黄色　　エ 赤色　　オ 無色

問2 Bで加熱後に残る固体は，水酸化ナトリウムと何ですか。名前を答えなさい。

問3 Bで加熱後に残る固体のうち，水酸化ナトリウムは何gですか。

問4 表の（ ② ）に入る固体の重さは何gですか。

問5 ［操作1］でとかした水酸化ナトリウムの重さは何gですか。

問6　［操作1］でつくったものと同じ濃さの水酸化ナトリウム水溶液を新たにビーカーFに $10cm^3$ 入れ，［操作3］で使ったものと同じ濃さの塩酸を加えていったときの，加えた塩酸の体積と加熱後に残った固体の重さの関係を表したグラフとして最も適切なものを，次のア～クから選び，記号で答えなさい。

ア

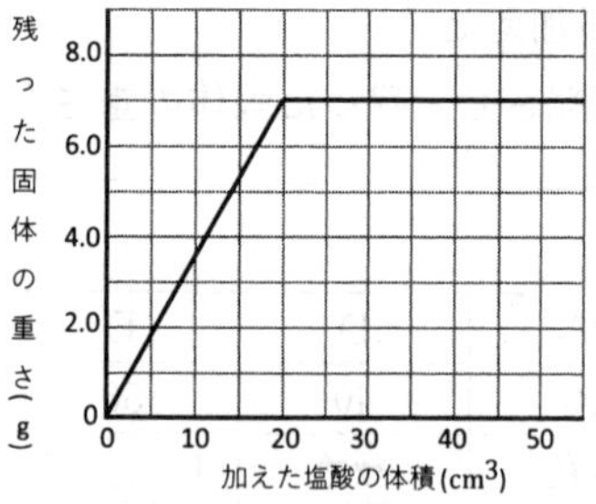

イ

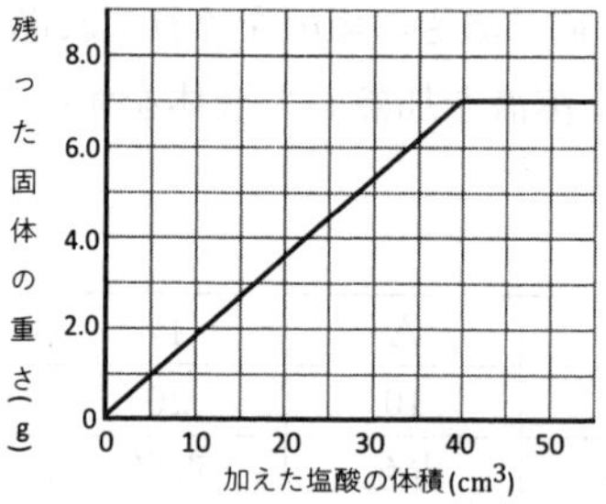

ウ

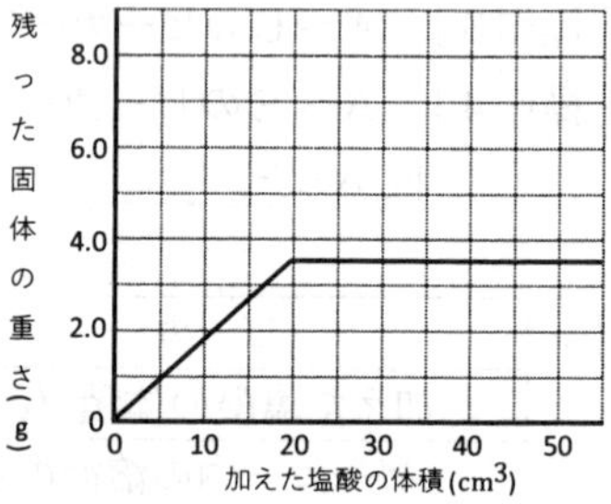

エ

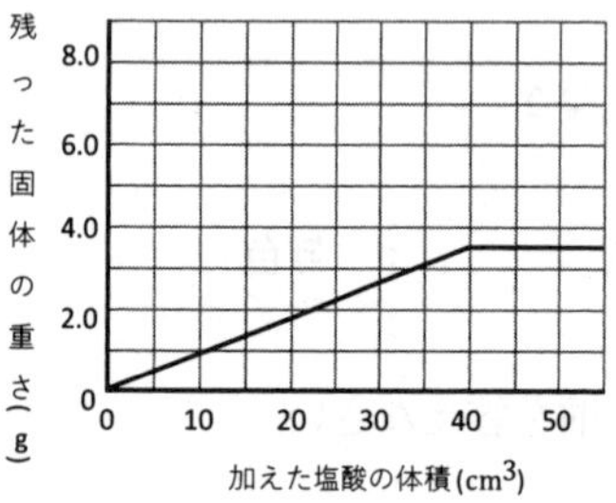

オ

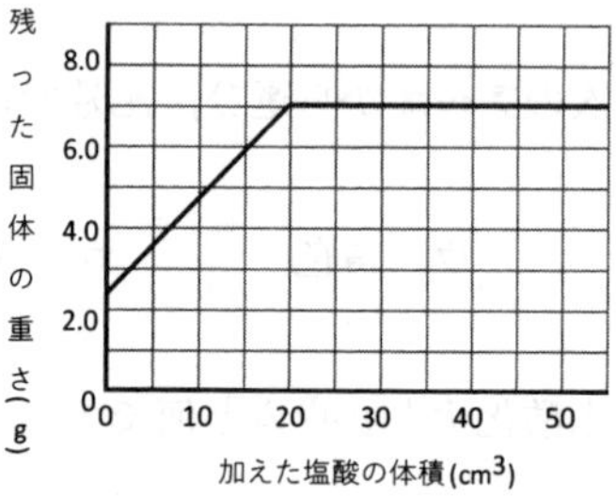

カ

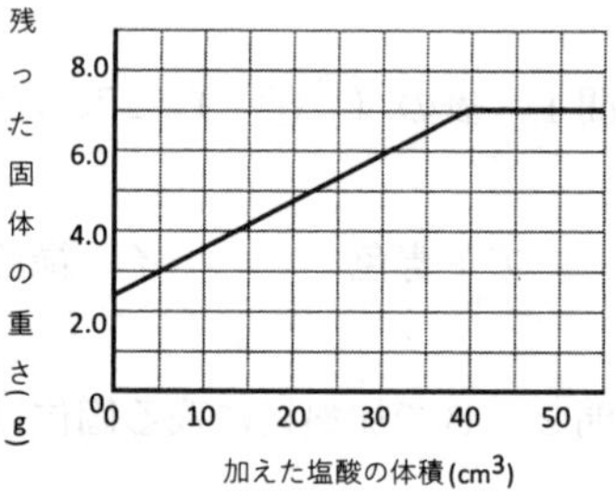

キ

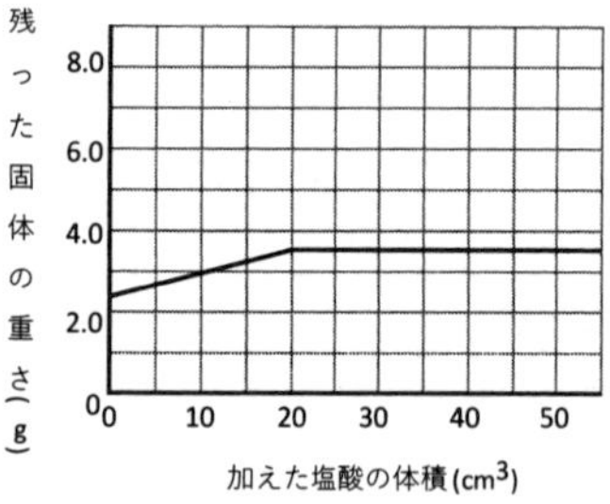

ク

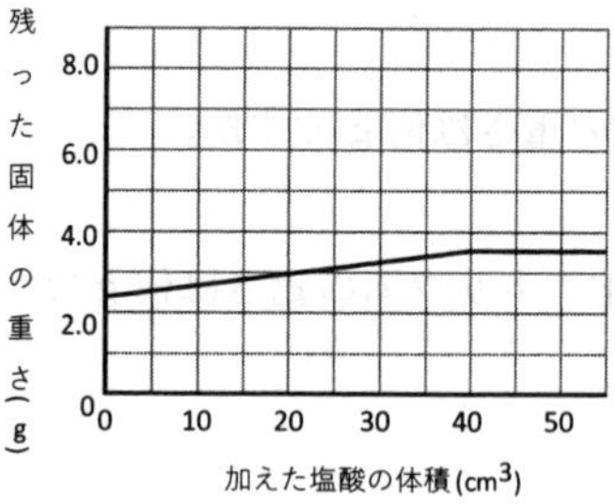

3 じん臓は，尿《にょう》をつくって老廃物《ろうはいぶつ》の排出《はいしゅつ》をおこなうとともに，血液中に含《ふく》まれるいろいろな成分の濃度《のうど》の調節もおこなっています。じん臓にはろ過装置としてはたらくネフロンという構造があり，1個のじん臓には約100万個のネフロンがあります。下の図は，ネフロンの構造とはたらきを模式的に表したものです。

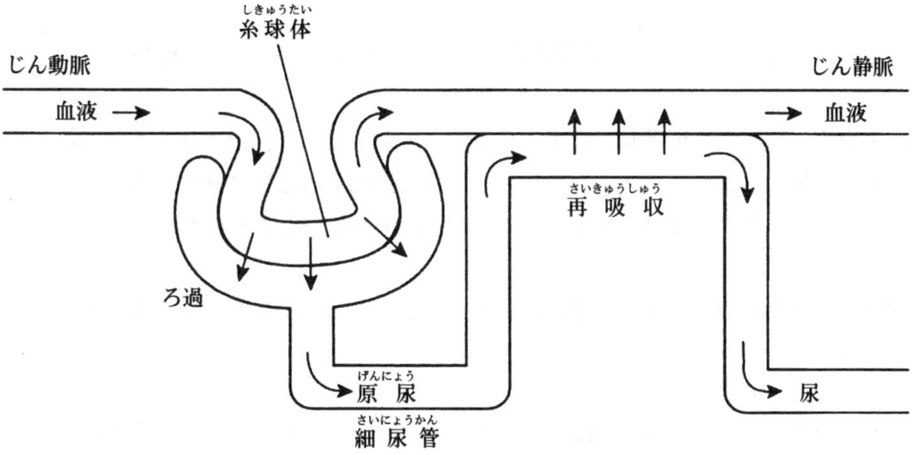

ネフロンの構造とはたらき（ろ過と再吸収《さいきゅうしゅう》）

じん臓に送られた血液は，ネフロンの糸球体《しきゅうたい》とよばれる部分でろ過され，尿のもと（原尿《げんにょう》）がつくられます。原尿の成分のうち，体に必要な成分と水分の多くは，細尿管《さいにょうかん》と血管が接する部分で血管内にもどされます。これを再吸収《さいきゅうしゅう》といいます。また，再吸収されなかった老廃物や不要な物質は尿として体外に排出されます。血液中の各成分の濃度は，このようなしくみによって一定に保《たも》たれています。

下の表は，健康なおとなの血しょう，原尿，尿に含まれる各成分の濃度（単位のg/Lは，液体1L（リットル）中に各成分が何g含まれているかを意味する）を表しています。

成分	濃度（g/L）		
	血しょう	原尿	尿
たんぱく質	72	0	0
ぶどう糖	1.0	1.0	0
尿素	0.3	0.3	20
塩分	3.4	3.4	5.0
イヌリン	0.1	0.1	12

表中のイヌリンという物質は，人の体内では利用されない物質です。イヌリンを注射すると，イヌリンのすべてが糸球体でろ過され，その後，再吸収されずにただちに尿中に排出されます。

イヌリンの性質を利用して，尿の量から原尿の量を求めることができます。1日で排出される尿の量を1.5Lとすると，1日で（　①　）Lの原尿がつくられることになります。下線部の関係はつねにかわらないものとして，次の各問いに答えなさい。

問１　前ページの表を参考にして，血しょう中に含まれる成分のうち，次の（１），（２）にあてはまる物質を下のア～オの中から１つずつ選び，記号で答えなさい。

（１）　糸球体でろ過されない物質
（２）　糸球体でろ過されたあとすべて再吸収される物質

ア　たんぱく質　　イ　ぶどう糖　　ウ　尿素　　エ　塩分　　オ　水

問２　原尿中のイヌリンは再吸収されず，そのすべてが尿として排出されることから，１日でつくられる原尿に含まれるイヌリンの量と，１日で排出される尿に含まれるイヌリンの量は等しいことになります。文中の（　①　）にあてはまる数値を求めなさい。

問３　原尿中の尿素の何％が尿として排出されますか。答えは小数第１位を四捨五入して，整数で求めなさい。

問４　尿素の生成に最も関係のある器官を次のア～オの中から１つ選び，記号で答えなさい。

ア　すい臓　　イ　じん臓　　ウ　かん臓　　エ　たんのう　　オ　ぼうこう

問５　原尿中の塩分の何％が再吸収されますか。答えは小数第１位を四捨五入して，整数で求めなさい。

問６　下の表は，血しょう中のぶどう糖の濃度が1.0～5.0 g／Lのとき，排出された尿中のぶどう糖の濃度（g／L）を表したものです。

血しょう中のぶどう糖の濃度（g／L）	1.0	2.0	3.0	4.0	5.0
原尿中のぶどう糖の濃度（g／L）	1.0	2.0	3.0	4.0	5.0
尿中のぶどう糖の濃度（g／L）	0	0	60	180	300

尿中のぶどう糖の濃度が24 g／Lのとき，血しょう中のぶどう糖の濃度は何g／Lですか。なお，血しょう中のぶどう糖の濃度と原尿中のぶどう糖の濃度は等しいものとします。

問７　血しょう中のぶどう糖の濃度を一定に保つはたらきをしている器官として，最も関係のある器官をア～カの中から１つ選び，記号で答えなさい。

ア　小腸　　イ　十二指腸《じゅうにしちょう》　　ウ　かん臓　　エ　心臓《しんぞう》　　オ　骨　　カ　たんのう

4 晴れた日の１日の気温と地面の温度の変化について次の各問いに答えなさい。ただし，雲による影響《えいきよう》や太陽の光が空気中を通過するときのちりやほこりの影響は考えなくてよいものとします。

問１　次の文の①～③にあてはまる時刻を下のア～オから選び，記号で答えなさい。

晴れた日，１日のうちで気温が最も高くなるのは（　①　）ごろであり，地面の温度が最も高くなるのは（　①　）より約１時間早い（　②　）ごろである。また，同じ面積の地面でくらべたとき，地面にあたる太陽の光の量が最も多くなるのは（　③　）ごろである。

ア　午前11時　　イ　正午　　ウ　午後１時　　エ　午後２時　　オ　午後３時

問２　地面は太陽から熱を受け取ってあたたまりますが，同時に空気中に熱を出し続けています。問１の①と②の時刻で，地面が太陽から受け取る熱と地面から空気中に出ていく熱について，あてはまるものをそれぞれ次のア～ウから選び，記号で答えなさい。

ア　受け取る熱のほうが，出ていく熱より多い。
イ　受け取る熱のほうが，出ていく熱より少ない。
ウ　受け取る熱と出ていく熱はほぼ等しい。

次の図Ａ～Ｃは太陽の光が地面にななめにあたったときのようすを示したものです。Ａ～Ｃの光の幅はどれも同じであるとします。Ａで光があたった部分の地面の長さを１とすると，Ｂでは1.2，Ｃでは1.7でした。地面の，光があたっている部分について下の各問いに答えなさい。

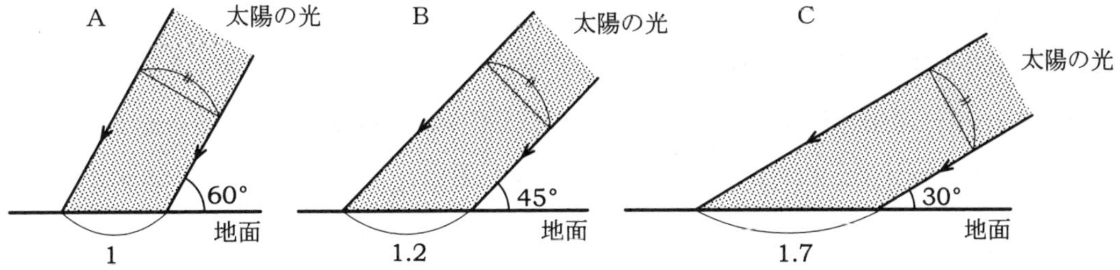

問３　Ａ～Ｃの角度で太陽の光をあて続けたとき，地面の温度の上がり方が最もはやいのはＡ～Ｃのどれですか。記号で答えなさい。

問４　地面の同じ面積でくらべたとき，ＢはＣの何倍の光を受けていますか。次のア～カから選び，記号で答えなさい。

ア　0.6　　イ　0.7　　ウ　1.4　　エ　1.5　　オ　1.7　　カ　2

2023年度

城北埼玉中学校 ▶解説と解答

算　数　＜特待試験＞（50分）＜満点：100点＞

解　答

$\boxed{1}$ (1)　2　(2)　ア　2　イ　0　ウ　2　エ　3　(3)　9日間　(4)　2800円　(5)　141　(6)　12通り　(7)　96度　(8)　18.84cm²　$\boxed{2}$ (1)　123万円　(2)　3倍　(3)　④　$\boxed{3}$ (1)　④　(2)　(例）右の図1　(3)　27.7cm　$\boxed{4}$ (1)　24cm²　(2)　72cm²　(3)　248cm²　$\boxed{5}$ (1)　ア　①　イ　⑥　ウ　⑤　(2)　右上の図2　(3)　⑤　(4)　8通り

図1

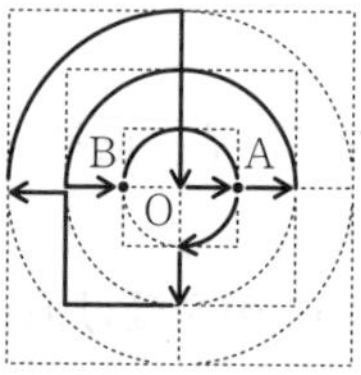

図2

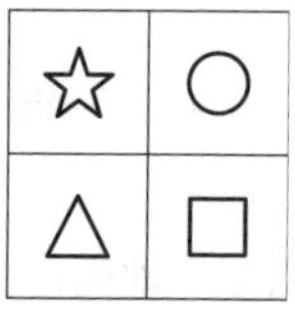

解　説

$\boxed{1}$ 四則計算，条件の整理，仕事算，相当算，整数の性質，場合の数，角度，面積

(1)　$8-\left(2-\frac{5}{8}\div1\frac{1}{4}\right)\times4=8-\left(2-\frac{5}{8}\div\frac{5}{4}\right)\times4=8-\left(2-\frac{5}{8}\times\frac{4}{5}\right)\times4=8-\left(2-\frac{1}{2}\right)\times4$ $=8-\left(\frac{4}{2}-\frac{1}{2}\right)\times4=8-\frac{3}{2}\times4=8-6=2$

(2)　(アイ－7)は整数なので，(アイ－7)$\times\frac{ウ}{3}=\frac{26}{エ}$より，エ＝3とわかる。このとき，(アイ－7)×ウ＝26となり，ウは26の約数の，1，2，13，26のいずれかとなるが，ウは1より大きい1桁《けた》の整数だから，ウ＝2に決まる。したがって，(アイ－7)×2＝26より，アイ－7＝26÷2＝13，アイ＝13＋7＝20となる。

(3)　この仕事全体の量を1とすると，J君1人では1日，$1\div12=\frac{1}{12}$の仕事ができるので，8日目までにJ君が行った仕事の量は，$\frac{1}{12}\times8=\frac{2}{3}$となる。よって，S君が行った仕事の量は，$1-\frac{2}{3}=\frac{1}{3}$で，S君は6日目から8日目までの3日間仕事を行ったから，S君は1日に，$\frac{1}{3}\div3=\frac{1}{9}$の仕事ができる。したがって，この仕事をS君1人で行うと，$1\div\frac{1}{9}=9$(日間)で終わる。

(4)　A君の所持金を$\boxed{1}$とすると，右の図1のように表せる。図1より，$\boxed{1}+\boxed{2}+\boxed{\frac{3}{4}}=\boxed{\frac{15}{4}}$にあたる金額が，10000－1000＝9000(円)となるので，$\boxed{1}$にあたる金額は，$9000\div\frac{15}{4}=2400$(円)とわかる。よって，C君の所持金は，$2400\times\frac{3}{4}+1000=2800$(円)と求められる。

図1

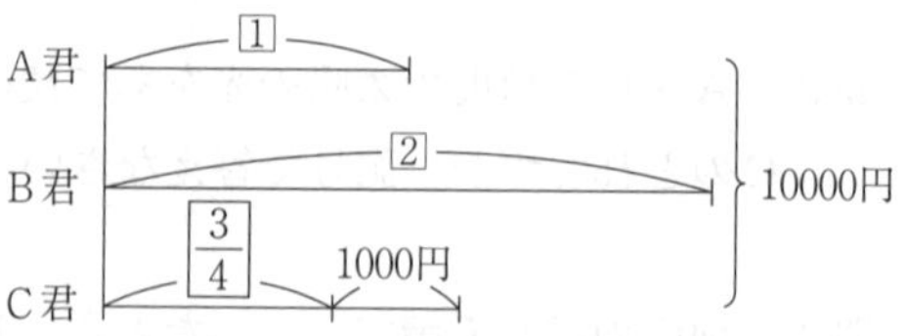

(5)　6－3＝3，8－5＝3，9－6＝3より，6で割ると3余り，8で割ると5余り，9で割ると6余る数に3をたすと，6でも8でも9でも割り切れる。6と8と9の最小公倍数は72だから，

求める数は72の倍数から３をひいた数となる。このような数は小さい順に，72－３＝69，72×２－３＝141，…となるから，３桁の数で最も小さいものは141である。

(6)　１～６の整数を３個かけた積が60になる組合せは，{2，5，6}と{3，4，5}の２組である。どちらも１回目～３回目の目の出方は，３×２×１＝６(通り)ずつあるから，全部で，６＋６＝12(通り)とわかる。

図２

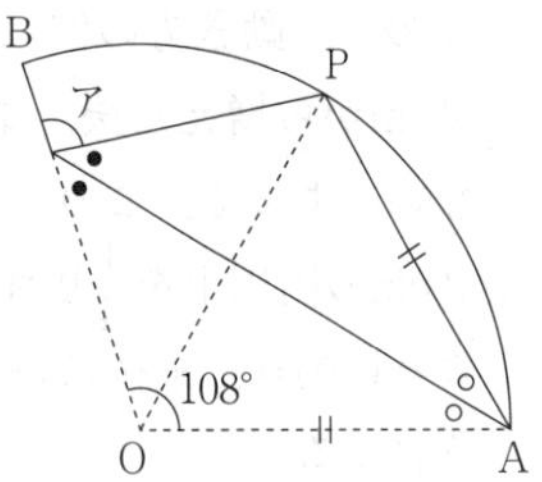

(7)　右の図２で，PA，OA，OPの長さはすべて円の半径と等しいから，三角形OAPは正三角形とわかり，角OAPの大きさは60度となる。また，同じ印をつけた角の大きさはそれぞれ等しいから，○の角の大きさは，60÷２＝30(度)である。よって，●の角の大きさは，180－108－30＝42(度)だから，アの角度は，180－42×２＝96(度)と求められる。

図３

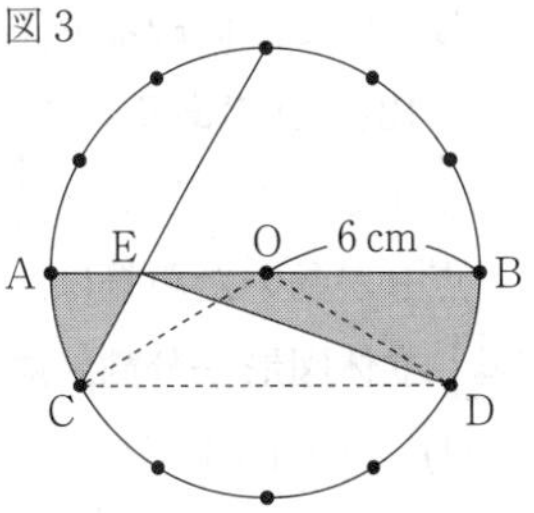

(8)　右の図３で，ABは円の直径だから，円の中心をOとすると，ABはOを通る。また，ABとCDは平行なので，三角形OEDと三角形OECは面積が等しくなる。すると，色をぬった部分の面積はおうぎ形OACとおうぎ形OBDの面積の和となり，この２つのおうぎ形はどちらも半径が６cmの円を12等分した形である。よって，色をぬった部分の面積は，６×６×3.14×$\frac{1}{12}$×２＝18.84(cm^2)と求められる。

2　割合

(1)　Ｊ国の20XX年の調査で，税金等を引いて得られる所得の中央値は246万円だから，「貧困線」にあたる額は半分の，246万÷２＝123万(円)となる。

(2)　世界のこどもの人口は約21億人で，そのうち６人に１人が「絶対的貧困」の状態にあるので，世界の「絶対的貧困」の状態にあるこどもの人数は，21億×$\frac{1}{6}$＝3.5億より，約３億5000万人とわかる。また，Ｊ国の人口は１億2700万人だから，３億5000万÷１億2700万＝35000万÷12700万＝2.7…より，小数第１位を四捨五入すると，世界の「絶対的貧困」の状態にあるこどもの人数はＪ国の人口のおよそ３倍とわかる。

(3)　Ｊ国の17歳《さい》以下の人口は，Ｊ国の人口１億2700万人の14.8％だから，12700万×0.148＝1879.6万(人)である。このうちの255万人が「相対的貧困」の状態にあるから，1879.6万÷255万＝7.3…より，17歳以下のおよそ７人に１人が「相対的貧困」の状態にある。

3　グラフ―図形上の点の移動，長さ

(1)　点Ｐが円周上を動くとき，円の中心Ｏとの距離《きょり》は常に円の半径と等しいので，一定となる。よって，グラフは横軸《よこじく》と平行な直線となるので，④があてはまる。

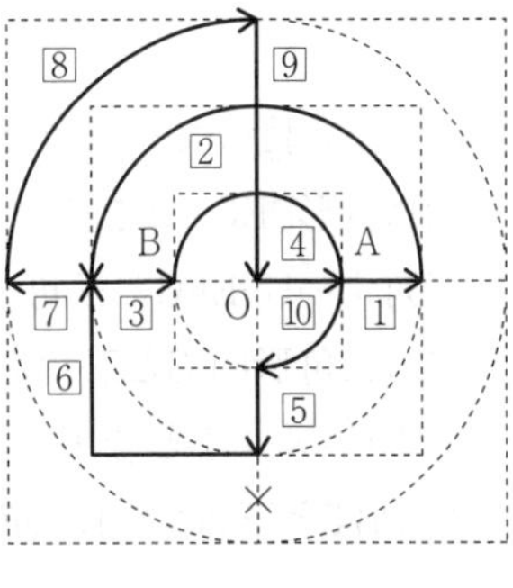

(2)　円の半径は小さい円から順に，２÷２＝１(cm)，４÷２＝２(cm)，６÷２＝３(cm)である。問題文中の図２のグラフで，最初に，点Ｏとの距離が１cmから２cmに増えるとき，点Ｐは右の図の①のように動き，アのとき，点Ｏとの距離が２cmで一定なので，点Ｐは半径２cmの円周上を動く。また，イでは半径１cmの円周上を，ウでは半径３cmの円周上をそれぞれ動いている。イとウは時間が同じで，動いた長さも同じであり，動く円周の半径の比が１：

3だから，Oのまわりを動いた角度の比は，$\frac{1}{1}:\frac{1}{3}=3:1$となる。すると，一度通った線は通らないという条件から，ウで$\frac{1}{4}$周，イで$\frac{3}{4}$周したとわかる。さらに，半径1cmの円と半径2cmの円の半径の比は1：2で，アはイよりも時間が長いから，アでは，$\frac{3}{4}\times\frac{1}{2}=\frac{3}{8}$(周)より多く動いている。そこで，まず，アで$\frac{1}{2}$周したと考えると，アでの動き方の例は図の[2]のようになり，その後，点Oとの距離が2cmから1cmに減るとき，[3]のように動く。イでは半径1cmの円周上を$\frac{3}{4}$周するので，動き方の例は[4]のようになり，その後は[5]のように動く。[5]の後，点Oと点Pの距離は2cmから増えた後，また2cmに戻《もど》っているが，3cmには達していないので，×印の部分は通らない。よって，このときの動き方の例は[6]のようになる。その後は，[7]のように動き，ウでは半径3cmの円周上を$\frac{1}{4}$周するので，[8]のように動く。その後，点Oとの距離が0cmになるまでは[9]のように動き，最後に[10]のように動いて点Aに戻る。以上より，点Pの通り方の例は図の[1]～[10]のようになる。

(3) 図で，直線部分[1]，[3]，[5]，[6]，[7]，[9]，[10]の長さの和は，$1+1+1+2\times2+1+3+1=12$(cm)である。また，曲線部分[2]，[4]，[8]の長さの和は，$2\times2\times3.14\times\frac{1}{2}+1\times2\times3.14\times\frac{3}{4}+3\times2\times3.14\times\frac{1}{4}=2\times3.14+1.5\times3.14+1.5\times3.14=5\times3.14=15.7$(cm)となる。よって，点Pが動いた距離は，$12+15.7=27.7$(cm)と求められる。

4 立体図形―分割，展開図，表面積

(1) 下の図①で，同じ印をつけた辺の長さはすべて，$8\div2=4$(cm)だから，三角形BIQと三角形BJRの面積はどちらも，$8\times4\div2=16$(cm^2)，三角形QFRの面積は，$4\times4\div2=8$(cm^2)になる。よって，正方形BIFJの面積は，$8\times8=64$(cm^2)だから，三角形BQRの面積は，$64-16\times2-8=24$(cm^2)と求められる。

図①

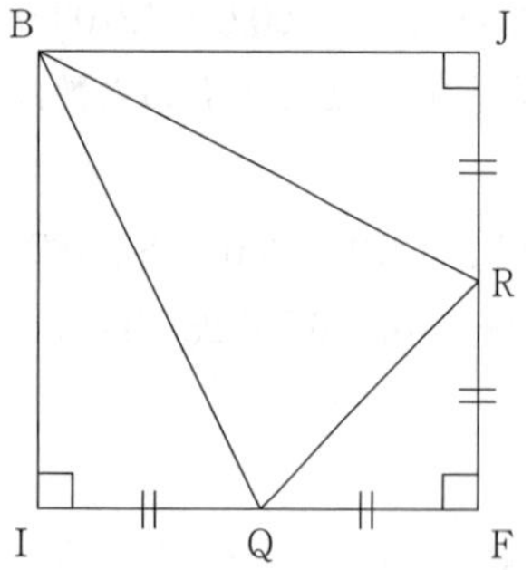

図②

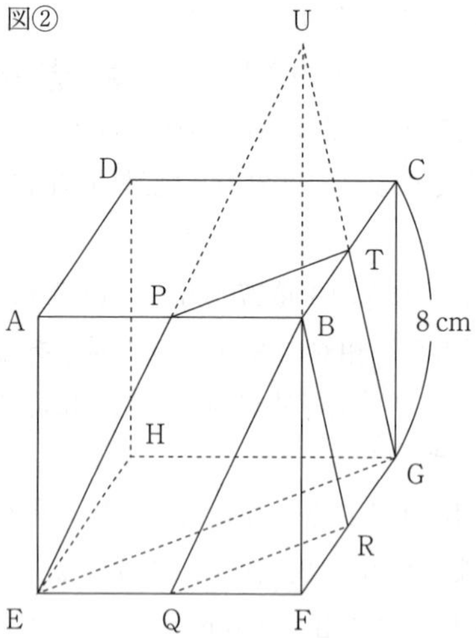

図③

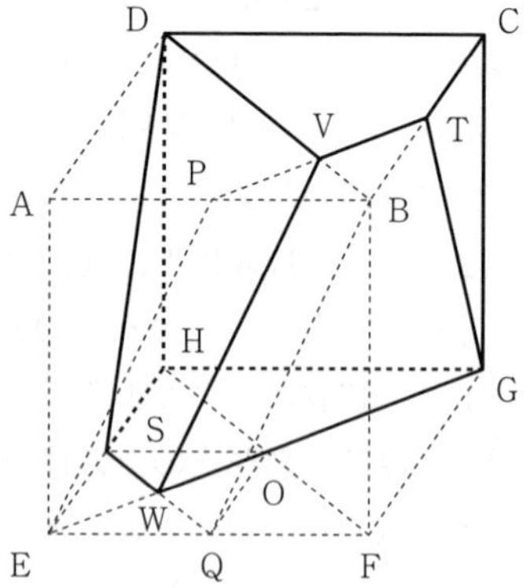

(2) 上の図②で，BCの真ん中の点をTとすると，3点P，E，Gを通る平面で切ったときの切り口は台形PEGTとなる。ここで，3本の直線EP，FB，GTをのばした線が交わる点をUとすると，三角すいU-EFGと三角すいB-QFRは相似となり，その相似比は，EF：QF＝2：1である。よって，三角形UEGと三角形BQRも相似で，その相似比は2：1だから，面積の比は，(2×2)：(1×1)＝4：1となり，三角形UEGの面積は，$24\times\frac{4}{1}=96$(cm^2)とわかる。さらに，三角すいU-PBTと三角すいB-QFRは合同だから，三角形UPTの面積は24cm^{2}である。したがって，切り口

の台形PEGTの面積は，96－24＝72(cm^2)と求められる。

(3)　3点B，D，Sを通る平面は点Qを通るので，立体Rを3点B，D，Sを通る平面で切ったときの点Cをふくむ立体は，上の図③の太線で囲んだ立体となる。PTとDBの交わる点をV，SQとEGの交わる点をWとすると，四角形VTCDと四角形WSHG，台形VWGTと台形WVDS，三角形TCGと三角形SHDはそれぞれ合同である。まず，四角形VTCDは三角形BCDから三角形BVTを除いた図形で，三角形BVTは直角二等辺三角形PBTを2等分した形だから，四角形VTCDの面積は，$8\times8\div2-4\times4\div2\div2=32-4=28$($\text{cm}^2$)となる。次に，正方形EFGHで，EGとFHの交わる点をOとすると，四角形OSEQは正方形なので，EW：EO＝1：2である。すると，EW：EG＝1：(2×2)＝1：4だから，WG：EG＝(4－1)：4＝3：4となる。ここで，EGの長さを4とすると，$PT=4\times\frac{1}{2}=2$，$VT=2\times\frac{1}{2}=1$となるから，台形VWGTと台形PEGTの面積の比は，(VT＋WG)：(PT＋EG)＝(1＋3)：(2＋4)＝4：6＝2：3となる。よって，台形VWGTの面積は，$72\times\frac{2}{3}=48$(cm^2)とわかる。さらに，三角形TCGの面積は，$4\times8\div2=16$(cm^2)で，正方形CDHGの面積は，$8\times8=64$(cm^2)である。したがって，表面積は，$28\times2+48\times2+16\times2+64=248$($\text{cm}^2$)と求められる。

5 条件の整理

(1)　①は「そのまま」，②は「記号を時計回りに90度回転させる」，③は「記号を時計回りに180度回転させる」，④は「記号を時計回りに270度回転させる」ことを表している。また⑤～⑦は，右の図1のそれぞれの線を軸として，線対称《せんたいしょう》の位置に記号を移している。まず，④，②の順に行うと，下の図2のように①の図になるので，アには①が入る。次に，下の図3のように⑦から④にするには，図1の⑥の線を軸にして線対称の位置に記号を移せばよいので，イには⑥が入る。さらに，③を行って⑥になるとき，⑥の記号を反時計回りに180度回転させるともとの図になるから，下の図4のようになり，ウには⑤が入る。

図1

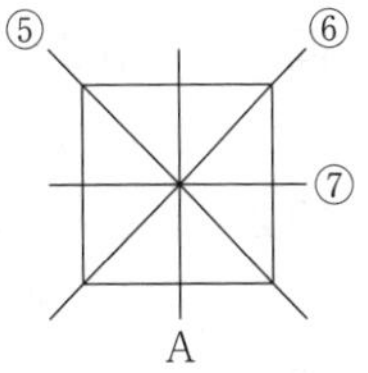

図2

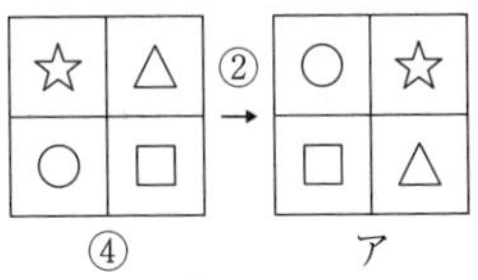

図3

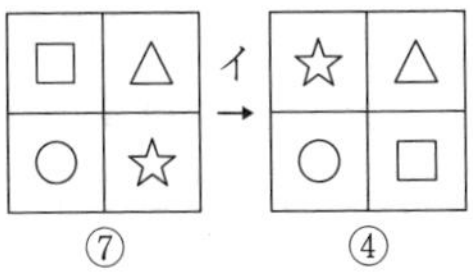

図4

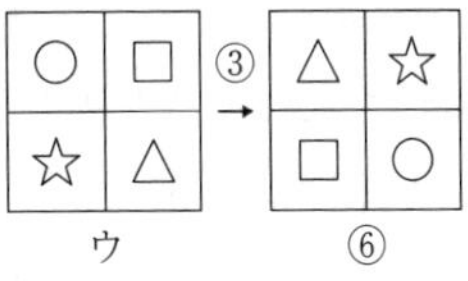

(2)　もとの図の記号を回転させてできる形は，①～④のいずれかである。また，もとの図の記号を線対称の位置に移してできる形は，図1のAを軸とした場合のみがない。よって，①～⑦すべての並べかえ方と計算して，その結果が①～⑧のいずれかになるためには，Aの線を軸として線対称の位置に記号を移せばよいから，解答欄の図のようになる。

(3)　⑤・④＝⑦になるので，⑥・(⑤・④)＝⑥・⑦＝②であり，(⑥・エ)・④＝②とわかる。つまり，(⑥・エ)の図の記号を時計回りに270度回転させると②の図になるので，②の図の記号を反時計回りに270度回転させると，⑥・エ＝③とわかる。さらに，⑥の図を並べかえて③の図にするには，図1の⑤の線を軸として線対称の位置に記号を移せばよいから，エには⑤が入る。

(4)　たとえば，オ・④＝①の場合，①・(②・カ)＝①になるためには，②・カ＝①となればよい。このとき，オ・④＝①になるようなオは，①～⑧のいずれか1つであり，②・カ＝①になるようなカも，①～⑧のいずれか１つである。つまり，(オ・④)・(②・カ)＝①・①＝①のようになるオ，カの組合せは１通りである。同様に考えると，オ・④＝②～⑧のときも，最後に①の図になるオ，カの組合せは１通りずつしかないから，(オ・④)・(②・カ)＝①となるオ，カの組合せは全部で８通りある。

理 科 ＜特待試験＞(40分)＜満点：70点＞

解 答

1 **問１** 20g　**問２** 54g　**問３** 2.7　**問４** 79g　**問５** 2cm　**問６** 40%　**問７** **比重**…イ　**姿勢**…カ　**2** **問１** ウ　**問２** 塩化ナトリウム(食塩)　**問３** 2.40g　**問４** 5.35g　**問５** 24g　**問６** キ　**3** **問１** (1) ア　(2) イ　**問２** 180　**問３** 56%　**問４** ウ　**問５** 99%　**問６** 2.7g/L　**問７** ウ　**4** **問１** ① エ　② ウ　③ イ　**問２** ① イ　② ウ　**問３** A　**問４** ウ

解 説

1 **浮力《ふりょく》についての問題**

問１ 容器２からあふれた水は20cm^3で，水１cm^3あたりの重さは１gより，この水の重さは，１×20＝20(g)だから，おもり１が受ける浮力の大きさは20gである。

問２ おもり１は浮力とばねはかりによって支えられている。よって，おもり１の重さは，20＋34＝54(g)とわかる。

問３ おもり１の体積は容器２からあふれた水に等しく20cm^3で，これと同じ体積の水の重さは20gになる。また，おもり１の重さは54gなので，比重は，54÷20＝2.7である。

問４ おもり２の体積は容器２からあふれた水に等しく10cm^3で，これと同じ体積の水の重さは10gとわかる。よって，(物体の重さ)＝(比重)×(物体と同じ体積の水の重さ)より，おもり２の重さは，8.9×10＝89(g)になる。おもり２は浮力とばねはかりによって支えられていて，浮力は容器２からあふれた水の重さと等しい10gだから，ばねはかりが示す値は，89－10＝79(g)である。

問５ 木片の体積は，５×５×５＝125(cm^3)，これと同じ体積の水の重さは125gだから，木片の重さは，0.60×125＝75(g)である。浮《う》いている木片は浮力だけに支えられているので，木片にはたらく浮力は75gであり，このことから水中に沈《しず》んでいる部分の体積は75cm^3とわかる。したがって，水中に沈んでいる部分の高さは，75÷(５×５)＝３(cm)なので，浮いている部分の高さは，５－３＝２(cm)となる。

問６ 浮いている部分の体積は，125－75＝50(cm^3)なので，浮いている部分の体積は木片全体の体積の，50÷125×100＝40(%)である。

問７ **比重**…問６より，水中に沈んでいる部分の体積は木片全体の体積の，100－40＝60(%)で，このことから，比重0.60の木片を水に浮かべると，その体積の60%が水中に沈むことがわかる。よって，空気を吸いこんだ人間が浮いているとき，水中に沈んでいる部分の体積は全体の，100－２＝98(%)であるから，このときの比重は0.98である。　**姿勢**…体の体積の２%しか水面上に出ないので，オのように頭全体が水面上に出ることはない。また，キでは呼吸することができない。

2 水溶液《すいようえき》の性質と中和についての反応

問1　BTB溶液が緑色を示したDの結果から，水酸化ナトリウム水溶液20cm^3と塩酸40cm^3が完全に中和して中性になることがわかるので，Dよりも加えた塩酸の体積が多いEでは，中和後に塩酸のほうがあまる。よって，ビーカー内の溶液は酸性になるから，BTB溶液は黄色を示す。

問2　A，B，Cでは，中和後に水酸化ナトリウム水溶液のほうがあまっているため，溶液はアルカリ性で，BTB溶液が青色を示した。したがって，加熱後に残るのは，塩酸と水酸化ナトリウム水溶液の中和によってできた塩化ナトリウム(食塩)と，あまった水酸化ナトリウム水溶液にとけている水酸化ナトリウムである。

問3　Dより，水酸化ナトリウム水溶液20cm^3と塩酸40cm^3が中和すると，塩化ナトリウムが7.00gできることがわかる。したがって，Bでは，塩酸20cm^3が中和することで，塩化ナトリウムが，$7.00\times\frac{20}{40}=3.50$(g)できるので，水酸化ナトリウムは，$5.90-3.50=2.40$(g)残る。

問4　A～Dでは，加えた塩酸の体積が10cm^3増えるごとに，加熱後に残った固体の重さが0.55g増えているから，Aにおいて加熱後に残った固体の重さは，$5.90-0.55=5.35$(g)である。

問5　問4と同様に考えると，加えた塩酸の体積が0cm^3のとき，加熱後に残った固体の重さは，$5.35-0.55=4.80$(g)とわかる。つまり，水酸化ナトリウム水溶液20cm^3には4.80gの水酸化ナトリウムがとけていることになる。したがって，操作1では水酸化ナトリウム水溶液を100cm^3つくったので，とかした水酸化ナトリウムの重さは，$4.80\times\frac{100}{20}=24$(g)となる。

問6　加えた塩酸の体積が0cm^3のとき，水酸化ナトリウム水溶液10cm^3にとけている水酸化ナトリウム，$4.80\times\frac{10}{20}=2.40$(g)が固体として残る。また，水酸化ナトリウム水溶液10cm^3と完全に中和する塩酸の体積は，$40\times\frac{10}{20}=20$(cm^3)であり，このとき残る固体は塩化ナトリウム，$7.00\times\frac{10}{20}=3.50$(g)である。以上のことから，キのグラフが選べる。

3 じん臓のはたらきについての問題

問1　(1)　表より，たんぱく質は，血しょう中には含《ふく》まれているが，原尿《にょう》中にはまったく含まれていないので，糸球体でろ過されないといえる。　(2)　ぶどう糖は，原尿中には含まれているが，尿中にはまったく含まれていないので，糸球体でろ過されたあと，すべて再吸収されることがわかる。

問2　1日で排出《はいしゅつ》される尿1.5Lに含まれるイヌリンは，$12\times1.5=18$(g)である。そして，原尿1Lにはイヌリンが0.1g含まれているので，イヌリン18gを含む原尿は，$18\div0.1=180$(L)となる。これより，1日で180Lの原尿がつくられているといえる。

問3　1日で排出される尿1.5Lに含まれる尿素は，$20\times1.5=30$(g)である。また，1日でつくられる原尿180Lに含まれる尿素は，$0.3\times180=54$(g)になる。したがって，原尿中の尿素54gのうち30gが尿として排出されるので，その割合は，$30\div54\times100=55.5\cdots$より，56%となる。

問4　体内でできた有害なアンモニアはかん臓で尿素に変えられ，じん臓でこし取られる。

問5　1日で排出される尿1.5Lに含まれる塩分は，$5.0\times1.5=7.5$(g)である。また，1日でつくられる原尿180Lに含まれる塩分は，$3.4\times180=612$(g)になる。よって，再吸収される塩分は，$612-7.5=604.5$(g)なので，求める割合は，$604.5\div612\times100=98.7\cdots$より，99%である。

問6　表より，血しょう中(原尿中)のぶどう糖の濃度《のうど》が3.0g/L以上では，血しょう中のぶどう糖の濃度が1.0g/L増えるごとに，尿中のぶどう糖の濃度は120g/Lずつ増えていることがわかる。したがって，尿中のぶどう糖の濃度が24g/Lから60g/Lに，60－24＝36(g/L)増えたとき，血しょう中のぶどう糖の濃度は，$1.0\times\frac{36}{120}=0.3$(g/L)増えることから，求める値は，3.0－0.3＝2.7(g/L)となる。

問7　かん臓では，小腸で吸収されたぶどう糖の一部をグリコーゲンとしてたくわえたり，血しょう中のぶどう糖の濃度が低くなったときにはグリコーゲンをぶどう糖にして血しょう中にもどしたりして，血しょう中のぶどう糖の濃度を一定に保つはたらきをしている。

4　1日の気温と地面の温度の変化についての問題

問1　地面にあたる太陽の光の量が最も多くなるのは，太陽が南中し，太陽高度が最も高くなる正午ごろである。また，太陽の光によって地面があたためられ，地面によって空気があたためられるので，晴れた日はふつう，地面の温度が最も高くなるのは午後1時ごろ，気温が最も高くなるのは午後2時ごろになる。

問2　地面の温度が最も高くなる午後1時ごろまでは，受け取る熱のほうが出ていく熱より多いため，地面の温度が上がっていく。そして，午後1時ごろに受け取る熱と出ていく熱がほぼ等しくなると，その後は受け取る熱のほうが出ていく熱より少なくなるため，地面の温度は下がっていく。

問3　図で，地面の同じ面積あたりに受ける光の量を考えると，Aを1としたとき，Bは$\frac{1}{1.2}$，Cは$\frac{1}{1.7}$となる。よって，Aの値が最も大きいから，地面の温度の上がり方が最もはやいのはAといえる。

問4　Aに比べ，Bは$\frac{1}{1.2}$，Cは$\frac{1}{1.7}$の光を受けているので，$\frac{1}{1.2}\div\frac{1}{1.7}=1.41\cdots$より，1.4倍と求められる。

Memo

Memo

2022年度　城北埼玉中学校

〔電　話〕　049(235)3222
〔所在地〕　〒350－0014　埼玉県川越市古市場585－1
〔交　通〕　JR埼京線―南古谷駅，東武東上線―上福岡駅より徒歩25分
南古谷駅，上福岡駅，西武新宿線―本川越駅よりスクールバスあり

【算　数】〈特待試験〉（50分）〈満点：100点〉

〔注　意〕

○分数で答えるときは約分して、もっとも簡単な分数にしなさい。
○比で答えるときは、もっとも簡単な整数を用いなさい。
○円周率の値を用いるときは、3.14として計算しなさい。
○コンパス、定規は使用できますが、分度器や計算機（時計などの）は使用できません。

1　次の各問いに答えなさい。

(1)　□にあてはまる数を求めなさい。

$N\times7=123456789$ であるとき，
$(N+77)\times7-3007=$ □

(2)　J君はある本を読むことにしました。
1日目に全体の $\frac{2}{5}$ を読み，2日目は残りの $\frac{1}{2}$ より8ページ少なく読み，3日目に2日目の残りの $\frac{3}{4}$ より10ページ多く読むと，10ページが残りました。この本は何ページありますか。

(3)　J君とS君の2人がテーブルに向かい合って座っています。テーブルの上に同じさいころを3個積み重ねておいたとき，J君からは図のように見えました。このとき，S君から見えている7つの面にあるさいころの目の合計はいくつになりますか。全て答えなさい。
ただし，さいころは向かい合わせの面の目の和は7であり，図にはさいころの目が記入されていない面があります。

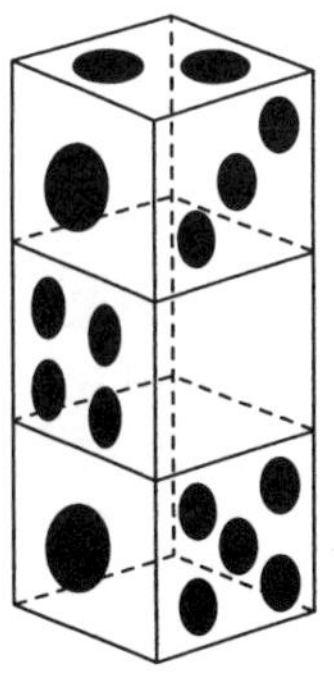

(4)　①　図1において，0から9までのうちで異なる2つの数を上の段にあるA，Bの□に入れます。
そして，隣り合う2つの数の和を考え，その一の位の数を次の段の□に入れます。
例えば，A，Bの□に9，7を入れると，□に6が入ります。
下の段の□に2が入るとき，上の段の□に入る異なる2つの数の組は何通りありますか。

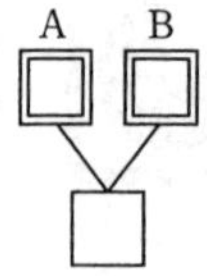

図1

②　図2のように，0から9までのうちで異なる3つの数を上の段にあるA，B，Cの□に入れます。
①と同様な操作を繰り返し，2段め，3段めの□に数を入れます。
3段めの□に2が入るとき，1段めの□に入る3つの数の組は何通りありますか。

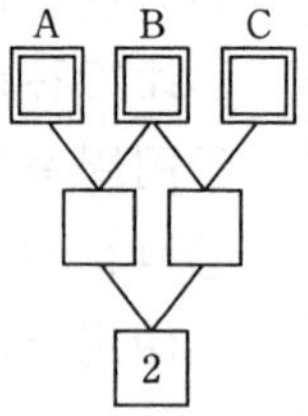

図2

(5)　右の図のように，長方形の中に対角線の長さが2.5 cmの正方形を45°傾けて等間隔《かく》で3つ並べました。色をぬった部分の面積を求めなさい。

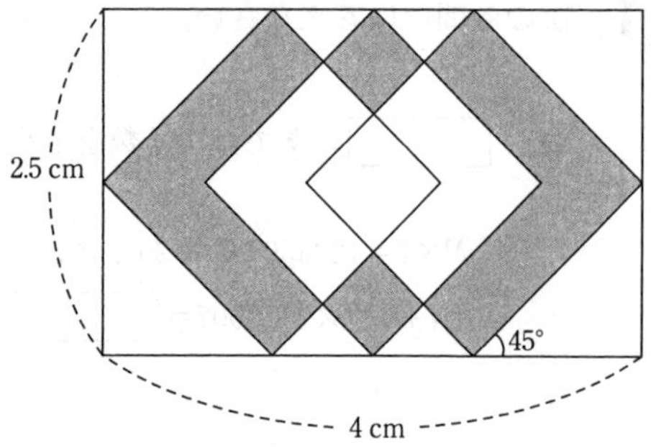

(6)　右の図のような直角三角形を底面とする三角柱があります。この三角柱を辺BEを中心として1回転させるとき，長方形ADFCが通過する部分の体積を求めなさい。

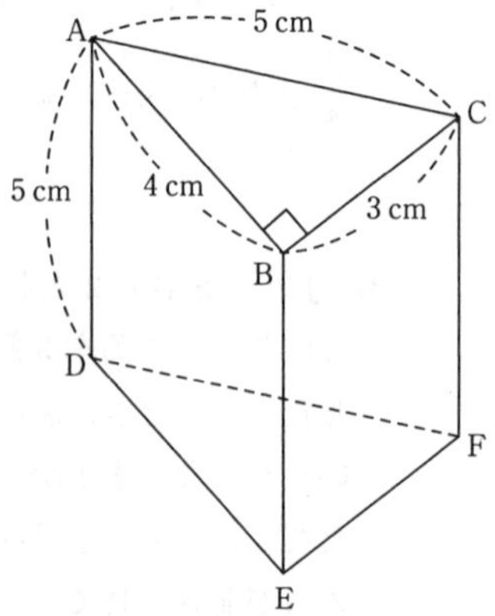

2 2020年に国連WFPという団体がノーベル平和賞を受賞しました。国連WFPは，あるものをいろいろな国々に1年間で約420万トン提供しました。しかし，日本ではそのあるものが1年間で約2550万トンも捨てられてしまっています。そして，そのうちの□%はまだ捨てなくてよいものであり，その捨てなくてよいものは，事業活動によって発生しているものと家庭から発生するものの2つに大きく分けられます。

事業活動によって発生するものはさらに4種類に分けられ，それらの重さをA，B，C，Dとすると，B：D＝11：21，A：C＝4：29で，CはDより10万トン少なく，B＋C＋D＝308万トンとなることがわかっています。また，家庭から発生するものの重さをEとすると，(A＋B＋C＋D)：E＝27：23になります。右の図の円グラフはA，B，C，D，Eの関係を表したものです。

次の問いに答えなさい。

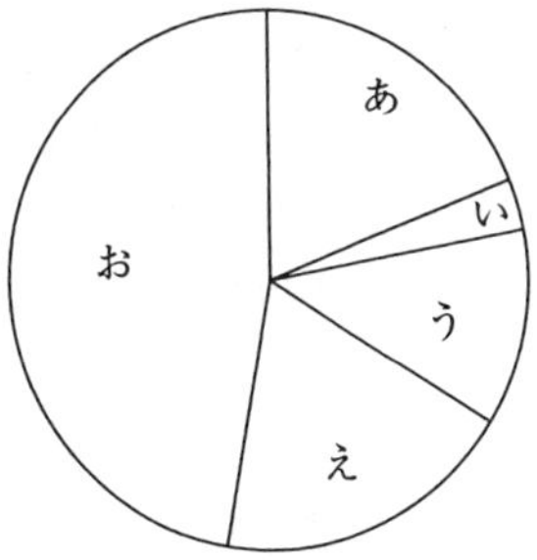

(1)　Bは円グラフの あ～お の中のどれになるか答えなさい。

(2)　□にあてはまる数を，小数第1位を四捨五入して整数で答えなさい。

(3)　日本の人口を1億2700万人とすると，日本で1年間に捨てられているあるもののうち，まだ捨てなくてよいもの全体の重さは，国民1人当たりの1日の重さにすると次のどれに最も近くなるか記号で答えなさい。

ア　砂糖大さじ1杯（約12グラム）　　イ　うめぼし1つ（約24グラム）

ウ　卵1つ（約50グラム）　　エ　ハンバーガー1つ（約100グラム）

オ　お茶碗1杯分のご飯（約130グラム）

3 次の問いに答えなさい。

(1) 図1のような直方体の形をした水そうと，底面が直角三角形である三角柱の形をした水そうがあります。空の状態からこの2つの水そうに毎分 12000 cm^3 の割合で同時に水を入れたところ，10分後に三角柱の水そうが満水になり，その4分後に直方体の水そうが満水になりました。
直方体の水そうと三角柱の水そうの高さの比を求めなさい。

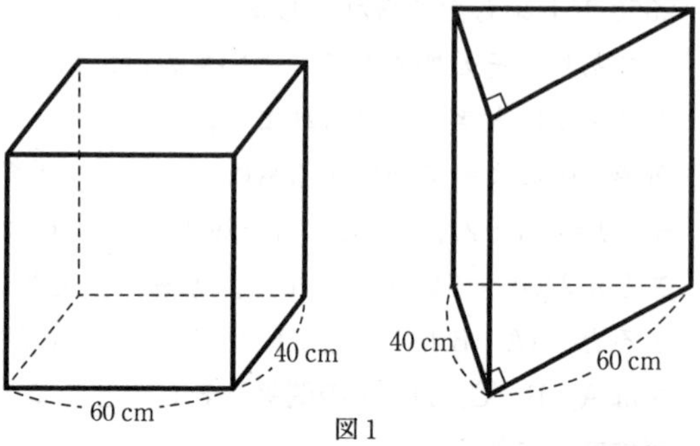

図1

(2) 図2と図3のグラフは水そうが空の状態から満水になるまで一定の割合で水を入れたときの経過時間と水位の関係を表しています。
(ただし，①と②で1分当たりの入れる水の量は異なります)

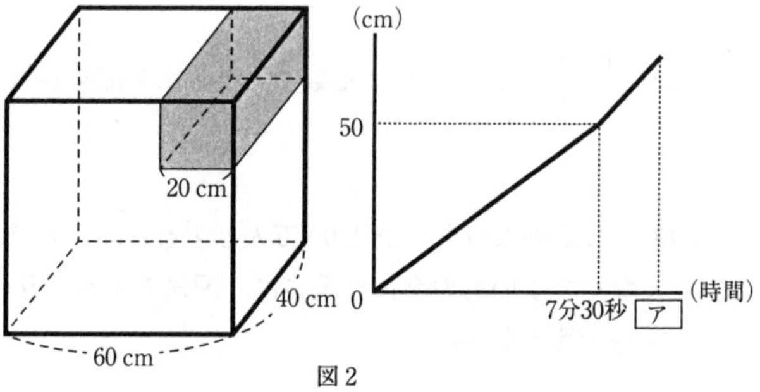

図2

① (1)の直方体の水そうに，図2のように縦 40 cm，横 20 cm の直方体のブロックを設置して，水を入れました。
このとき，グラフの ア に入る時間を答えなさい。

② 図3のようにさらに，2辺の長さが 20 cm と 40 cm である直角三角形を底面とする三角柱のブロックを設置して，水を入れました。
このとき，グラフの イ に入る値を答えなさい。

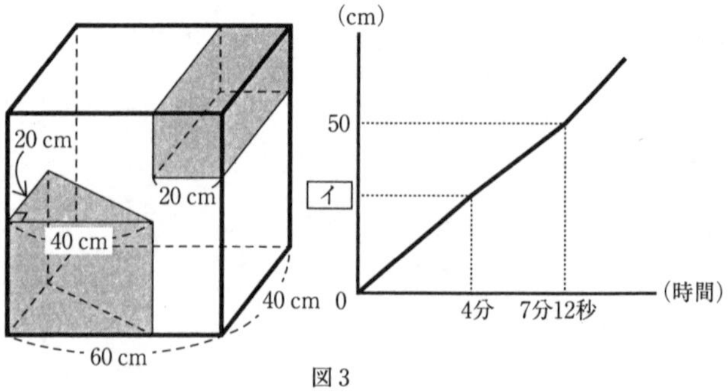

図3

4 右の図において，三角形 ABC は 3 辺の長さが 3 cm，4 cm，5 cm の直角三角形で，四角形 DEBA，BFGC，ACHI，EKLF，GMNH，DIOJ は全て正方形です。
次の問いに答えなさい。

(1) 三角形 DAI について，底辺を AI としたときの高さを求めなさい。

(2) ON の長さを求めなさい。

(3) 色をぬった部分の面積を求めなさい。

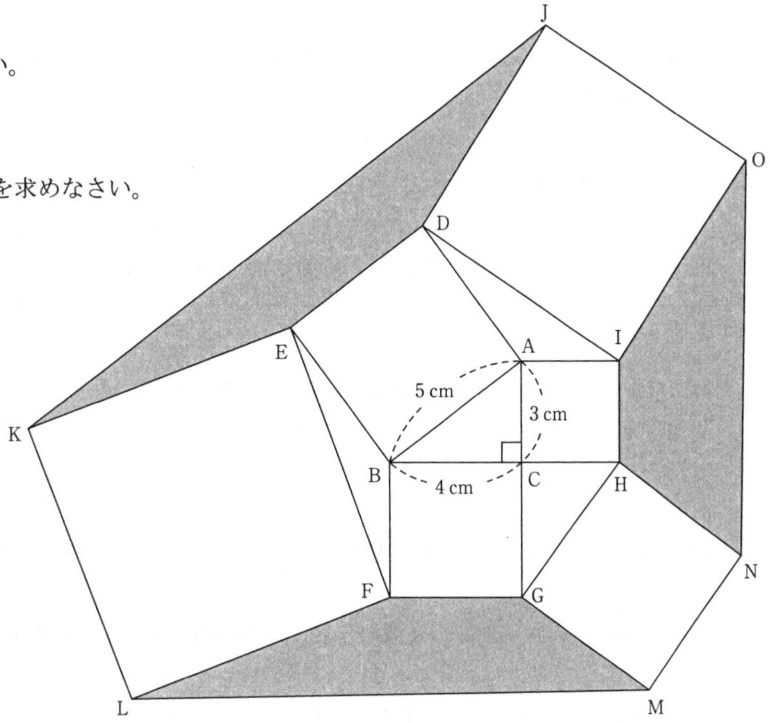

5 「全ての位の数の和が 3 の倍数であれば，その整数は 3 の倍数である」ということは有名ですが，ある整数が 7 の倍数かどうかを判定する方法はあまり知られていないようです。7 の倍数を判定する方法はいくつかありますが，次の方法は桁《けた》数が大きいときに有効な場合があります。

【7 の倍数判定法】

一の位から順に 3 桁ずつ区切って，交互に 2 つのグループを作りそれぞれのグループの数の和を求める。

2 つの和の大きい方から小さい方を引いた数が 7 の倍数または 0 であれば，もとの整数は 7 の倍数である。

例：14203000142345

14|203|000|142|345 より（14 ＋ 000 ＋ 345）－（203 ＋ 142）＝ 359 － 345 ＝ 14

14 は 7 の倍数なので，もとの数 14203000142345 は 7 の倍数

(1) この方法を用いて，1123581321 が 7 の倍数かどうか判定しなさい。また，判定した過程も解答用紙に書きなさい。

(2) 11111 のように全ての位の数が 1 である数を「R 数」と呼ぶこととします。

① 1 桁から 20 桁までの R 数のうち，21 の倍数であるものの桁数を全て求めなさい。

② 1 桁から 100 桁までの R 数のうち，7 で 2 回以上割れるものの桁数を全て求めなさい。

【理　科】〈特待試験〉(40分)〈満点：70点〉

〔注　意〕グラフや図を描く場合は、定規を使用してもかまいません。

1　図1のように，ばねAとばねBにいろいろな重さのおもりをつり下げ，そのときのばねの長さを調べました。図2はその結果をグラフに表したものです。下の各問いに答えなさい。ただし，ばねの重さは考えないものとします。

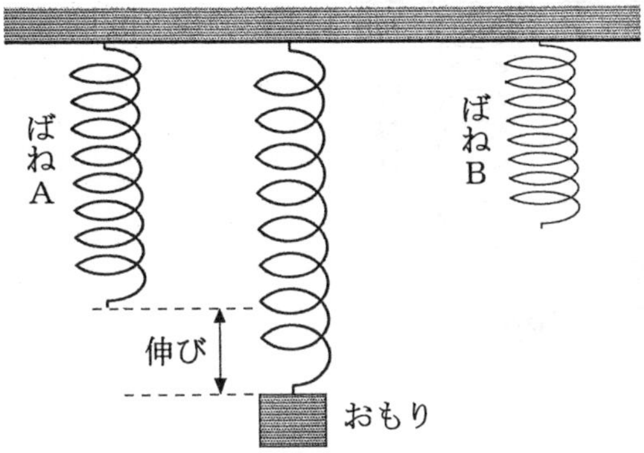

図1

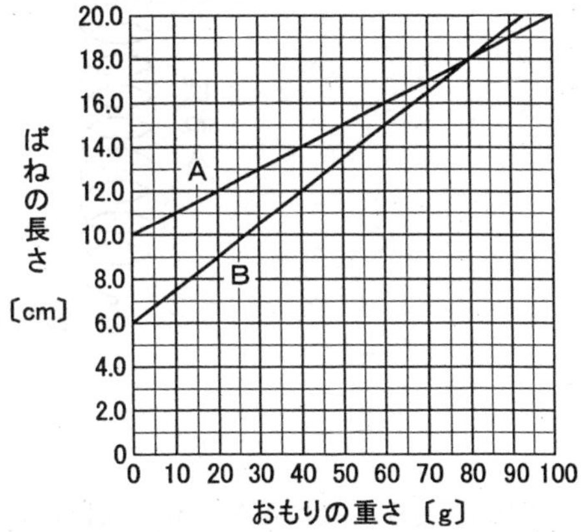

図2

問1　同じ重さのおもりをつり下げたとき，ばねAとばねBの伸《の》びの比をもっとも簡単な整数の比で表しなさい。

問2　ばねAに150gのおもりをつり下げると，ばねの長さは何cmになりますか。

問3　ばねBの長さを24cmにするには，何gのおもりが必要ですか。

問4　図3のように，ばねA，ばねB，60gのおもり，重さが不明なおもりXをつるしたところ，ばねAとばねBの伸びが等しくなりました。このとき，おもりXの重さは何gですか。

問5　図4のように，ばねBに60gのおもりとおもりXの両方をつるすと，ばねBの長さは何cmですか。

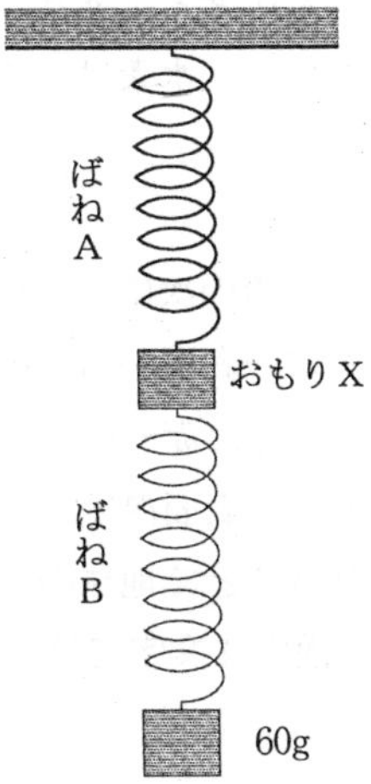

図3

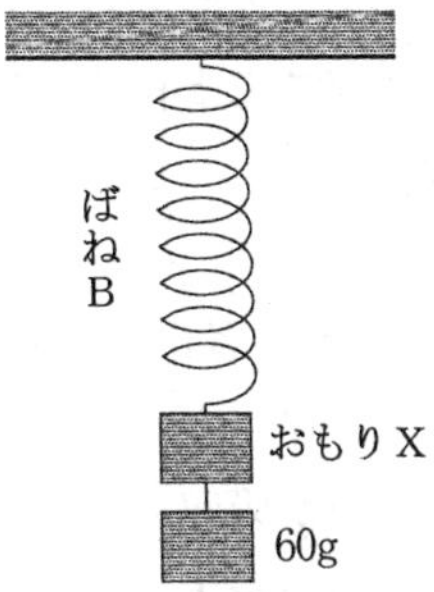

図4

問６　図５のようにばねＡとばねＢを天井からつるし，ある重さの棒をぶら下げたところ，ばねＡとばねＢの長さが等しくなり棒は水平になりました。棒の太さはどこも同じものとすると，棒の重さは何ｇですか。

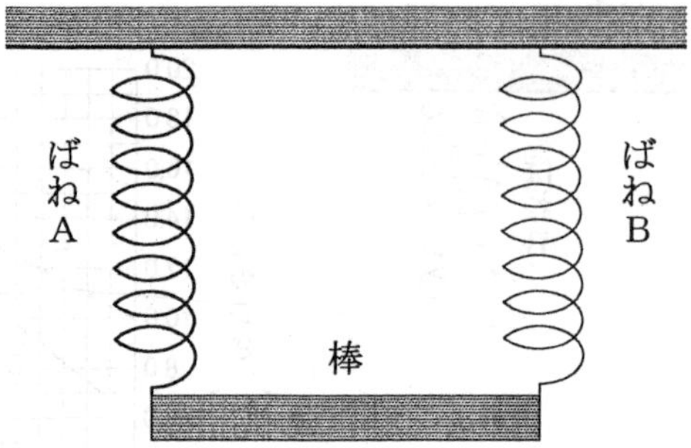

図５

問７　図６のようにばねＡを２本とばねＢを１本つなぎ，両端《たん》を引っ張って40cmに伸ばしたとき，ばねＢの長さは何cmですか。

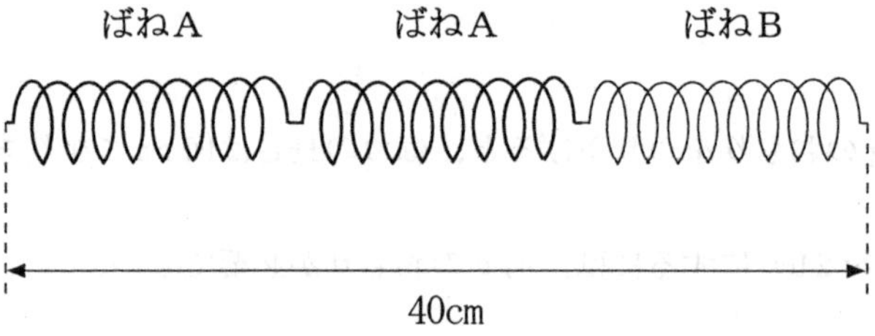

図６

2　家庭用のガスにはメタンガスまたはプロパンガスが使われており，メタンは空気より軽い性質が，プロパンは空気より重い性質があります。また，どちらも炭素と水素だけが結びついてできており，完全に燃やすことによって，炭素は二酸化炭素に変化し，水素は水に変化します。次の各問いに答えなさい。

問１　メタンは地《ち》球《きゅう》温暖《おんだん》化《か》の原因となる気体として，二酸化炭素の次に多く排出《はいしゅつ》されています。太陽からの光エネルギーによって温められた赤外線が地球の表面から放射《ほうしゃ》され，それを二酸化炭素やメタンが吸収して，再び放出します。この戻ってきた赤外線が地球の表面付近の大気を加熱し，気温を上昇させます。この現象によって地球の表面温度は氷点下にならずに済んでいますが，これらの気体が増えてこの現象が強くなることで地球の気温が高くなり，地球温暖化につながります。この現象を何といいますか。漢字４文字で答えなさい。

問２　メタンや二酸化炭素が増加する原因として関係するものを次のア～オよりすべて選び，記号で答えなさい。

ア　電力消費量の増加
イ　異常気象の増加
ウ　オゾン層の破壊
エ　森林の減少
オ　氷河の減少

メタンやプロパンを使って次のような実験を行いました。

［実験１］　プロパン2.2gを完全に燃やしたところ，酸素8.0gと反応し，二酸化炭素が6.6g，水が3.6g発生した。

［実験２］　メタン2.4gを完全に燃やしたところ，酸素9.6gと反応し，二酸化炭素が6.6gと水が発生した。

［実験３］　炭素1.8gを完全に燃やしたところ，酸素4.8gと反応し，二酸化炭素だけが6.6g発生した。

［実験４］　水素0.4gを完全に燃やしたところ，酸素3.2gと反応し，水だけが3.6g発生した。

問３　プロパンに含《ふく》まれる炭素と水素の重さの比を最も簡単な整数比で答えなさい。

問４　同じ重さのメタンとプロパンを比べたとき，含まれる炭素の重さが大きい方はメタンとプロパンのどちらですか。

問５　［実験２］で発生した水の重さは何gですか。

問６　プロパン6.6gを含むメタンとプロパンを混ぜた気体を，完全に燃やしたところ，酸素48gと反応しました。このとき発生した二酸化炭素は何gですか。

3 単位体積あたりの表面積（「表面積÷体積」で示される値）の特徴《とくちょう》を理解すると，人の体の細《さい》胞《ぼう》が小さい理由や，生物がどのようにして環境《かんきょう》に適応しているのかなどを説明できます。次の各問いに答えなさい。

問１　一辺が① 10cm の立方体，② 20cm の立方体，③ 30cm の立方体，④ 60cm の立方体について，「単位体積あたりの表面積 ＝ 表面積［cm^2］÷ 体積［cm^3］」をそれぞれ求め，解答用紙にあるグラフ（「立方体の一辺の長さと単位体積あたりの表面積の関係」をあらわすグラフ）を完成させなさい。なお，グラフは，①～④で求めた値を点 ● でかき，この点をなめらかな曲線で結んでかきなさい。

問２　問１のグラフ「立方体の一辺の長さと単位体積あたりの表面積の関係」からどのようなことがいえますか。次のア～オの中から最も適した文を１つ選び，記号で答えなさい。

ア　単位体積あたりの表面積は，立方体の一辺の長さに比例する。よって，体積が大きくなるほど単位体積あたりの表面積は大きくなる。
イ　単位体積あたりの表面積は，立方体の一辺の長さに比例する。よって，体積が大きくなるほど単位体積あたりの表面積は小さくなる。
ウ　単位体積あたりの表面積は，立方体の一辺の長さに反比例する。よって，体積が大きくなるほど単位体積あたりの表面積は大きくなる。
エ　単位体積あたりの表面積は，立方体の一辺の長さに反比例する。よって，体積が大きくなるほど単位体積あたりの表面積は小さくなる。
オ　単位体積あたりの表面積は，立方体の一辺の長さが変わっても変わらない。よって，体積が大きくなっても単位体積あたりの表面積は変わらない。

問３　多細胞《たさいぼう》生物のからだは，小さな細胞が集まってできています。ゾウのからだは人より大きいですが，細胞の大きさはほとんど変わりません。細胞と細胞の間には組織液《そしきえき》が流れています。組織液とは，毛細血管《もうさいけっかん》からしみ出た血《けっ》しょうのことであり，細胞と細胞の間を流れた後は，そのほとんどが再び毛細血管にもどります。下の文は，細胞が小さい理由の一つを説明したものです。（　①　）～（　③　）にあてはまる語句を答えなさい。

細胞の体積が小さいと，単位体積あたりの表面積が（　①　）くなるため，組織液にふくまれている（　②　）を細胞の中に取り入れ，細胞の外に（　③　）を出すはたらきが効率よくおこなわれる。

問４　クマのなかまは，いろいろな場所に生息《せいそく》していますが，からだの大きさは生息している場所の気候に対応しています。問２の考え方をもとに，次のア～エのクマのなかまをからだの大きい順に並べ，記号で答えなさい。なお，（　　）内は，それぞれのクマが生息している場所をあらわしています。

ア　ツキノワグマ（日本では本州から南）　　イ　ヒグマ（日本では北海道）
ウ　ホッキョクグマ（北極圏《ほっきょくけん》）　　エ　マレーグマ（東南アジア）

問５　同じ体積でも，形が変わると単位体積あたりの表面積も変化します。右の図１と図２の立体は，どちらも一辺が 10cm の立方体を８つ積《つ》み重《かさ》ねたものです。この２つの立体の単位体積あたりの表面積を，簡単な整数比で比べると次のようになります。

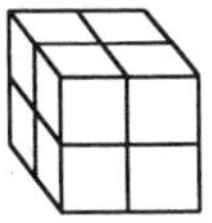

図１

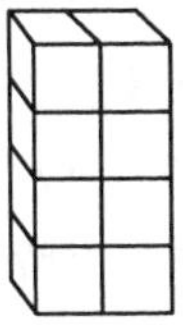

図２

図１の立体：図２の立体＝（　④　）：（　⑤　）

よって，単位体積あたりの表面積は，図（　⑥　）の立体のほうが大きいことがわかります。
（　④　）～（　⑥　）にあてはまる数字を答えなさい。

問６　キツネのなかまは，いろいろな場所に生息していますが，耳や尾《お》のようにつき出した部分の大きさは，生息している場所の気候に対応しています。問５の結果から得た考え方をもとに，次のア～ウのキツネのなかまを耳の大きい順に並べ，記号で答えなさい。なお，（　　）内は，それぞれのキツネが生息している場所をあらわしています。

ア　アカギツネ（中部ヨーロッパ）　　　イ　フェネックギツネ（サハラ砂漠《さばく》）
ウ　ホッキョクギツネ（北極圏）

問７　南極大陸にすむコウテイペンギンはハドルと呼ばれる“おしくらまんじゅう”をつくって寒さに耐《た》えます。ハドルを組むことにより，体の表面から失われる熱量《ねつりょう》をどれだけ少なくできるかを調べてみました。

下の図の立方体（一辺の長さ 10cm）を１羽《わ》のコウテイペンギンとします。図３は 16 羽がばらばらにはなれている状態をあらわし，図４は 16 羽がハドルを組んで密着《みっちゃく》している状態をあらわしています。また，体の熱は，空気や氷と接《せっ》している表面から放出され，密着している部分からの熱の放出はないものとします。

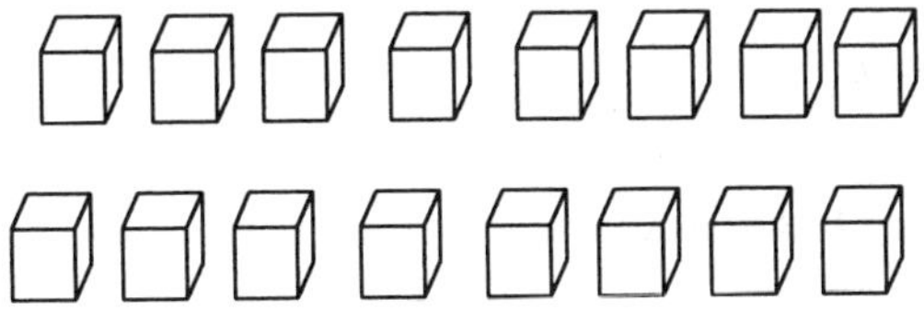

図３

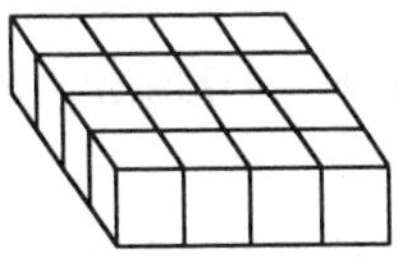

図４

次の（　⑦　）：（　⑧　）にあてはまる数字を答えなさい。ただし，簡単な整数の比になるような数字を書くこと。

(16 羽のからだの表面から失われる熱量)：(ハドルを組んだ 16 羽のからだの表面から失われる熱量)
＝(図３の 16 個の立方体の表面積の和)：(16 個の立方体を図４のように組み立てたときの表面積)
＝（　⑦　）：（　⑧　）

計算の結果，ハドルを組んだほうがからだの表面から失われる熱量が少ないことがわかりました。また，くわしく調べたところ，ハドルの外側のペンギンが寒さで死んでしまわないように，順番に位置を変えていることもわかりました。よって，１羽あたりのコウテイペンギンを比べても，ハドルを組んでいたほうが失われる熱量が少ないことがわかりました。

4 地震《しん》が起こると各観測地点では，初めに小さなゆれが観測され，後から大きなゆれが観測されます。下の表は，ある日の 13 時 45 分 32 秒に地表付近で起こった地震について，震源から 200km のＡ地点，および震源からの距離《きょり》が不明なＢ～Ｄ地点における，小さなゆれと大きなゆれが始まった時刻をまとめたものです。大きなゆれが始まった時刻はＡ地点のみ記入してあります。ただし，２つのゆれが伝わる速さは，それぞれ一定であるものとします。これについて，下の各問いに答えなさい。

観測地点	小さなゆれが始まった時刻	大きなゆれが始まった時刻
A	13 時 45 分 57 秒	13 時 46 分 22 秒
B	13 時 45 分 52 秒	
C	13 時 45 分 47 秒	
D	13 時 46 分 02 秒	

問１　後から観測される大きなゆれを何といいますか。

問２　地震そのものの規模の大小を表す値を何といいますか。

問３　右の図は，表をもとに地震の震央を×印で表し，Ａ～Ｄ地点をア～エで表したものです。このとき，Ｂ地点はどこですか。図中のア～エから１つ選び，記号で答えなさい。

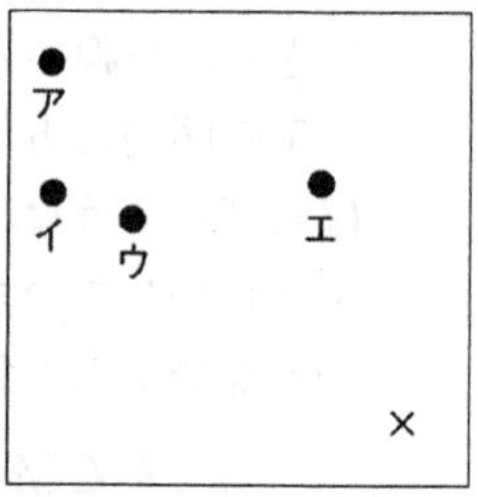

問４　Ａ地点では小さなゆれは何秒間続きますか。

問５　Ｂ地点の震源からの距離は何 km ですか。

問６　Ｃ地点で，大きなゆれが始まった時刻を求めなさい。

問７　Ｄ地点では小さなゆれは何秒間続きますか。

2022年度

城北埼玉中学校

▶解説と解答

算　数　＜特待試験＞（50分）＜満点：100点＞

解　答

[1] (1)　123454321　(2)　240ページ　(3)　24, 25, 28, 29　(4)　①　8通り　②　64通り　(5)　$3\frac{3}{4}$cm^2　(6)　160.768cm^3　[2] (1)　う　(2)　24　(3)　オ　[3] (1)　7：10　(2)　①　9分30秒　②　30　[4] (1)　4 cm　(2)　12cm　(3)　90cm^2　[5] (1)　7の倍数ではない／過程…(例)　解説を参照のこと。　(2)　①　6, 12, 18　②　42, 84

解　説

[1] 計算のくふう，相当算，立体図形の構成，場合の数，面積，体積

(1)　$(N+77)\times 7-3007=N\times 7+77\times 7-3007$となる。これに，$N\times 7=123456789$をあてはめると，$123456789+77\times 7-3007=123456789+539-3007=123454321$と求められる。

(2)　2日目に読んだ残りの，$1-\frac{3}{4}=\frac{1}{4}$が，$10+10=20$(ページ)にあたるので，2日目に読んだ残りは，$20\div\frac{1}{4}=80$(ページ)とわかる。同様に，1日目に読んだ残りの，$1-\frac{1}{2}=\frac{1}{2}$が，$80-8=72$(ページ)にあたるから，1日目に読んだ残りは，$72\div\frac{1}{2}=144$(ページ)となる。したがって，この本の，$1-\frac{2}{5}=\frac{3}{5}$が144ページだから，この本のページ数は，$144\div\frac{3}{5}=240$(ページ)と求められる。

(3)　さいころで1の目の向かい合わせの目は6，2の目の向かい合わせの目は5，3の目の向かい合わせの目は4だから，S君から見えている面のうち，目がわからない面を除いた合計は，$2+6+4+3+6+2=23$になる。また，目がわからない面は，3と4を除いた1，2，5，6のいずれの目も考えられる。よって，7つの面の目の合計は，$23+1=24$，$23+2=25$，$23+5=28$，$23+6=29$の4通りとなる。

(4)　①　AとBの数の和の一の位が2になる。和が2になる組は$(A, B)=(0, 2)$，$(2, 0)$の2通り，和が12になる組は(3，9)，(4，8)，(5，7)，(7，5)，(8，4)，(9，3)の6通りだから，全部で，$2+6=8$(通り)ある。　②　2段めの□がどちらも1の場合，AとCは同じ数になるから，2段めの2つの□に入る数の組は，①で求めた8通りのいずれかとなる。2段めが左から順に(0，2)，(3，9)，(4，8)，(5，7)の場合について，A，B，Cにあてはまる数の組を調べると，下の図①のようになる。これらのうち色をぬった部分は，A，B，Cが異なる数にならないので，A，B，Cの数の組は，(0，2)の場合が6通り，(3，9)の場合が10通り，(4，8)の場合が6通り，(5，7)の場合が10通りとわかる。同様に，(2，0)，(9，3)，(8，4)，(7，5)の場合はそれぞれ6通り，10通り，6通り，10通りとなるから，A，B，Cの数の組は全部で，$(6+10+6+10)\times 2=64$(通り)ある。

図①

（０，２）

A	1	2	3	4	5	6	7	8	9
B	9	8	7	6	5	4	3	2	1
C	3	4	5	6	7	8	9	0	1

（３，９）

A	0	1	2	3	4	5	6	7	8	9
B	3	2	1	0	9	8	7	6	5	4
C	6	7	8	9	0	1	2	3	4	5

（４，８）

A	0	1	2	3	4	5	6	7	8	9
B	4	3	2	1	0	9	8	7	6	5
C	4	5	6	7	8	9	0	1	2	3

（５，７）

A	0	1	2	3	4	5	6	7	8	9
B	5	4	3	2	1	0	9	8	7	6
C	2	3	4	5	6	7	8	9	0	1

⑸　右の図②で，正方形３つを等間隔《かんかく》で並べたから，GH，HI，JK，KLの長さは等しい。また，ILの長さは2.5cmなので，GIの長さは，４－2.5＝1.5(cm)である。よって，GH，HI，JK，KLの長さはいずれも，1.5÷２＝$\frac{3}{4}$(cm)で，IJの長さは，４－$\frac{3}{4}$×４＝１(cm)とわかる。ここで，色をぬった４つの部分のうち，アの部分の面積は，正方形AGDJの面積から正方形MHOJの面積を引いたものである。HJの長さは，$\frac{3}{4}$＋１＝$\frac{7}{4}$(cm)だから，アの部分の面積は，2.5×2.5÷２－$\frac{7}{4}$×$\frac{7}{4}$÷２＝$\frac{25}{8}$－$\frac{49}{32}$＝$\frac{51}{32}$(cm^2)となり，イの部分の面積も$\frac{51}{32}$cm^{2}とわかる。また，HI，MN，OPの長さは等しく，図の対称《たいしょう》性からウとエは正方形である。したがって，ウとエの面積の和は，$\frac{3}{4}$×$\frac{3}{4}$÷２×２＝$\frac{9}{16}$(cm^2)なので，色をぬった部分の面積は，$\frac{51}{32}$×２＋$\frac{9}{16}$＝$3\frac{3}{4}$(cm^2)と求められる。

図②

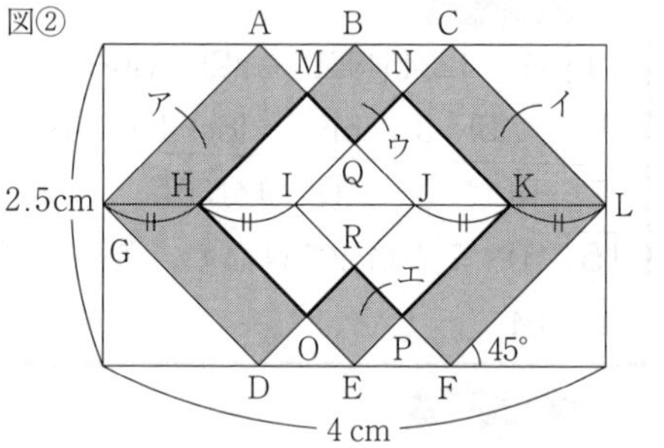

⑹　辺BEを中心として三角柱を１回転させたとき，上から見ると右の図③のようになる。このとき，点Bから辺ACと垂直に交わる直線BHを引くと，辺ACは色をぬった部分を通過する。また，三角形ABCの面積は，３×４÷２＝６(cm^2)だから，BHの長さは，６×２÷５＝2.4(cm)である。したがって，色をぬった部分の面積は，４×４×3.14－2.4×2.4×3.14＝16×3.14－5.76×3.14＝10.24×3.14(cm^2)であり，求める立体は高さ５cmの柱体だから，体積は，10.24×3.14×５＝51.2×3.14＝160.768(cm^3)とわかる。

図③

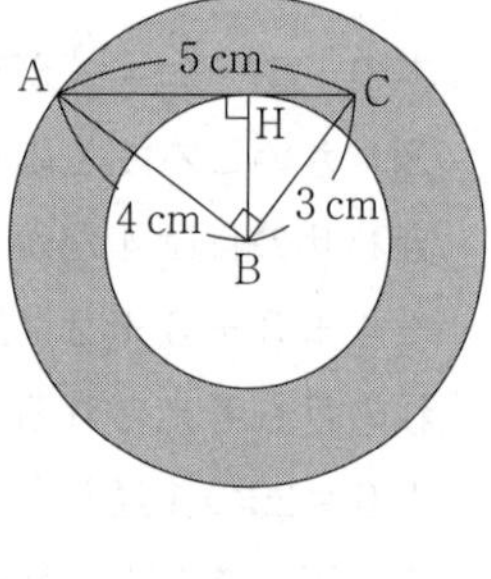

2　比の性質，割合

⑴　*B*：*D*＝11：21で，*C*は*D*より10万トン少なく，*B*＋*C*＋*D*＝308万(トン)なので，右の図のように表せる。図より，308万＋10万＝318万(トン)が，比の，11＋21＋21＝53にあたるから，比の１にあたる重さは，318万÷53＝６万(トン)となり，*B*の重さは，６万×11＝66万(トン)，*D*の重さは，６万×21＝126万(トン)，*C*の重さは，126万－10万＝116万(トン)とわかる。さらに，*A*：*C*＝４：29だから，*A*の重さは，116万×$\frac{4}{29}$＝16万(トン)となり，(*A*＋*B*＋*C*＋*D*)：*E*＝27：23より，*E*の重さは，(16万＋308万)×$\frac{23}{27}$＝324万×$\frac{23}{27}$＝276万(トン)と求めら

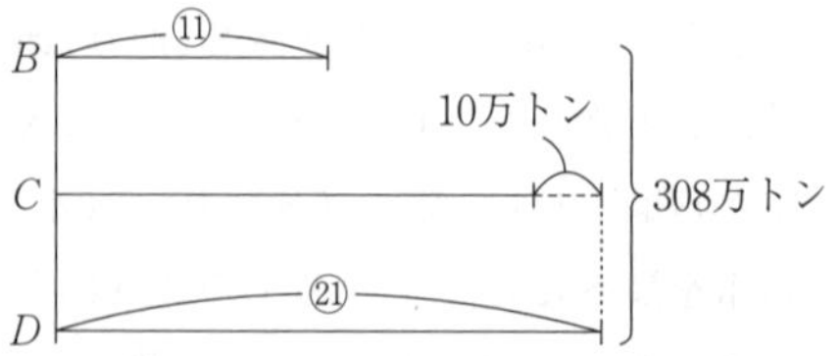

れる。よって，BはA～Eの中で２番目に少ないから，円グラフでは「う」になる。

(2)　(1)より，捨てなくてよいものの重さは，324万＋276万＝600万(トン)だから，□にあてはまる数は，600万÷2550万×100＝23.5…(%)となり，小数第１位を四捨五入すると，24になる。

(3)　１トン＝1000キログラム，１キログラム＝1000グラムより，600万トンをグラムになおすと，600万×1000×1000＝60000億(グラム)となる。そこで，捨てなくてもよい「あるもの」を，1.27億人の国民が１年間で60000億グラム捨てていることになるから，１年を365日とすると，国民１人当たりの１日の重さは，60000億÷1.27億÷365＝60000÷1.27÷365＝129.4…(グラム)と求められる。これに最も近いのは，オの約130グラムである。

3　グラフ—水の深さと体積

(1)　三角柱の水そうは，容積が，12000×10＝120000(cm^3)で，底面積が，40×60÷２＝1200(cm^2)だから，高さは，120000÷1200＝100(cm)となる。また，直方体の水そうは，容積が，12000×(10＋４)＝168000(cm^3)で，底面積が，40×60＝2400(cm^2)だから，高さは，168000÷2400＝70(cm)となる。よって，直方体の水そうと三角柱の水そうの高さの比は，70：100＝７：10である。

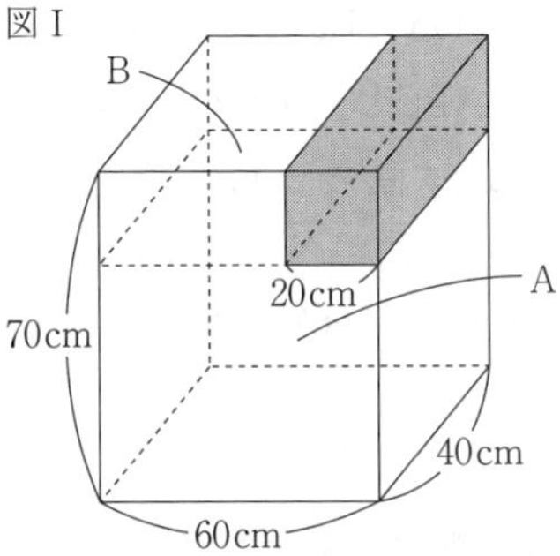

図Ⅰ

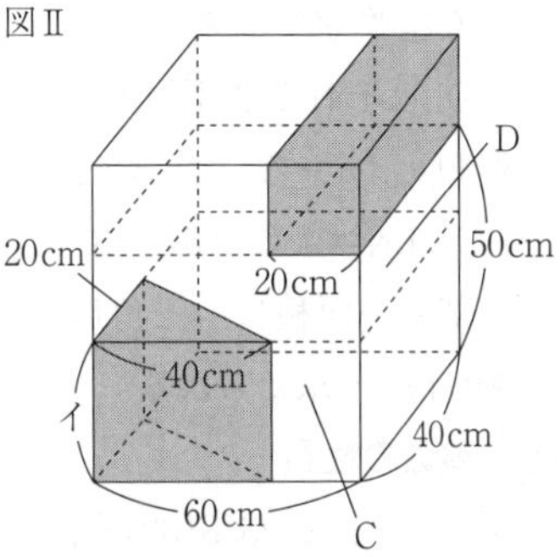

図Ⅱ

(2)　①　問題文中の図２のグラフのアは，右の図Ⅰの水そうが満水になる時間を表している。グラフより，図ⅠのAの部分の高さは50cmだから，Aの部分の容積は，40×60×50＝120000(cm^3)である。よって，水は，７分30秒＝$7\frac{30}{60}$分＝$7\frac{1}{2}$分で120000cm^{3}入るから，１分間に，120000÷$7\frac{1}{2}$＝16000(cm^3)入る。また，Bの部分の容積は，40×(60−20)×(70−50)＝32000(cm^3)だから，Bの部分に水が入るのに，32000÷16000＝２(分)かかる。よって，アに入る時間は，７分30秒＋２分＝９分30秒とわかる。　②　問題文中の図３のグラフのイは，右上の図Ⅱの三角柱のブロックの高さを表している。グラフより，Cの部分に水が入るのに４分，Dの部分に水が入るのに，７分12秒−４分＝３分12秒＝$3\frac{12}{60}$分＝$3\frac{1}{5}$分かかるので，CとDの部分の容積の比は，４：$3\frac{1}{5}$＝５：４である。また，Cの部分の底面積は，40×60−20×40÷２＝2400−400＝2000(cm^2)で，Dの部分の底面積は2400cm^{2}だから，CとDの部分の底面積の比は，2000：2400＝５：６となる。よって，CとDの部分の高さの比は，(５÷５)：(４÷６)＝１：$\frac{2}{3}$＝３：２とわかり，Cの部分の高さ，つまり，イの長さは，50×$\frac{3}{3+2}$＝30(cm)と求められる。

図１

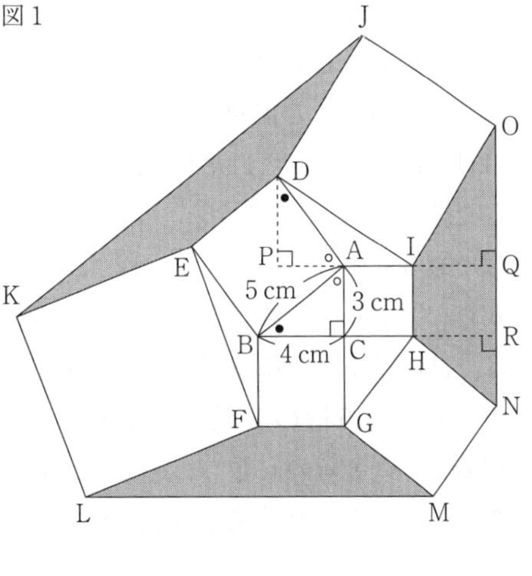

4　平面図形—長さ，面積，相似

(1)　右の図１のように，辺IAをのばした直線に，点Dから垂直な直線DPを引くと，求める高さはDPの長さになる。ここで，三角形ADPと三角形ABCに注目すると，角DABと角PACがどちらも直角なので，角DAPと角BACは同じ大きさとわかる。また，角APDと角ACBは直角で等しいから，角ADPと角ABCの大きさも等しくなる。さらに，辺ADと辺ABの長さも等しいから，三角形ADPと三角形ABCは合同とわかる。よって，DP＝BC＝4cmとなる。

⑵　図1のように，辺AIをのばした直線を引き，ONと直角に交わる点Qをとる。このとき，三角形OQIと三角形IPDは，OIとIDの長さが等しく，3組の角の大きさが等しいので合同になり，OQ＝IP＝3＋3＝6(cm)，IQ＝DP＝4cmとわかる。同様に，辺CHをのばした直線を引き，ONと直角に交わる点Rをとると，三角形NRHと三角形HCGは合同になるので，NR＝HC＝3cm，RH＝CG＝4cmとなる。すると，QR＝IH＝3cmとなるから，ONの長さは，6＋3＋3＝12(cm)と求められる。

⑶　四角形OIHNを，IHとACが重なるように移動し，四角形FLMGを，FGとBCが重なるように移動し，四角形KEDJを，DEとABが重なるように移動すると，OIとJD，HNとGM，LFとKEがそれぞれ重なって，右の図2のような図形ができる。このとき，ACとON，BCとLN，ABとOLはそれぞれ平行だから，三角形ABCと三角形OLNは相似とわかる。よって，三角形OLNは直角三角形で，BC：LN＝AC：ON＝3：12＝1：4より，LN＝$4\times\frac{4}{1}$＝16(cm)となる。したがって，色をぬった部分の面積は，三角形OLNの面積から三角形ABCの面積を引いて，16×12÷2－4×3÷2＝90(cm^2)と求められる。

図2

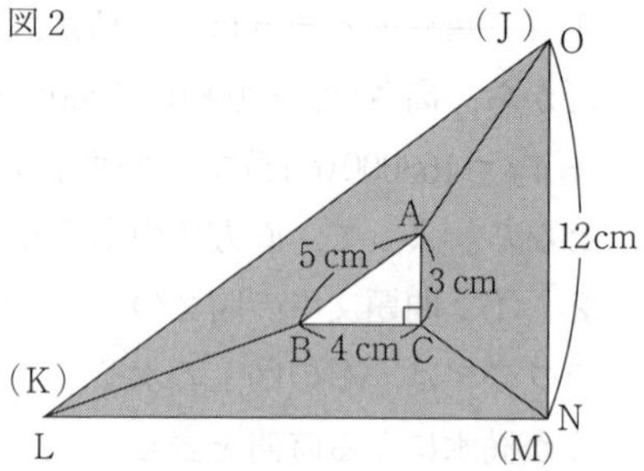

5　整数の性質

⑴　まず，1123581321を，一の位から順に3桁《けた》ずつ区切ると，1｜123｜581｜321となる。次に，交《こう》互《ご》に2つのグループを作り，それぞれのグループの和を求めると，1＋581＝582，123＋321＝444となる。さらに，大きい方から小さい方を引くと，582－444＝138となる。これは，138÷7＝19余り5より，7の倍数ではないから，1123581321は7の倍数ではない。

⑵　①　21＝3×7だから，3と7の公倍数であれば21の倍数になる。まず，3の倍数は全ての位の数の和が3の倍数になるから，1桁から20桁までのR数のうち，3の倍数であるのは，3桁，6桁，9桁，12桁，15桁，18桁のR数である。これらのうち3桁のR数は，111÷7＝15余り6より，7の倍数ではない。6桁のR数は，一の位から順に3桁ずつ区切ると，111｜111となり，111－111＝0だから，6桁のR数は7の倍数である。同様に，12桁，18桁のR数も，引き算をした結果が0になるから，7の倍数となる。また，9桁のR数は，3桁ずつ区切ると，111｜111｜111となり，(111＋111)－111＝111だから，9桁のR数は7の倍数ではない。同様に，15桁のR数も，引き算をした結果が111になるから，7の倍数ではない。以上より，1桁から20桁までのR数のうち21の倍数であるものの桁数は，6，12，18とわかる。　②　1桁から5桁までのR数は7の倍数でないから，①より，桁数が6の倍数であるR数が，7の倍数になる。次に，6桁のR数を7で割った商は，111111÷7＝15873となる。15873は，873－15＝858，858÷7＝122余り4より，7の倍数ではないから，6桁のR数は7で2回以上割り切れない。また，12桁のR数は，(6桁のR数)×1000000＋(6桁のR数)だから，これを7で割った商は，15873×1000000＋15873＝15873015873となる。これは，15｜873｜015｜873より，873×$\underline{2}$－15×$\underline{2}$＝(873－15)×$\underline{2}$＝858×$\underline{2}$となり，858

が7の倍数でないことから，858×2は7の倍数でないので，12桁のR数も7で2回以上割り切れない。同様に考えると，下線部分が7の倍数になるときに7で2回以上割り切れることがわかり，6×7＝42(桁)のときに，初めて条件にあてはまる。この後も6と7の公倍数(42の倍数)の桁のときに，7で2回以上割り切れることがわかるので，1桁から100桁までのR数のうち，7で2回以上割れるものの桁数は，42，84である。

理科 ＜特待試験＞（40分）＜満点：70点＞

解答

1 問1　2：3　問2　25cm　問3　120g　問4　30g　問5　19.5cm　問6　160g　問7　12cm
2 問1　温室効果　問2　ア，エ　問3　9：2　問4　プロパン　問5　5.4g　問6　36.3g
3 問1　右の図　問2　エ　問3　①大き　②酸素(養分)　③二酸化炭素(不要物)　問4　ウ，イ，ア，エ　問5　④6　⑤7　⑥2　問6　イ，ア，ウ　問7　⑦2　⑧1
4 問1　主要動　問2　マグニチュード　問3　ウ　問4　25秒間　問5　160km　問6　13時46分2秒　問7　30秒間

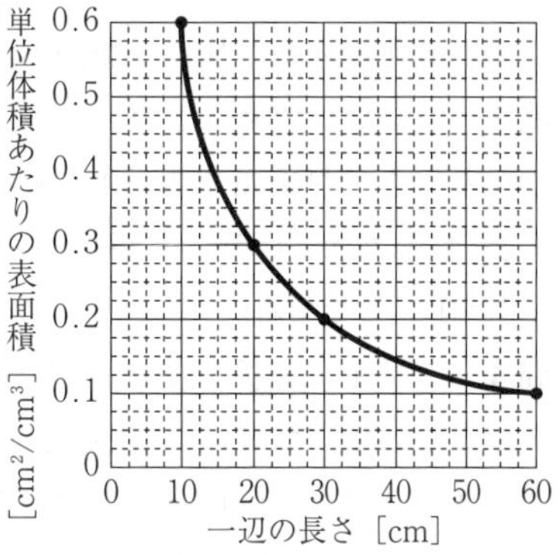

解説

1 ばねの伸《の》びについての問題

問1　図2より，つり下げたおもりの重さが20gあたり，ばねAは2cm伸び，ばねBは3cm伸びることがわかる。よって，その比は2：3である。

問2　図2より，ばねAは自然長(おもりをつり下げていないときの長さ)が10cmとわかるから，150gのおもりをつり下げたときの長さは，$10+2\times\frac{150}{20}=25$(cm)となる。

問3　図2より，ばねBの自然長は6cmなので，長さが24cmのときの伸びは，$24-6=18$(cm)である。したがって，$20\times\frac{18}{3}=120$(g)のおもりが必要になる。

問4　ばねBにはその下につり下げた60gのおもりの重さだけがかかるので，ばねBは，$3\times\frac{60}{20}=9$(cm)伸びている。よって，ばねAも9cm伸びているから，ばねAには，$20\times\frac{9}{2}=90$(g)の重さがかかっている。ばねAにはおもりXの重さと60gのおもりの重さの合計がかかっているから，おもりXの重さは，$90-60=30$(g)である。

問5　ばねBには，$60+30=90$(g)の重さがかかっているので，ばねBの長さは，$6+3\times\frac{90}{20}=19.5$(cm)となる。

問6　図5で，棒の両端《りょうはし》にそれぞれつないだばねAとばねBには，棒の重さが半分ずつ分かれてかかる。よって，両方のばねは同じ重さがかかっていて同じ長さになっている。そのときのばねの長さやおもりの重さは図2で，2本のグラフの交点にあたる。つまり，両方のばねに80gの重さがかかったときとわかるので，棒の重さは，$80\times2=160$(g)である。

問7　図6で，3本のばねの伸びの合計は，40−(10×2＋6)＝14(cm)で，同じ力が加わったときの3本のばねの伸びの比は2：2：3になるから，ばねBの伸びは，$14\times\frac{3}{2+2+3}=6$(cm)となる。よって，ばねBの長さは，6＋6＝12(cm)である。

2　メタンやプロパンの燃焼についての問題

問1　地球温暖化の原因となっている二酸化炭素やメタンなどは，地球の地面から放射される赤外線を吸収して再び放出する性質が強い。この現象は，しくみがちょうど温室に似ていることから温室効果と呼ばれる。

問2　日本では総発電量の大部分が化石燃料を用いた火力発電によるので，電力消費量の増加は二酸化炭素排出《はいしゅつ》量の増加につながる。また，森林は光合成を行うことで大気中の二酸化炭素を減らすはたらきをするから，森林が減少すると，大気中の二酸化炭素が減りにくくなり，ひいては大気中の二酸化炭素の増加につながる。

問3　実験3，実験4より，二酸化炭素が6.6g発生したときに燃えた炭素は1.8g，水が3.6g発生したときに燃えた水素は0.4gであるから，実験1で燃えた2.2gのプロパンは炭素1.8gと水素0.4gからできていることがわかる。よって，プロパンに含《ふく》まれる炭素と水素の重さの比は，1.8：0.4＝9：2である。

問4　実験1，実験2より，プロパン2.2gが燃えてもメタン2.4gが燃えても二酸化炭素が6.6g発生したので，プロパン2.2gとメタン2.4gに含まれる炭素の重さは同じである。したがって，同じ重さのメタンとプロパンを比べたとき，含まれる炭素の重さはプロパンの方が大きい。

問5　実験2と実験3より，メタン2.4gに含まれる炭素の重さは1.8gとわかるので，含まれる水素の重さは，2.4−1.8＝0.6(g)となる。よって，実験4より，この水素0.6gが燃えると，水が，$3.6\times\frac{0.6}{0.4}=5.4$(g)発生する。

問6　プロパン6.6gが燃えると，$8.0\times\frac{6.6}{2.2}=24$(g)の酸素と反応し，二酸化炭素が，$6.6\times\frac{6.6}{2.2}=19.8$(g)発生する。よって，メタンと反応した酸素は，48−24＝24(g)なので，メタンが燃えたことで発生した二酸化炭素は，$6.6\times\frac{24}{9.6}=16.5$(g)とわかる。したがって，全部で，19.8＋16.5＝36.3(g)の二酸化炭素が発生する。

3　単位体積あたりの表面積と生物の環境《かんきょう》適応についての問題

問1　単位体積あたりの表面積はそれぞれ，①が，10×10×6÷(10×10×10)＝0.6，②が，20×20×6÷(20×20×20)＝0.3，③が，30×30×6÷(30×30×30)＝0.2，④が，60×60×6÷(60×60×60)＝0.1と求められる。これらの値をもとにグラフを完成させる。

問2　立方体の一辺の長さが2倍，3倍，6倍になると，単位体積あたりの表面積は$\frac{1}{2}$，$\frac{1}{3}$，$\frac{1}{6}$になるから，両者は反比例の関係にある。また，立方体の体積が大きくなるほど，一辺の長さが長くなるから，単位体積あたりの表面積は小さくなる。

問3　①　問2より，細胞《さいぼう》の体積が小さいと，単位体積あたりの表面積は大きくなるといえる。

②，③　細胞とその周囲にある組織液の間では，組織液から細胞に酸素や養分がわたされ，細胞から組織液に二酸化炭素やその他の不要物がわたされる。このやり取りは細胞の単位体積あたりの表面積が大きいほど効率よくおこなわれる。

問4　体積(からだ)が大きいほど，単位体積あたりの表面積が小さくなるので，それだけ体温が失われにくいと考えられる。よって，生息している場所の気温が低いほど，クマのからだは大きいと推測される。

問5　図1の立体と図2の立体は体積が同じなので，それらの単位体積あたりの表面積の比は，表面積の比に等しい。図1の立体の表面積は，20×20×6＝2400(cm^2)，図2の立体の表面積は，(10×20＋20×40＋40×10)×2＝2800(cm^2)なので，それらの単位体積あたりの表面積の比は，2400：2800＝6：7であり，このことから図2の方が単位体積あたりの表面積が大きいとわかる。

問6　耳や尾《お》のようにつき出した部分が大きいほど，単位体積あたりの表面積が大きくなり，それだけ体温が失われやすい(体温を放出しやすい)と考えられる。したがって，生息している場所の気温が高いほど，キツネのなかまの耳は大きいと推測される。

問7　図3の立体の表面積の和は，10×10×6×16＝9600(cm^2)，図4の立体の表面積は，(40×40＋40×10＋10×40)×2＝4800(cm^2)なので，それらの比は，9600：4800＝2：1と求められる。

4　地震《じしん》の伝わり方についての問題

問1　初めの小さなゆれを初期微動《びどう》，後からくる大きなゆれを主要動という。

問2　地震そのものの規模を表す数値をマグニチュードという。なお，震度は，各観測地点におけるゆれの大きさを表したものである。

問3　地震のゆれは震源から波もんのように伝わるため，伝わる速さが一定の場合，震源からの距《きょ》離《り》(ここでは図の×印からの直線距離)が短い地点ほど，小さなゆれが始まった時刻は早くなる。B地点は，小さなゆれが始まった時刻がC地点の次に早いので，震源からの距離が2番目に近いウとわかる。

問4　小さなゆれが始まってから大きなゆれが始まるまでの間は，小さなゆれが続く。よって，13時46分22秒－13時45分57秒＝25(秒間)である。

問5　震源からA地点(震源からの距離は200km)まで小さなゆれが伝わるのにかかる時間は，13時45分57秒－13時45分32秒＝25(秒)なので，小さなゆれが伝わる速さは秒速，200÷25＝8(km)である。震源からB地点まで小さなゆれが伝わるのにかかる時間は，13時45分52秒－13時45分32秒＝20(秒)だから，B地点の震源からの距離は，8×20＝160(km)とわかる。

問6　震源からA地点まで大きなゆれが伝わるのにかかる時間は，13時46分22秒－13時45分32秒＝50(秒)なので，大きなゆれが伝わる速さは秒速，200÷50＝4(km)になる。また，震源からC地点まで小さなゆれが伝わるのにかかる時間は，13時45分47秒－13時45分32秒＝15(秒)だから，C地点の震源からの距離は，8×15＝120(km)となる。よって，震源からC地点まで大きなゆれが伝わるのにかかる時間は，120÷4＝30(秒)なので，C地点で大きなゆれが始まった時刻は，13時45分32秒＋30秒＝13時46分2秒である。

問7　小さなゆれが続く時間(初期微動継続《けいぞく》時間という)は震源からの距離に比例する。震源からD地点まで小さなゆれが伝わるのにかかる時間は，13時46分2秒－13時45分32秒＝30(秒)で，D地点の震源からの距離は，8×30＝240(km)とわかるから，この決まりを利用して考えると，D地点で小さなゆれが続く時間は，$25\times\frac{240}{200}=30$(秒間)と求められる。

Dr.福井の入試に勝つ！脳とからだのウルトラ科学

記憶に残る“ウロ覚え勉強法”とは？

人間の脳には，ミスしたところが記憶に残りやすい性質がある。順調にいっているときの記憶はあまり残らないが，まちがえて「しまった！」と思うと，その部分がよく記憶されるんだ（これは，脳のヘントウタイという部分の働きによる）。その証拠に，おそらくキミたちも「あの問題を解けたから点数がよかった」ことよりも，「あの問題をまちがえたから点数が悪かった」ことのほうをよく覚えているんじゃないかな？

この脳のしくみを利用したのが“ウロ覚え勉強法”だ。もっと細かく紹介すると，テキストの内容を一生懸命覚え，知識を万全にしてから問題に取り組むのではなく，テキストにざっと目を通した程度（つまりウロ覚えの状態）で問題に取りかかる。もちろんかなりまちがえると思うが，それを気にすることはない。まちがえた部分はよく記憶に残るのだから……。言いかえると，まちがえながら知識量を増やしていくのが“ウロ覚え勉強法”なのである。

ここで，ポイントが２つある。１つは，ヘントウタイを働かせて記憶力を上げるために，まちがえたときは「あ〜っ！」とわざとらしく驚くこと。オーバーすぎるかな……と思うぐらいでちょうどよい。

もう１つのポイントは，まちがえたところをそのままにせず，ここできちんと見直すこと（残念ながら，驚くだけでは覚えられない）。問題の解説を読んで理解するのはもちろんだが，必ずテキストから見直すようにする。そうすれば，記憶力が上がったところで足りない知識をしっかり身につけられるし，さらにその部分がどのように出題されるかもわかってくる。頭の中の知識を実戦で役立てられるようにするわけだ。

Dr.福井（福《ふく》井《い》一成《かずしげ》）…医学博士。開成中・高から東大・文Ⅱに入学後，再受験して翌年東大・理Ⅲに合格。同大医学部卒。さまざまな勉強法や脳科学に関する著書多数。

2022年度　城北埼玉中学校

〔電　話〕　049(235)3222
〔所在地〕　〒350－0014　埼玉県川越市古市場585－1
〔交　通〕　JR埼京線―南古谷駅，東武東上線―上福岡駅より徒歩25分
南古谷駅，上福岡駅，西武新宿線―本川越駅よりスクールバスあり

【算　数】〈第１回試験〉（50分）〈満点：100点〉

〔注　意〕

○分数で答えるときは約分して、もっとも簡単な分数にしなさい。
○比で答えるときは、もっとも簡単な整数を用いなさい。
○円周率の値を用いるときは、3.14として計算しなさい。
○コンパス、定規は使用できますが、分度器や計算機（時計などの）は使用できません。

1　次の各問いに答えなさい。

(1)　次の □ にあてはまる数を求めなさい。

$$\left(1\frac{4}{7}\times1\frac{1}{6}-\frac{4}{21}\right)\div\frac{1}{3}=\square\times3\frac{1}{2}+2\div1.4$$

(2)　一定の水量がわき出ている井戸の水をポンプで全てくみ出すのに，ポンプ５台では252分，10台では72分かかります。ポンプ15台では何分かかりますか。

(3)　○，□ には整数が入ります。＜○，□＞は ○ を □ 回かけたときの一の位の数を表すものとします。例えば，3×3×3×3＝81なので，＜３，４＞＝１となります。

①　＜２，10＞の値を求めなさい。

②　＜○，2021＞＝＜○，2022＞となる ○ は１から30までに何個ありますか。

(4)　ある学年の生徒 150 人に対して国語と算数のテストをしました。その結果について，あるグループが話し合いました。以下はそのグループの会話です。

2 教科とも 80 点以上の生徒は何人いますか。また，国語が 80 点以上の生徒は何人いますか。

会話

A：算数より国語ができる人のほうが多かったね。

B：そうだね。国語が 80 点以上の人数は，算数が 80 点以上の人数の $\frac{4}{3}$ 倍より 5 人多かったよね。

A：国語で 100 点をとった人がいたよ。

C：算数がよくできて，国語ができない人ってどのくらいいるのかな。

B：算数が 80 点以上で，国語が 79 点以下の人数は，全体の 1 割より 3 人少なかったよ。

C：算数が 79 点以下の人数と，2 教科とも 80 点以上の人数は同じだったね。

算数 ＼ 国語	80 点以上	79 点以下	合計
80 点以上			
79 点以下			
合計			150

(5)　右の図で，四角形 ABCD は正方形，三角形 ADE は AD ＝ DE の二等辺三角形，曲線は円の一部です。ア，イの角度を求めなさい。

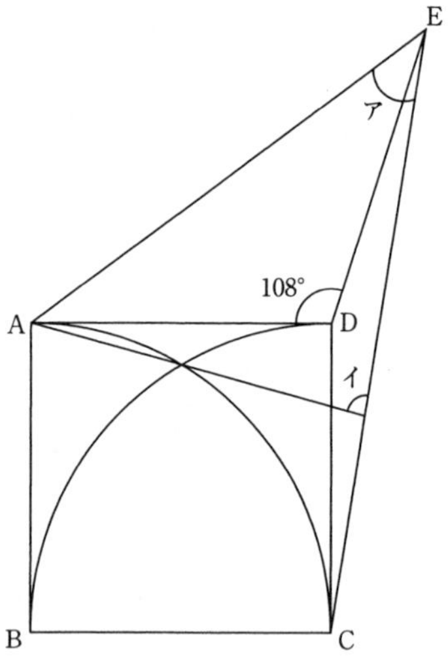

(6)　整数を 5 で割った余りは 0，1，2，3，4 のいずれかです。1 から 100 の整数の中から異なる 6 つの数を選びます。選んだ 6 つの数から 2 つの数を取り出して組をつくると 15 通りあり，その 15 組それぞれに対して，大きいほうの数から小さいほうの数を引いた値をつくります。

このとき，次の選択肢のうちで正しい事柄を 1 つ選びなさい。また，それを選んだ理由を書きなさい。

［選択肢］

①　6 つの数の選び方によっては，「つくった 15 通りの数すべてが奇数となる」という場合がある。

②　6 つの数の選び方によっては，「つくった 15 通りの数すべてが 5 の倍数でない」という場合がある。

③　6 つの数をどのように選んでも，つくった 15 通りの数の中に 5 の倍数となるものが 1 つ以上ある。

④　6 つの数をどのように選んでも，つくった 15 通りの数すべてが偶数となる。

2 ある川には川下の地点Ａと川上の地点Ｂがあり，船Ｊ号はＡを出発してＢに向かい，Ｂで 27 分間停泊してからＡに戻ります。
ある日，Ｓ君は自転車で川沿いの道を川上から川下へ毎時 25 km で走っていると，午前９時 10 分にＡを出発したＪ号とAB 間にある地点Ｃですれ違いました。Ａに到着したＳ君はもう一度Ｊ号を見ようと同じ速さで引き返したところ，Ｂから $\frac{15}{8}$ km の地点でＪ号とすれ違うことができました。そのままＳ君はＢに向かって走り，午前 11 時 17 分 30 秒にＢに到着し，Ｊ号は午後０時 01 分にＡに到着しました。川の流れる速さは一定であり，Ｊ号の川を上る速さと下る速さの比は３：５であるとします。
次の問いに答えなさい。

(1)　午前９時 10 分にＡを出発したＪ号がはじめてＢに到着するのは何時何分ですか。

(2)　Ｊ号の静水での速さは毎時何 km ですか。

(3)　ＣはＡから何 km の地点ですか。

3 下の図のように１辺の長さが１cm の立方体があります。この立方体の全ての面に同じ大きさの立方体をつけていきます。
このように，１つ前の立体の全ての面に立方体をつけていくことを１回の操作とします。
次の問いに答えなさい。

(1)　１回目の操作後の立体の表面積を求めなさい。

(2)　２回目の操作後の立体の表面積を求めなさい。

(3)　５回目の操作後の立体の体積を求めなさい。

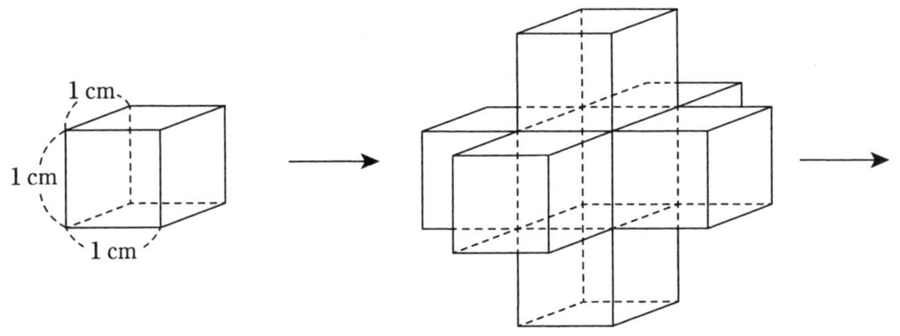

1回目の操作後

4 大きさの異なる4つのさいころを同時に投げて出た目の積を考えます。
例えば,積が10となる4つの目の組は1，1，2，5だけなので,積が10となる目の出方は12通りです。
次の問いに答えなさい。

(1)　積が540になる目の出方は何通りありますか。

(2)　積が360になる目の出方は何通りありますか。

(3)　積が360より大きく，540より小さくなる目の出方は何通りありますか。

5 右の図において，点Oは半径5 cmの半円の中心です。また，四角形ABCDは正方形です。AIとDHは垂直に交わり，AIとIJは45°で交わります。
次の問いに答えなさい。

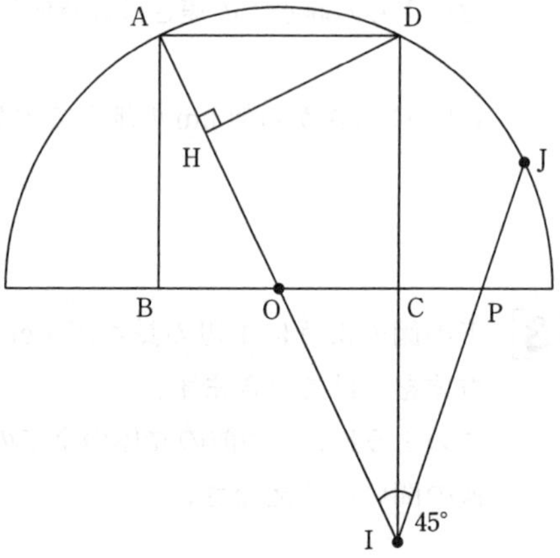

(1)　AHとHIの比を求めなさい。

(2)　四角形ABCDの面積を求めなさい。

(3)　OCとCPの比を求めなさい。

(4)　三角形DHPの面積を求めなさい。

【社　会】〈第１回試験〉（30分）〈満点：50点〉

〔注　意〕選択肢《し》がある問題は、指定された記号・番号で答えなさい。

次の文章を読み、以下の問いに答えなさい。

世界には数多くの①紋章文化《もんしょう》が存在しますが、国単位で国民のほぼすべてが所有してきた紋章文化は日本だけといってよいでしょう。日本において紋章は家紋《かもん》と呼ばれ、時代ごとにさまざまな場面、用途で使われてきました。日本人の習俗《しゅうぞく》や精神文化を簡潔で多彩なデザインに込め、現代では300種類以上のモチーフに、家紋独自のルールに従ったアレンジが加えられて、その数は５万種類以上あるのではないかといわれています。

家紋は、その家や一族の者たちが共有する紋章で、一族のアイデンティティを示すものとして使われてきました。また、衣服や調度品、屋敷の表札に家紋を描いておけば、〔　　②　　〕であったとしても他者との識別がしやすくなるため、重宝された時代もありました。では、家紋のルーツはどこにあるのでしょうか。原始の時代から、人類は絵を描いて何かを伝える方法を考えてきました。（　　1　　）時代の土器に描かれた縄目の文様にも、さまざまな意味やメッセージが含まれていました。③漢字が日本列島に伝わってからも、④古墳の壁画や祭事の道具などには文様が描かれていました。文様で何かを伝え、文様から何かを感じ取ろうとするのは、人間の感性として強く引き継がれているのではないでしょうか。⑤奈良時代には中国から多くの文物が伝えられ、外来の文様も多く目にしたり、使ったりするようになります。従来の文様とそのような外来の文様が影響しあい、日本人が描く文様はさらに⑥多様化しました。これらの文様がルーツとなり、やがて家や一族の印である家紋へと変化するのが、平安時代のことだといわれています。

平安時代に、貴族の⑦牛車《ぎっしゃ》が道に列をなす眺めは、都の⑧風物詩でした。しかし、誰が乗る牛車なのか見分けがつかないと困ることが多くあり、問題が起こることもありました。平安時代後期になると、牛車に各家の目印を描くことで、見分けがつくようになり、これが家紋の起源だといわれています。（　　2　　）２年（1220年）頃に成立した『愚管抄《ぐかんしょう》』には、「春宮大夫公実《とうぐうだいぶきんざね》ノ嫡子《ちゃくし》ニタテテ、トモエノ車ナド伝エケルナリ」と、西園寺公実《さいおんじきんざね》の牛車に巴紋《ともえもん》が描かれていた記述が残っています。鎌倉時代初期の有職故実《ゆうそくこじつ》書『錺抄《かざりしょう》』には「当家壮年《そうねん》ノ間⑨龍胆《りんどう》多《た》須《す》岐《き》ヲ着シ」とあります。「当家」とは村上源氏の久我家のことで、龍胆《りんどう》を描いた文様を衣服に描いていた様子が記されています。牛車だけでなく、衣服にもどこの家の者かわかるように文様を描いていたようです。公家は家格や⑩血脈によって力関係が決まり、代々受け継ぐ家紋は威勢を誇示するのに便利なものとして、貴族社会に定着していくようになります。

戦いの中で相手を区別するため、武士たちは竿《さお》の先に目印を描いた布をつけ、戦場で掲げるようになります。これを「流れ旗」といい、合戦の必需品になっていきます。平安時代末の源平合戦では、平氏が赤旗、源氏が白旗を掲げていました。赤旗は朝廷の軍勢であることを意味するもので、白旗は清和源氏が信奉する⑪八幡神《はちまんしん》を象徴する色でした。平家の滅亡後、鎌倉幕府を開いた（　　3　　）により白旗は源氏の嫡流《ちゃくりゅう》のみと決められ、流れ旗に一族の目印となる文様を描くことで白地の別の旗として使用するようになります。鎌倉時代には、独自の文様を旗に描くことが普及し、これが武士の家の家紋へと発展していきました。

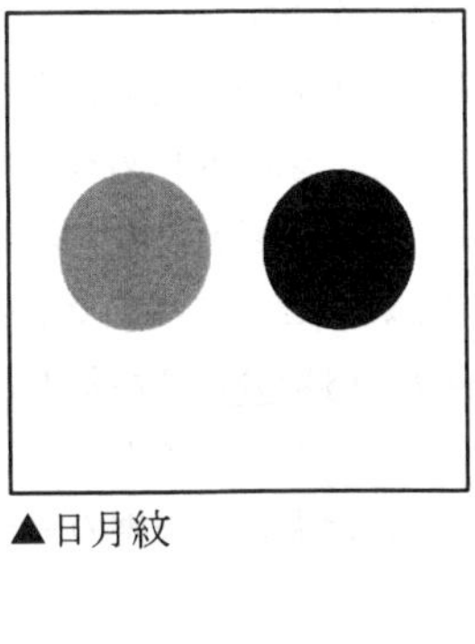

▲日月紋

皇室の紋といえば菊紋というイメージがありますが、もっとも古くから皇室が紋章として用いたのは日月紋《じつげつもん》でした。皇祖神である天照大神《あまてらすおおかみ》とその弟神月読尊《つくよみのみこと》は、太陽と月の化身であり、日本古来の自然崇拝の象徴でもあります。皇室の象徴としてはもっとも適しているといえるでしょう。また、このデザインが「日の丸」に影響を与えたという話もあるようです。菊紋は、鎌倉時代初期に（　　4　　）が好んで用いたのがその起源と言われています。『増鏡』には皇室の神輿《みこし》に菊紋があしらわれていたという記述もあります。（　　４　　）が幕府との対立を深めるようになると、菊紋は勤王の象徴ともなっていきます。1221年、（　　４　　）は乱に敗れて隠岐に配流されますが、菊紋はその後も皇室で使用され続けました。16枚の花弁が表を向いて重なる⑫「十六葉《じゅうろくよう》八重《やえ》表菊紋《おもてきくもん》」が皇室の紋として認知され、1869年には太政官布告で正式な皇室紋章であると定められました。

武家政権が成立すると、武士の仕事場は戦場だけではなくなります。戦場の旗や陣幕に家紋をつけるだけでなく、あらゆるものに家紋をつけて家格を誇示するようになります。武士の普段着であった直垂《ひたたれ》にも家紋を入れたものが見られるようになり、室町幕府第３代将軍（　　５　　）も家紋入りの直垂を好みました。功績のあった家臣に与えており、直垂に家紋をつけることが武家社会の流行になりました。家紋入りの衣服が浸透していくと、優れた所作を見せる者は誰か、衣服の家紋を見れば一目瞭然となり、戦場を離れても名誉をかけた戦いを繰り広げることになるのです。

⑬応仁の乱では多くの足軽が動員され、騎馬による一騎打ちから大軍が入り乱れて戦う集団戦へと合戦の戦術は大きく転換しました。旗指物《はたさしもの》や足軽の甲冑に家紋を入れておけば、乱戦の中でもすぐに敵軍と友軍が判別できます。また、乱世にあっては親兄弟や親族が相争うことが増え、同じ家紋を使っていると戦場で見分けがつかずに混乱することもありました。そのため、団結の印として同じ家紋を使っていた一族は、分家や庶子家が新しい家紋を作って使うようになります。多くの場合は本家の家紋を原形として一部を変える・付け足すなどの細工をして作成しました。徳川家の場合も、宗家の将軍家と御三家は「丸に三つ葉葵《あおい》」の家紋ですが、水戸徳川家では茎なしの三つ葉葵を使用し、⑭紀州徳川家でも茎なしで葉の数を変えるなどして、将軍家の家紋と見分けがつくようにしていました。

戦術の変化で、家紋は戦場の目印としてより重要視されるようになると、大将は家紋の入った旗指物で諸将の現在位置を知り、戦況を分析し、指揮をとりました。戦後の論功行賞のためにも諸将の家紋の把握は必要です。しかし、乱世の時代状況が家紋の数を増やし、その判別をいっそう難しくしていきます。そのため戦国大名は、独自の家紋入りの名簿を作成するようになりました。例えば、上杉謙信が⑮関東へ出陣した時には、200家を超える在地の諸将を臣下としました。上杉氏はその家紋をすべて記録した『関東幕注文』を作成し、諸将の管理や指揮系統の整備に役立てました。

室町時代あたりから、商人たちの間では自分の店の看板や暖簾《のれん》に、商売に関連するものを図案化した紋章を入れることが一般化していました。それらの紋章はやがて、家紋としても使用され、武家や公家の家紋とは違ったものが多く、家紋の種類もさらに多様化していくことになりました。また、江戸や⑯大坂といった都市部では、歌舞伎役者や遊郭《ゆうかく》の遊女などが、着物に家紋をつけるようになります。派手な衣装に家紋が映え、自分のイメージを人々に強く印象づけておく必要があった人々にとっては大変便利なアイテムであったといえるでしょう。江戸時代になって、武士以外の庶民は（　　６　　）を名乗ることを禁じられましたが、家紋の使用は許可されていました。徳川家の「葵紋《あおいもん》」や天皇家の「菊紋」以外のものであれば、どんな紋でも自分の家紋として使うことができます。そのため、庶民の間でも家や個人を表すものとして、家紋の使用が急速に普及しました。

1898年に制定された民法では、家長（戸主）となった長男が全財産を相続し、家族をまとめていました。これを「家制度」あるいは「家父長制《かふちょうせい》」と呼びます。戦前の日本では、家長《かちょう》のもとに家を意識する機会が多く、家を象徴する家紋は大きな役割を果たしていました。しかし、⑰1948年に新しい戸籍法が制定されると、これまで家を基本単位としていた戸籍は、夫婦を基本単位とするものに改められました。遺産は⑱均分相続が基本となり、家長の権限も失墜《しっつい》してしまいました。これによって、戦前の家制度は消滅したといってよいでしょう。新しい民法の下で家としての結束は弱まり、三世代同居から、夫婦のみまたは夫婦と未婚の子という構成の（　　７　　）が増えてくると、家紋の存在意義も薄れていきました。⑲ライフスタイルの変化によって家紋を使用する機会が減ると、自分の家紋を知らないというのも珍しくなくなりました。とはいえ、現在でも日本人には家紋が必要になる時があります。⑳冠婚葬祭《かんこんそうさい》の正装は黒の紋付《もんつき》袴《はかま》です。家紋付きの着物や羽織になりますが、貸衣装を借りるときに自分の家紋を知らずにあわてることのないようにしたいものです。

現在でも多く目にする家紋としては、自治体の紋章、学校の紋章などがあります。企業の商標やブランドマークには、家紋をアレンジしたものも多く見られます。㉑三菱グループのマークは創業者である（　８　）の家紋「三階菱《さんかいびし》」をアレンジしたものであり、島津製作所の「丸に十の字」も、創業者の祖先が島津義弘から島津姓と家紋を贈られたことに由来します。あまり目にしなくなったように思われる家紋ですが、いろいろなところで工夫されながら使用されていると言ってよいでしょう。

（参考図書『決定版　面白いほどよくわかる！家紋と名字』西東社　家紋監修　高澤　等　名字監修　森岡　浩）

問１　空欄（　１　）～（　８　）にあてはまる**適当な語句**を**漢字**で答えなさい。ただし、空欄（　２　）には年号（元号）が入り、空欄（　８　）は**４字以上**で答えなさい。

問２　下線部①について、紋章文化には世界の国旗も含まれますが、２つの国の国旗と１人の伯爵家の旗が組み合わさって成立した国旗として**正しいもの**を次のア～エの中から一つ選び、その記号を答えなさい。

ア

イ

ウ

エ

問３　空欄〔　②　〕に入る語句として**最も適当なもの**を次のア～エの中から一つ選び、その記号を答えなさい。

ア　文字が読めない者
イ　耳が聞こえない者
ウ　言葉がしゃべれない者
エ　目が見えない者

問４　下線部③について、以下の問いに答えなさい。

（１）　漢字が日本に伝わった頃（本格的に使用しはじめた頃）の日本の様子として**最も適当なもの**を次のア～エの中から一つ選び、その記号を答えなさい。

ア　今よりも海水面が低く、大陸とつながっていた。
イ　稲作が伝来し、人々は定住するようになった。
ウ　大王と呼ばれる連合政権の長が支配していた。
エ　貴族の文化が花開き、日本風の絵画や彫刻が発展した。

（２）　漢字と同じ時期に日本に伝来したものとして**適当でないもの**を次のア～エの中から一つ選び、その記号を答えなさい。

ア　仏教　　　イ　キリスト教　　　ウ　紙　　　エ　儒教

問５　下線部④について、茨城県にある虎塚《とらつか》古墳は鮮やかな壁画が残っていることで有名です。茨城県に関する以下の問いに答えなさい。

（１）　茨城県の県庁所在地の名称を**漢字**で答えなさい。

（２）　茨城県は農業生産額でも全国有数の県ですが、その農業の特徴を表した説明として**最も適当なもの**を次のア～エの中から一つ選び、その記号を答えなさい。

ア　大消費地が近いため、新鮮なうちに安い輸送費で野菜や果実を出荷している。
イ　広大な土地を利用して、大規模な農業を行い、じゃがいも・とうもろこしなどを栽培している。
ウ　冬場に雪が積もるため、きれいな水を利用して稲作がおこなわれている。
エ　夏の涼しい気候を利用して、キャベツやレタスなどの葉物野菜を栽培している。

問６　下線部⑤について、奈良時代の出来事①～④を左から古い順に並べた時、**正しいもの**を次のア～カの中から一つ選び、その記号を答えなさい。

①　東大寺で大仏の開眼供養《かいげんくよう》が行われる。
②　墾田永年私財法が出される。
③　国分寺建立の詔が出される。
④　『日本書紀』が編纂《へんさん》される。

ア　③ → ② → ① → ④　　イ　③ → ② → ④ → ①　　ウ　③ → ④ → ① → ②
エ　④ → ③ → ① → ②　　オ　④ → ③ → ② → ①　　カ　④ → ② → ① → ③

問７　下線部⑥について、以下の問いに答えなさい。

（１）　多様化・多様性という意味のカタカナ言葉として**適当なもの**を次のア～エの中から一つ選び、その記号を答えなさい。

ア　ダイバーシティ　　　イ　サステナビリティ　　　ウ　グローバリゼーション

エ　アセスメント

（２）　社会の多様化の具体例をあらわした文として**適当でないもの**を次のア～エの中から一つ選び、その記号を答えなさい。

ア　様々な働き方に対応するため、週休３日制の採用を検討する企業があらわれた。

イ　大学では、学生たちが様々な国の留学生とともに授業を受け、交流している。

ウ　企業によっては男性のほうが賃金や出世において優遇されている。

エ　公共交通機関の案内板が複数の言語に対応することが多くなった。

問８　下線部⑦について、牛車とは牛に引かせた屋形車のことです。牛に関する説明文のうち**最も適当なもの**を次のア～エの中から一つ選び、その記号を答えなさい。

ア　乳用牛も肉用牛も飼育頭数１位（平成31年）は北海道である。

イ　牛乳生産量（令和２年）の１位は北海道であるが、その割合は全国生産量の50％を超えている。

ウ　肉用牛の飼育頭数１位（平成31年）の都道府県は、ブロイラー（食用鶏）の飼育頭数（平成31年）も１位である。

エ　乳用牛の飼育頭数上位５位以内（平成31年）には九州地方の県は入っていない。

問９　下線部⑧について、季節の風物詩に夏祭りがあります。右の写真のような、山車《だし》とうろうが有名な祭りが行われる県名を**漢字**で答えなさい。

問 10　下線部⑨について、龍胆《りんどう》とは右の写真の花です。龍胆をもとにした家紋として**正しいもの**を次のア～エの中から一つ選び、その記号を答えなさい。

ア

イ

ウ

エ

問 11　下線部⑩について、血脈をあらわすものに家系図があります。下の家系図は、江戸幕府を開いた徳川家のものです。空欄 [1] にあてはまる人物の氏名を**漢字**で答えなさい。

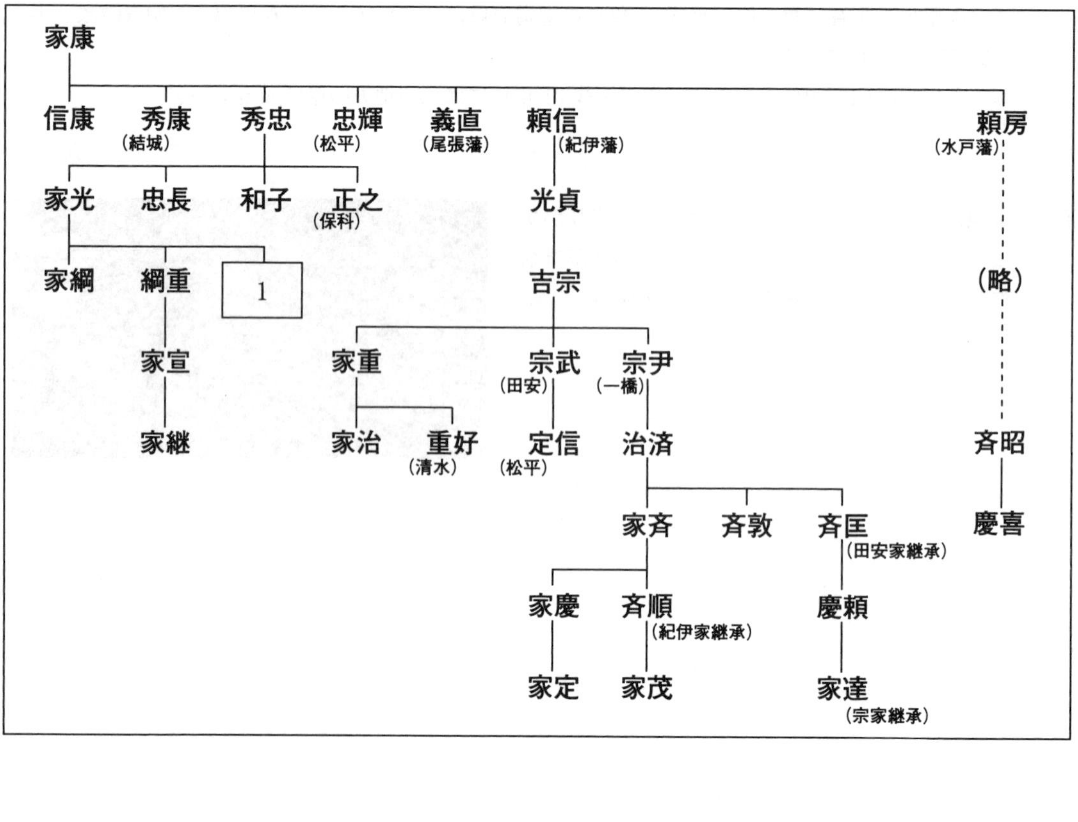

問 12　下線部⑪について、八幡神《はちまんしん》を祀《まつ》った神社に大分県の宇佐《うさ》八幡宮《はちまんぐう》があります。大分県の説明として**正しいもの**を次のア～エの中から一つ選び、その記号を答えなさい。

ア　九州地方の北東部にあり、福岡県・宮崎県・熊本県・佐賀県と境を接している。
イ　県内にある阿蘇山は世界でも有数のカルデラをもち、世界ジオパークに認定されている。
ウ　県内に別府や登別などの多数の温泉があり、日本一の「おんせん県」としてアピールしている。
エ　大分市には製鉄所と石油化学コンビナートがあり、県内の重要な工業地域として発展している。

問 13　下線部⑫について、「十六葉《じゅうろくよう》八重《やえ》表菊紋《おもてきくもん》」として**正しいもの**を次のア～エの中から一つ選び、その記号を答えなさい。

ア

イ

ウ

エ

問 14　下線部⑬について、以下の問いに答えなさい。

（1）　応仁の乱では、様々な対立が重なり東軍と西軍に分かれて争いましたが、東軍の指導者として**最も適当な人物**を次のア～エの中から一人選び、その記号を答えなさい。

ア　大内義隆　　イ　細川勝元　　ウ　山名宗全　　エ　赤松満祐

（２） 応仁の乱の西軍が陣地をおいたことからついた地名があります。**その地名に最も関係の深い伝統工芸品**を次のア～エの中から一つ選び、その記号を答えなさい。

ア

イ

ウ

エ

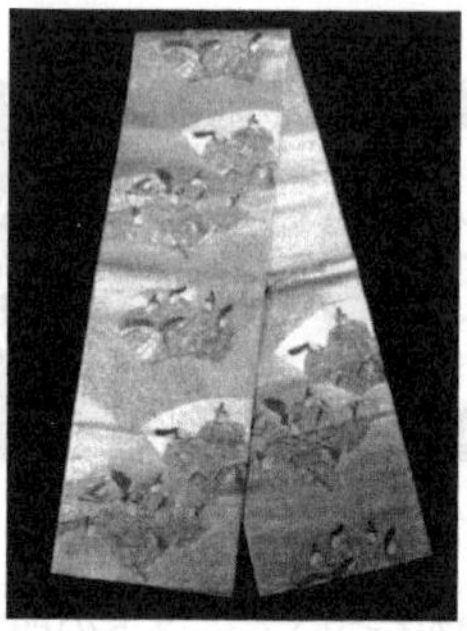

問 15　下線部⑭について、紀州徳川家が治めていた地域の現在の都道府県の説明として**正しいもの**を次のア～エの中から一つ選び、その記号を答えなさい。

ア　三大庭園の一つである偕楽園があり、南部の沿岸部には工業地域も広がっている。
イ　降水量が豊富で、きれいな水を利用した製薬業や米の生産がさかんである。
ウ　みかんの有数の産地で、県庁所在地では鉄鋼業がさかんである。
エ　キャベツの生産がさかんで、日本でも有数の工業地帯がある。

問 16　下線部⑮について、以下の問いに答えなさい。

（１） 城北埼玉中学がある埼玉県も関東地方の県です。埼玉県の県章として**正しいもの**を次のア～エの中から一つ選び、その記号を答えなさい。

ア

イ

ウ

エ

（２）　日本の政治の中心である東京都も関東地方にふくまれます。政治の中心といえる国会議事堂が東京都にありますが、2021 年度に行われた衆議院の選挙方式を**漢字**で答えなさい。

問 17　下線部⑯について、以下の問いに答えなさい。

（１）　大阪府には世界で初めての完全人工島からなる海上空港があります。西日本の国際拠点空港であり近畿圏の国内線の基幹空港であるこの空港の名称を**漢字６字**で答えなさい。

（２）　大阪を中心とした阪神工業地帯の製造品出荷額等の構成として**最も適当なもの**を下のグラフのア～カの中から一つ選び、その記号を答えなさい。

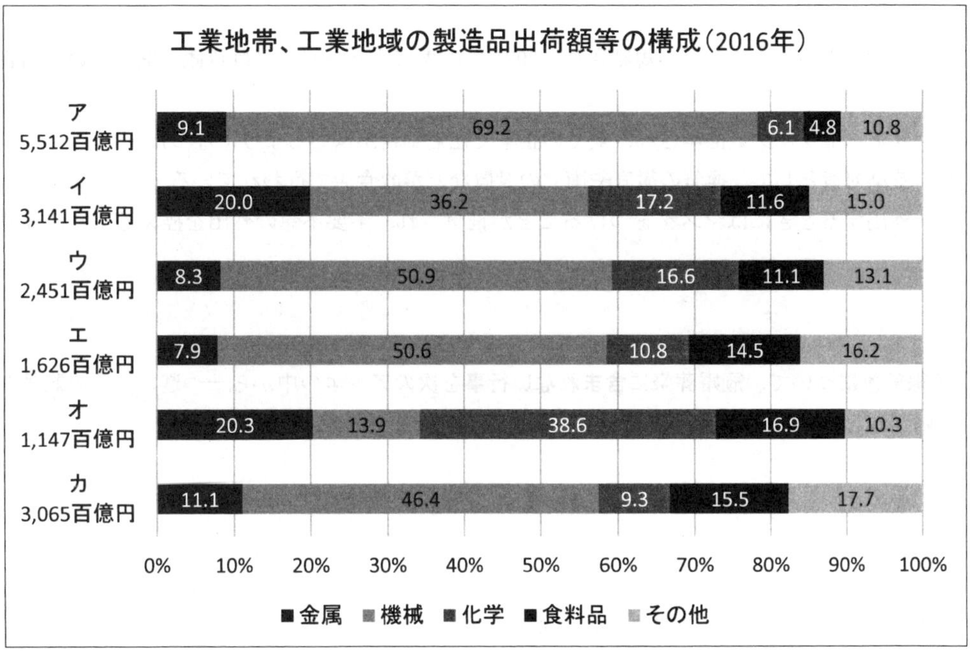

※ア～カは中京工業地帯・阪神工業地帯・京浜工業地帯・京葉工業地域・関東内陸工業地域・東海工業地域のいずれかを示しています。

『日本国勢図会 2019/20』（矢野恒太記念会編）より作成

問 18　下線部⑰について、1948 年の**出来事ではない**ものを次のア～エの中から一つ選び、その記号を答えなさい。

ア　国際連合で世界人権宣言が採択された。
イ　朝鮮民主主義人民共和国が建国された。
ウ　中華人民共和国が建国された。
エ　世界保健機関（ＷＨＯ）が設立された。

問 19　下線部⑱について、日本の均分相続について説明した文として**最も適当なもの**を次のア～エの中から一つ選び、その記号を答えなさい。

ア　遺産は戸主権をもつ長男が全て相続することとなっている。
イ　遺産は配偶者が３分の１を相続し、残りを子どもが均等に相続することとなっている。
ウ　遺産は配偶者が３分の２を相続し、残りを子どもが均等に相続することとなっている。
エ　遺産は配偶者が半分相続し、残りを子どもが均等に相続することとなっている。

問 20　下線部⑲について、2020 年から続くコロナ禍によって我々日本人のライフスタイルは大きく変化しました。変化の内容を説明した文として**適当でないもの**を次のア～エの中から一つ選び、その記号を答えなさい。

ア　多数の人が集まることが規制され、2021 年の東京オリンピックは無観客開催という名目で行われた。
イ　リモートワークが推奨され、全ての企業で在宅勤務が選べるようになった。
ウ　感染対策として、換気の徹底や衝立《ついたて》の設置などが飲食店で行われている。
エ　外出するときにはマスクをつけることが推奨され、不要不急の外出を控えるように要請された。

問 21　下線部⑳について、冠婚葬祭に**含まれない行事**を次のア～エの中から一つ選び、その記号を答えなさい。

ア　成人式　　イ　結婚式　　ウ　葬式　　エ　卒業式

問 22　下線部㉑について、以下の問いに答えなさい。

（１）　三菱グループのマークとして**最も適当なもの**を次のア～エの中から一つ選び、その記号を答えなさい。

ア　　イ　　ウ　　エ

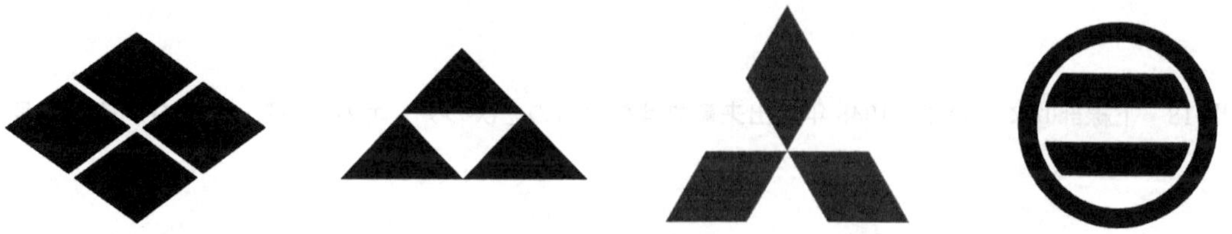

（２）　三菱グループは、戦前まで三菱財閥と呼ばれていました。財閥のような企業集団や大企業が、市場で不公正な行動をすることを防ぐ目的で 1947 年に制定された法律の名称を**漢字**で答えなさい。

【理　科】〈第１回試験〉（30分）〈満点：50点〉

〔注　意〕グラフや図を描く場合は、定規を使用してもかまいません。

1　真空中の光は一定の速さで進みますが，その速さを測定するために以下の実験を行いました。

【実験の準備】　※図１を参照すること

準備１：光源からレーザーを照射《しょうしゃ》させ，入射角が 45 度になるようにハーフミラー（光の一部を反射し，もう一部を通過させる特殊《とくしゅ》な鏡）を設置した。

準備２：ハーフミラーで反射した光が歯車の歯のすき間を通過するように歯車を設置し，さらに遠方に一般的な平面鏡を垂直に反射するように設置した。

準備３：平面鏡で反射したレーザーが再び歯車の歯のすき間とハーフミラーを通過してスクリーン上に写し出されるようにスクリーンを設置した。

【実験】

歯車の回転速度を上げていくと，スクリーン上に写し出されたレーザーがどのように変化をするか観察する。

【結果】

図２のように，歯車がゆっくり回転しているときにはスクリーン上にはレーザーの点滅《てんめつ》が観測された。また，図３のように歯車が毎秒 12 回転で回転したときに初めてレーザーはスクリーン上で観測できなくなった。

【考察】

スクリーン上でレーザーが観測できなくなるのは，図３のように歯車の歯のすき間Ｂを通過したレーザーが平面鏡で反射し，再び歯車を通過しようとするとき，歯車の歯Ａがとなりのすき間Ｂの位置まで回転したことで歯Ａに光がさえぎられてしまったためである。

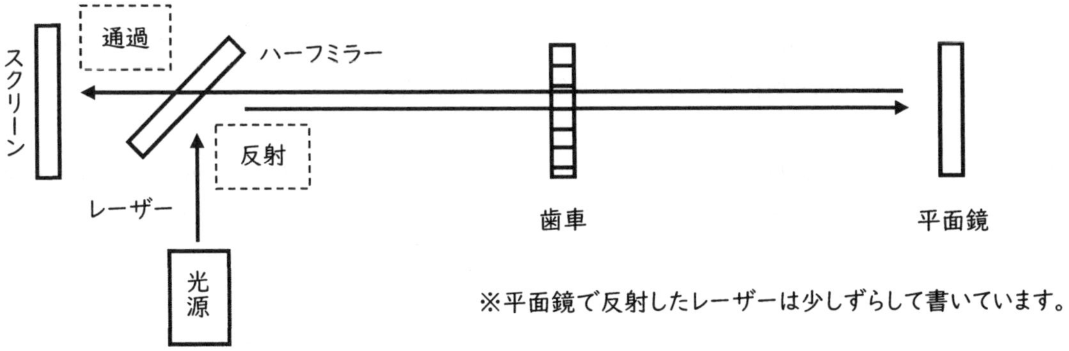

※平面鏡で反射したレーザーは少しずらして書いています。

図１　実験装置

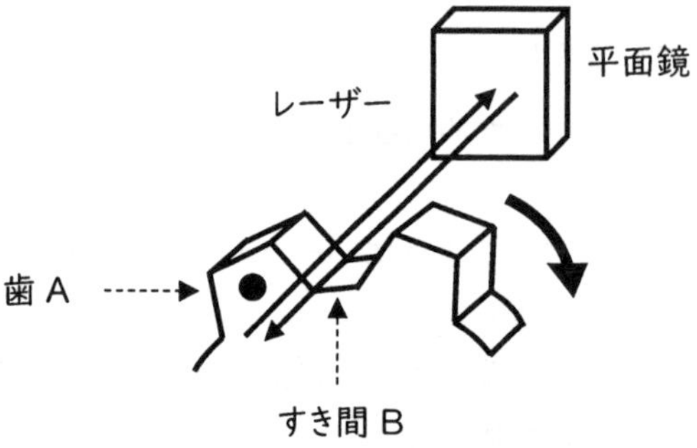

図2　ゆっくり回転

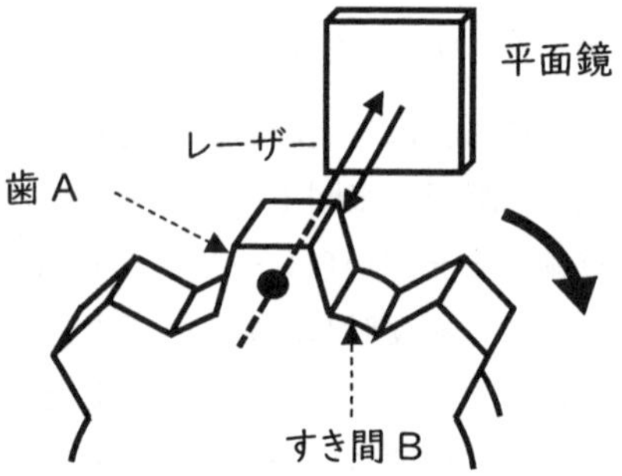

図3　速く回転

次の各問いに答えなさい。

問1　図1においてハーフミラーへの入射角が45度のとき，反射角は何度になりますか。

問2　歯車をゆっくり回転させたとき，スクリーン上のレーザーが点滅する理由を次のア～ウから選び，記号で答えなさい。

ア　光源から出たレーザーがハーフミラーで反射することなく，全ての光を通過させてしまうことがあるから。
イ　ハーフミラーで反射したレーザーが平面鏡にたどり着く前に，歯車の歯にさえぎられてしまうことがあるから。
ウ　空気中のチリにレーザーが反射してしまうことがあるから。

問3　歯車を毎秒12回転の速さで回転させたとき，歯車が1回転するのにかかる時間は何秒ですか。ただし，割り切れない場合は小数第5位を四捨五入しなさい。

問4　問3において，歯車の歯の数が700個だったとします。図3のように，歯車の歯Aがとなりのすき間Bの位置まで回転するのにかかる時間を求める式を次のア～エから選び，記号で答えなさい。ただし，歯の幅と歯のすき間の長さは同じ長さとします。

ア　$\frac{1}{12}\times\frac{1}{700}$　　イ　$\frac{1}{12}\times 700$　　ウ　$\frac{1}{12}\times\frac{1}{1400}$　　エ　$\frac{1}{12}\times 1400$

問5　歯車と平面鏡までの距離が9kmだったとすると，この実験で求められる光が1秒間に進む距離はおよそ何kmになりますか。次のア～エの中から選び，記号で答えなさい。

ア　およそ1.5万km　　イ　およそ15万km　　ウ　およそ3万km　　エ　およそ30万km

2 図のように物質A～F（アルミニウム，砂糖，塩，石灰石，鉄，銅のいずれか）を，それぞれ性質の違いで分類しました。下の各問いに答えなさい。

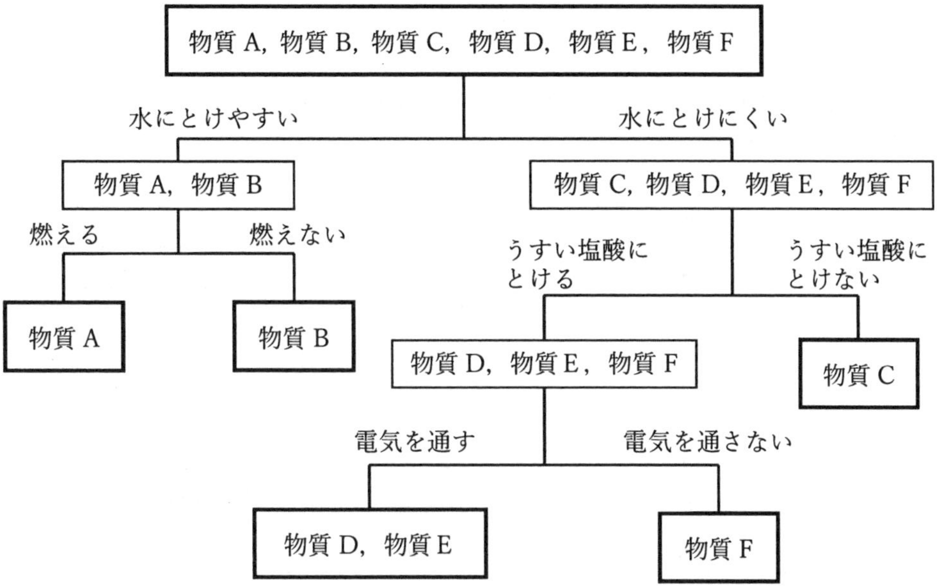

問１　石灰石と同じ成分でできているものを，次のア～オよりすべて選び，記号で答えなさい。

ア　石灰水　　イ　重そう　　ウ　片栗粉　　エ　卵の殻《から》　　オ　チョーク

問２　物質A，B，Cの組み合わせとして正しいものを，次のア～クより１つ選び，記号で答えなさい。

	物質A	物質B	物質C
ア	砂糖	塩	アルミニウム
イ	砂糖	塩	石灰石
ウ	砂糖	塩	鉄
エ	砂糖	塩	銅
オ	塩	砂糖	アルミニウム
カ	塩	砂糖	石灰石
キ	塩	砂糖	鉄
ク	塩	砂糖	銅

問３　物質Ａの燃え方について書かれた次の文を読んで，下の各問いに答えなさい。

物質Ａは燃えた結果，(　①　)色の物質ができた。これは，物質Ａの中に（　②　）が含《ふく》まれているためであり，このような物質を（　③　）という。

(1) 空欄①～③に入る言葉の組み合わせとして正しいものを，次のア～クより１つ選び，記号で答えなさい。

	①	②	③
ア	白	アルコール	有機物
イ	白	アルコール	無機物
ウ	白	ナトリウム	有機物
エ	白	ナトリウム	無機物
オ	黒	炭素	有機物
カ	黒	炭素	無機物
キ	黒	ヨウ素	有機物
ク	黒	ヨウ素	無機物

(2) 文章中の下線部の物質の名前を答えなさい。

問４　物質Ｄと物質Ｆでは，塩酸にとけたときに発生する気体が違います。それぞれ発生する気体の名前を漢字で答えなさい。

問５　物質Ｄと物質Ｅの性質の違いから，家の中にある身近な道具を使うとさらにこの２つを区別することができます。そのときに使う道具の名前を１つ答えなさい。ただし，見た目だけでの区別はつけられないものとします。

3 次の各問いに答えなさい。

目のもう膜《まく》には，青色，赤色，緑色の光を感じる３種類の細胞《さいぼう》があります。３種類の細胞で感じたそれぞれの信号の強さを脳《のう》で処理することで，さまざまな色を感じることができます。つまり，私たちの目は，さまざまな色を青色，赤色，緑色の３色の組み合わせとして感じているのです。右の図は光の三原色《さんげんしょく》（青色･赤色･緑色）と三原色の組み合わせによって生じる光の色（紫《むらさき》色・黄色・水色・白色）の関係をあらわしています。

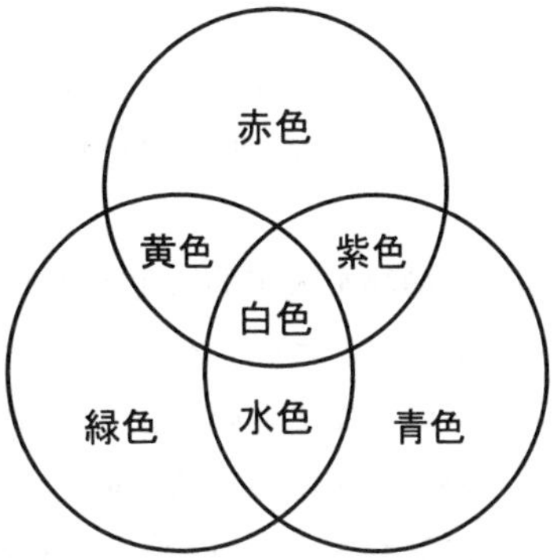

バナナは，青色，赤色，緑色の光が混ざった太陽の光のもとで見ると黄色に見えます。このとき，青色の光はバナナに吸収され，赤色と緑色の光は反射されます。この反射された赤色と緑色の光が目に入ると，赤色の光を感じる細胞と緑色の光を感じる細胞が同時に刺激《しげき》を受けとって脳に信号を送ります。このとき，上の図より脳はその色を黄色と判断します。また，脳は３種類の細胞がいずれも刺激を受けないと黒色，３種類の細胞がほぼ等しく刺激を受けると白色と判断します。

問１　太陽の光のもとで赤色に見えるリンゴは，何色の光を吸収していますか。次のア～カの中から一つ選び，記号で答えなさい。

ア　青色　　イ　赤色　　ウ　緑色　　エ　青色と赤色
オ　青色と緑色　　カ　赤色と緑色

問２　太陽の光のもとで青色，赤色，緑色，黄色，紫色，水色，黒色に見える色カードを用意し，これらのカードに緑色の光をあてました。このとき，２つの色の区別ができない組み合わせを次のア～オの中から<u>２つ選び</u>，記号で答えなさい。

ア　青色と緑色　　イ　緑色と黄色　　ウ　赤色と黄色
エ　青色と水色　　オ　紫色と黒色

問３　人には青色，赤色，緑色の光を感じる３種類の細胞がありますが，大部分のほ乳類《にゅうるい》には光の色を感じる細胞が２種類しかないといわれています。動物園の中には，暗い飼育《しいく》場所に赤い光をあてて小動物を展示しているところがあります。この小動物の特徴として最も適した文を次のア～エの中から一つ選び，記号で答えなさい。

ア　この小動物のもう膜には，赤色の光を感じる細胞がない。よって，暗い場所での小動物の行動は，赤色の光をあてた場合と，あてない場合で大きなちがいは見られない。
イ　この小動物のもう膜には，赤色の光を感じる細胞がない。よって，暗い場所での小動物の行動は，赤色の光をあてたほうが，あてないときより活発になる。

ウ　この小動物のもう膜には，人と同じように赤色の光を感じる細胞がある。よって，暗い場所での小動物の行動は，赤色の光をあてた場合と，あてない場合で大きなちがいは見られない。

エ　この小動物のもう膜には，人と同じように赤色の光を感じる細胞がある。よって，暗い場所での小動物の行動は，赤色の光をあてたほうが，あてないときより活発になる。

問４　植物を人工的に生産する植物工場では，太陽の光のかわりにLED照明《しょうめい》を使ってリーフレタス（サニーレタス）やバジル，ほうれん草などの野菜《やさい》を栽培《さいばい》しています。植物工場では，太陽の光に近い白色LED照明のほかに，１種類のLED照明または２種類のLED照明を組み合わせて使用し，光の量や照射《しょうしゃ》時間を管理することで効率よく野菜を生産しています。野菜が最もよく育つと考えられる光の色または光の色の組み合わせを次のア～カの中から一つ選び，記号で答えなさい。

ア　青色　　イ　赤色　　ウ　緑色　　エ　青色と赤色

オ　青色と緑色　　カ　赤色と緑色

太陽の光が海の中に進むと，深さが増すにつれていろいろな色の光が海中で吸収されます。海の透明度《とうめいど》によっても異なりますが，何色の光がどのくらいの深さまで届くかはだいたい決まっています。

海に生息《せいそく》している海藻《かいそう》の色は，生息している場所の深さと関連性があります。深さが０ｍ～３ｍの浅い場所では，アオサのような緑色の海藻が，もう少し深い３ｍ～10ｍの場所では，ワカメのような褐色《かっしよく》（うす茶色）の海藻が多く生息しています。さらに深さが30ｍぐらいの場所では，おさし身のつまや海藻サラダの材料となるトサカノリのような紅色《べにいろ》（赤のこい色）の海藻が多く生息しています。

深さが200ｍより深い場所では，海藻のような植物や植物プランクトンは生息できません。

問５　海藻は，生息している場所に届いた光を利用して何をおこなっていますか。漢字で答えなさい。

問６　太陽の光が海の中に進むとき，次の①，②にあてはまる光の色をア～ウの中から一つずつ選び，それぞれ記号で答えなさい。

①　太陽の光が海の中に進むとき，最初に吸収される光の色

ア　青色　　イ　赤色　　ウ　緑色

②　トサカノリが生息している深さ30ｍぐらいのところまで届く光の色

ア　青色と赤色　　イ　青色と緑色　　ウ　赤色と緑色

4 地球をとりまく環境について，次の各問いに答えなさい。

問１　太陽から出た目に見えない光が地面で反射し，その一部の光が地球上の温室効果ガスに吸収されることがあります。この吸収された光が再び地表に向けて放出されると，地球温暖化の原因になります。この目に見えない光は何か漢字で答えなさい。

問２　問１の光によって地面が温められるとその付近にある空気も暖められます。暖められた空気（）と冷たい空気（）の流れとして，最も適切なものを次のア～エの中から選び，記号で答えなさい。また，この空気の流れを何というか漢字で答えなさい。

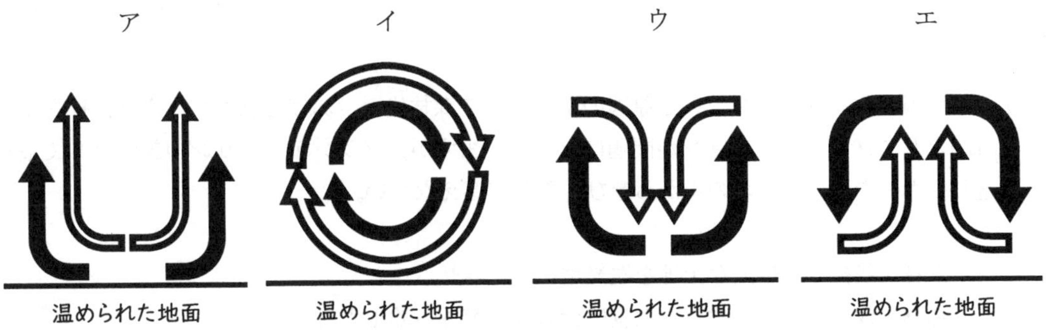

問３　空気が上昇《じょうしょう》すると雲になり雨をふらせることがあります。この雨が酸性雨になる直接的な原因を次のア～エの中から２つ選び，記号で答えなさい。

ア　工場から排気された煙《けむり》　　イ　農薬の多用散布　　ウ　合成洗剤《せんざい》の使用
エ　車の排気《はいき》ガス

問４　温室効果ガスとして代表的な気体を次のア～エから２つ選び，記号で答えなさい。

ア　二酸化炭素　　イ　酸素　　ウ　メタン　　エ　水素

問５　2021年６月頃に北米を襲《おそ》った記録的熱波はヒートドーム現象が原因だと言われています。ヒートドーム現象について説明したものを次のア～ウの中から選び，記号で答えなさい。

ア　上空で発達した高気圧により地上の熱がとどまり，広範囲《はんい》に熱波をもたらすこと。
イ　山火事や火山の噴火により地上が急激に熱せられ，広範囲に熱波をもたらすこと。
ウ　工場から排気された煙により地上の熱がとどまり，広範囲に熱波をもたらすこと。

問６　右の図は北極圏《けん》を表し，図中の斜線部はヒートドームの発生している範囲を表しています。矢印の進路を進む風の名前を答えなさい。

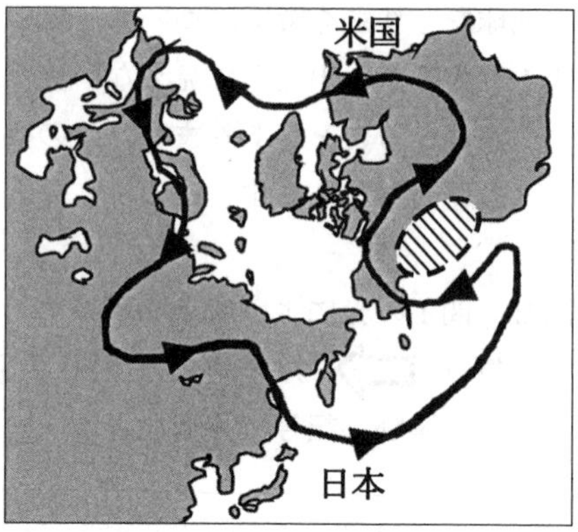

問７　地球温暖化を加速させている原因の１つとして森林伐採《ばっさい》があげられます。森林伐採をする目的としてプランテーションが問題になっていますが，プランテーションの説明として最も適したものを次のア～エの中から選び，記号で答えなさい。

ア　森林を伐採し，広大な土地を観光地に変化させること。
イ　森林を伐採し，その木材を大量に仕入れ，海外へ輸出すること。
ウ　森林を伐採し，動物たちの生息地を制限することで，人間への被害《ひがい》を減らすこと。
エ　森林を伐採し，安い労働力を使って世界に輸出するための特産物を大量生産すること。

問9　空欄Dに入る語句として最も適当なものを次から一つ選び、記号で答えなさい。

ア　人の目　イ　心の目　ウ　見えない方の目　エ　見える方の目
オ　太陽の目

問10　空欄Eに入る語句を五字以上八字以内で記しなさい。

問11　空欄Fに入る語句として最も適当なものを次から一つ選び、記号で答えなさい。

ア　ほぼ　イ　決して　ウ　きっと　エ　もちろん　オ　まるで

問12　傍線⑥「太陽の下でなら、何もかもが見えるように感じるのかもしれない」と私が思ったのはなぜか。最も適当なものを次から一つ選び、記号で答えなさい。

ア　私は、タカヒコ君が太陽の明るさと、夜の暗さは感じることができると言っていたので太陽の下では霊的《れいてき》な能力があるのかもしれないと思ったから。
イ　私は、タカヒコ君が明るい場所にいると、世界が明るくなると言っていたので何もかも見えると錯覚《さっかく》してしまっているのではないかと思ったから。
ウ　私は、タカヒコ君が手のひらの光を抱《だ》っこするようにしながら、ニコニコ笑っているので太陽の光を自在に操っているのではないかと思ったから。
エ　私は、タカヒコ君には太陽に育てられたみたいな、ゆるぎのない健全さがあるので何もかも見通せるような純粋《じゅんすい》な心を持っていると思ったから。

問13　空欄Gに入る言葉を、本文中の語句を用いて五字で記しなさい。

問14　波線「かっこいい自分」とありますが、あなたが将来「かっこいい自分」を見せるのはどのようなときになるでしょうか。将来の自分を想像して、五十字以上で記しなさい。

問５　傍線③「ふつうの子どもみたいに、手紙を書いてみたい」で、タカヒコ君の希望を具体的に示しているところを、本文中の私の提案の後の部分から二十四字で抜き出し、その最初と最後の三字をそれぞれ記しなさい。（句読点、カッコなども字数に数えて答えなさい。）

問６　空欄Ｃに入る語句として最も適当なものを次から一つ選び、記号で答えなさい。

ア　はらはら　　イ　そわそわ　　ウ　もじもじ　　エ　いそいそ　　オ　てきぱき

問７　傍線④「そんな大事なこと」の内容を、次の文の【　　】にあてはまるように、本文中から二十字で抜き出し、その最初と最後の三字をそれぞれ記しなさい。（句読点、カッコなども字数に数えて答えなさい。）

【　二十字　】ということ。

問８　傍線⑤「背筋を伸ばして」で、私はどうしてそのようにしたのか。最も適当なものを次から一つ選び、記号で答えなさい。

ア　タカヒコ君をがっかりさせるようなことを言わなければならないので、少しでも自分に気合いを入れて乗り切ろうとしているから。

イ　私に代書を依頼しに来たタカヒコ君に対して、その注文とは違ってもっとおかあさんに感謝を伝えられる提案をしようとしているから。

ウ　太陽の下にいるとまぶしさのあまり自分が前かがみになってきて、それは私の心の弱さが表れてしまっているのだと反省したから。

エ　素直なタカヒコ君に対面していると、私の姿勢が悪いままではタカヒコ君に悪い影響を与えてしまうのではないかと思われたから。

問１　空欄《くうらん》Ａに入る語句として最も適当なものを次から一つ選び、記号で答えなさい。

ア　らしい　　イ　そうな　　ウ　はずの　　エ　ような　　オ　とたん

問２　傍線《ぼうせん》①「気づいた」で、私は何に気づいたのか。次の文の【　　】にあてはまるように、本文中から八字で抜《ぬ》き出しなさい。（句読点、カッコなども字数に数えて答えなさい。）

タカヒコ君の【　八字　】に気づいた。

問３　空欄Ｂに入る語句として最も適当なものを次から一つ選び、記号で答えなさい。

ア　また　　イ　きっと　　ウ　果たして　　エ　どうして　　オ　そのまま

問４　傍線②「落ち着いた声」とありますが、私はタカヒコ君がどうして落ち着いた声を出したと思ったのですか。最も適当なものを次から一つ選び、記号で答えなさい。

ア　タカヒコ君は私が動揺しているのを感じ取って、その私にかえって配慮してくれているのだと思ったから。

イ　タカヒコ君は野球帽《ぼう》をかぶったよく陽に焼けた少年で、あともう少しで声変わりしそうな声をしているから。

ウ　タカヒコ君はとても礼儀《ぎ》正しい少年で、大人の人と話しているような雰囲気を持っていると私が感じたから。

エ　タカヒコ君は子どもでありながら見た目よりも成長が早く、大人びた行動をすることに私が気づいたから。

うことと、字を小さくして書くことだった。平仮名を大きな字で書くことは、できるらしい。でもそれだと、子どもが書いたみたいで嫌《いや》なのだと、小学六年生のタカヒコ君は主張した。

年相応の手紙を書いて、母親にかっこいい自分を見せたいというタカヒコ君の男気を垣間見《かいまみ》るようで、私はすっかり、タカヒコファンになってしまった。

タカヒコ君には明日もう一度ツバキ文具店に来てもらい、一緒に練習してから本番の手紙を書くことになった。

（中略）

それから、タカヒコ君を外の机へと案内する。その方が書きやすいんじゃないかと思って、ふだんは中に置いて使っている古い机を、外に出して準備していた。

「あぁ、ここに光がある」

タカヒコ君は、両方の手のひらで光を包み込むようにしながら、つぶやいた。

何でもないことのようにさらりと言ったけど、それは［Ｆ］、詩人が発した、とても深い意味を持つ言葉のようだった。

タカヒコ君は手のひらの光を抱《だ》っこするようにしながら、ニコニコ笑っている。本当に太陽が好きなのだ。⑥太陽の下でなら、何もかもが見えるように感じるのかもしれない。

平仮名と片仮名、基本的な漢字に関しては、おとうさんが教えてくれたそうだ。お風呂教室、とタカヒコ君は言った。お風呂に入って、まずはおとうさんがタカヒコ君の背中に文字を書き、それを覚えて今度はタカヒコ君がおとうさんの背中に文字を書く。それを繰《く》り返しながら、一文字ずつ、練習したのだという。だから、タカヒコ君が便箋《びんせん》に手紙を書くのも、それほど難しいわけではない。

最初は、私がタカヒコ君の手にそっと手を重ねて一緒に書いて練習する。もう、書く内容はタカヒコ君の頭の中に入っている。

四枚も練習すると、タカヒコ君はほぼ自力で字が書けるようになった。書いているうちにだんだん字が大きくなってしまうので、そういう時だけ、私がそっと助言する。

「そろそろ、本番の便箋に書いてみる？」

私がたずねると、タカヒコ君はこくんとうなずいた。［Ｇ］前に、書き上げたい。

（小川糸「キラキラ共和国」幻冬舎）

らだ。タカヒコ君は、この若さで、もう④そんな大事なことに気づいている。

「おかあさんは、優しい？　どんなおかあさんか、教えてくれますか？」

タカヒコ君みたいな少年が息子だなんて、おかあさんはたまらないだろう。

「おかあさんは、怒《おこ》るとめっちゃくちゃ怖《こわ》いです。でも、ふだんは優しくて、夏になると、河原にメダカをとりに連れて行ってくれたり、あと、バーベキュー行ったり。でも、いくら僕の目が見えないからといって、いきなりほっぺにチューとかするのは、ちょっと勘弁《かんべん》してほしいけど」

タカヒコ君が、ぶっとふてくされる。きっとおかあさんは、こんなタカヒコ君が愛しくて、思わずチューをしてしまうのだろう。

「視力は、どんな感じ？」

こんな質問をしても、タカヒコ君ならきっと大丈夫だという確信があった。

「太陽の明るさと、夜の暗さは感じることができます。だから、明るい場所にいると、世界が明るくなるんです。おかあさんは、あんまり日向《ひなた》にいると日射病とか熱中症になるんじゃないかって心配するんですけど、僕は太陽の下にいるのが好きなんです」

タカヒコ君の言葉通り、タカヒコ君には太陽に育てられたみたいな、ゆるぎのない健全さがあった。

「タカヒコ君、私、ひとつご提案があります」

⑤背筋を伸《の》ばして、私は言った。きっと、タカヒコ君には、すべて見えているのだ。何も見えないということは、すべてが見えている、とも言えるのかもしれない。だからきっと背筋を伸ばす私の姿も、[D]には映っているに違いない。

「私が代書することは可能です。でも、今回は、タカヒコ君が自分で書いてみたらどうかと思いました。そのお手伝いを、私がするというのは、どうですか？」

何よりも、[E]の字がプレゼントになると思ったのだ。

「僕が？　自分で手紙を!?」

タカヒコ君にとっては、予想外の提案だったらしい。

「もちろん、タカヒコ君が自分で書けないところは、私が責任をもってサポートします。そんなに長い手紙ではないし、少し練習すれば、タカヒコ君も書けると思うの」

しばらくして、タカヒコ君は、わかりました、と静かに答えた。

この日は、手紙に書く文章を決めるまでの作業をやった。タカヒコ君の希望は、なるべく漢字を使

「今、何か飲み物を用意してきますね。タカヒコ君は、冷たいのとあったかいの、どっちがいいかしら？」

私からの問いかけに、タカヒコ君は少し考えてからしっかりとした口調で言う。

「水をくれますか？　今、ずっと歩いてきたので、ちょっとだけ喉《のど》が渇《かわ》いています」

私はなんだか、大人の人と話しているような気持ちになった。

「氷は入れる？」

「二、三個、入れてもらっていいですか？」

タカヒコ君が水に口をつけてから、私は改めてたずねた。

「さてと、どんなご依頼《いらい》でしょう？」

タカヒコ君は、まっすぐに私の目を見て言った。

「僕、おかあさんに手紙を書きたいんです。もうすぐ、母の日なので、カーネーションと一緒《いっしょ》に、手紙をおくりたくて。

　僕は、ほとんど目が見えません。読むのは点字を使っているし、何かを伝えたい時は話して伝えます。だから、文字が書けなくても、ふだんはそんなに困りません。でも、おかあさんには、③ふつうの子どもみたいに、手紙を書いてみたいんです」

　タカヒコ君を見ているだけで、タカヒコ君のおかあさんがどんなに彼を愛情たっぷりに育てているかが伝わってきた。

「タカヒコ君は、おかあさんに、どんな手紙を書きたいの？」

私からの質問に、えーっと、とつぶやいてから、

「毎日、お弁当を作ってくれて、ありがとう、かな。あ、あと、」

タカヒコ君が、そこまで言って言葉を濁《にご》す。

「あと、なあに？」

優しく問いかけると、しばらくしてからタカヒコ君は妙《みょう》に［　C　］しながら言った。

「おかあさんが、僕のおかあさんで、よかった、って」

私は思わず泣きそうになってしまった。タカヒコ君は、顔を真っ赤にしている。

おかあさんが、僕のおかあさんで、よかった。

そんなことは、人生の晩年を迎《むか》えたり、親を失ってから、やっとそういう心境になれるのがふつうなんじゃないだろうか。私だって、先代が自分の祖母でよかったと思えたのは、先代が亡くなってか

三　次の文章を読んで、後の問いに答えなさい。

> 亡くなった祖母（先代）の後を継いで、鎌倉でツバキ文具店を開いている私（雨宮鳩子）は、注文を受けて葉書や手紙を美しく代書することを仕事にしている。

少年がツバキ文具店に現れたのは、世の中がゴールデンウィークに入る直前の、ある晴れた日の午後のことである。

「こんにちは」

おなかの底から寄り道せずに声になった　A　、まっすぐな声がする。顔を上げると、野球帽《ぼう》をかぶった少年が立っていた。

「はじめまして、僕《ぼく》、鈴木《すずき》タカヒコといいます。ちょっと代書の相談にのってもらいたくて、北鎌倉《かまくら》から来ました。

えーっと、雨宮鳩子《あめみやはとこ》さんで間違《まちが》いありませんか？」

見た目の印象よりも、ずっとしっかりしている。あともう少しで、声変わりしそうな声だった。

顔も手足も、よく陽に焼けている。だから、私は最初、タカヒコ君の目が見えないことに全く気づかなかった。けれど、どうやらタカヒコ君は視力をすでに失っている。さっき、タカヒコ君が何かを探るようにしながら机の角に触《ふ》れている姿を見て、そうだと①気づいたのだ。

「こちらに、どうぞ」

私は椅子《いす》を出した。

けれど、どうぞと言われても、　B　椅子の場所がわかるのだろうか。こんな時、とっさにどう手伝ってあげていいのかわからなくなる。急に体を触《さわ》られたら、逆にびっくりしてしまうかもしれない。

「えーっと、なんとなく声のする方に歩いてますから、大丈夫《だいじょうぶ》です」

私の動揺《どうよう》が伝わったらしい。タカヒコ君が、②落ち着いた声で言った。

商品の置かれた棚《たな》と棚の間をゆっくりと進みながら、タカヒコ君が私の方へと向かってくる。椅子に腰《こし》かける時だけ、ほんの少し介助《かいじょ》した。

「ありがとうございます」

タカヒコ君は、とても礼儀《れいぎ》正しい少年だった。

問４　傍線１「とても大きな変化」とありますが、変化したこと（もの）の中で最も大きな変化は何の変化ですか。本文中から五字で抜《ぬ》き出しなさい。

問５　傍線３「この両者」とありますが、何と何のことですか。本文中から①三十四字と②六十字で抜き出し、その最初と最後の三字をそれぞれ記しなさい。（句読点、カッコなども字数に数えて答えなさい。）

問６　傍線４「目に見えるもの」とありますが、ここでいう「目に見えるもの」の具体例として最も適当なものを次から一つ選び、記号で答えなさい。

ア　知恵　　イ　信頼　　ウ　財産　　エ　やさしさ　　オ　自由

問７　傍線５「外側の価値観」とありますが、意識的にせよ無意識にせよ、ここでいう「外側の価値観」にあわせていくうちにできあがってしまう自分らしさのようなものを筆者は何と表現していますか。本文中から三字で抜き出しなさい。

問８　傍線６「人の数だけ答えがある状態」とありますが、「いろいろな種類や傾向があり、変化に富んでいること」を表す三字の言葉を本文中から抜き出しなさい。

問９　傍線７「嘘をつく」とありますが、ここでは誰が（何が）、誰に（何に）嘘をつくのですか。本文中の言葉を使って解答欄にあうように簡潔に答えなさい。

問10　傍線８「衣服やサングラスや仮面」とは、本文においては何のたとえですか。本文中から四字で抜き出しなさい。

・やさしくて、あたたかく、ゆったり、ゆっくりしたものが好まれる
・自然がよりたいせつになっていく
・自由がよりたいせつになっていく
・表面的なことよりも、本質がより大事にされていく。本質的になっていく
・人間がしていた仕事を機械がやるようになる
・ピラミッド形ではなく、丸い円形のシステムや社会構造が増える
・より平和的、調和的なものが好まれる
・「ないもの」ではなく「あるもの」を数えるようになる

などです。

（服部みれい「自分をたいせつにする本」筑摩書房　一部省略がある。）

※蔓延……植物の蔓（つる）が延びて広がること。転じて、病気などが広がること。
※リモートワーク……自宅など会社から離れた場所で仕事を行う勤務（きんむ）の仕方、形態（けいたい）。
※ケア……世話や配慮（はいりょ）、気配り、手入れなどをすること。
※ネガティブ……物事に否定的、消極的である様子、傾向。
※個々人……それぞれの人。
※固定概念……定着している考え、変わらない考え方。固定観念（こていかんねん）、思い込み。
※女性性……一般に、優しさ、認める気持ち、許す気持ち、共感する気持ち、感性の豊かさなどを指す。

問１　傍線《ぼうせん》２「一寸先」という語を使った「人生はほんの少し先のことでさえも予測できない」という意味のことわざを答えなさい。

問２　空欄《くうらん》【　Ａ　】にあてはまる漢字一字を記しなさい。

問３　空欄【　Ｂ　】にあてはまるものとして最も適当なものを次から一つ選び、記号で答えなさい。

ア　権力構造　　イ　情報化社会　　ウ　地球温暖化　　エ　都市型　　オ　少子高齢化社会

わたしは本当に今の状況を、たくさんのかたがたがほんらいの自分、ほんらいのありかたに戻《もど》る大チャンスだと実は感じ取っています。もう、まやかしの「自分風」でがんばる時代は終わったのです。大勢が「よい」とする世界に個人が合わせるのではなく、※個々人《ここじん》が自分たちの幸福をそれぞれに追求したら、それがめぐりめぐって全体の幸福になっている世界に移行しつつあるのです。嘘《うそ》をついてももうごまかせなくなったのです。いや、7嘘をつく必要がなくなっていくのでしょう。価値観もますます多様になります。誰かの答えが自分の答えにはなりません。本質的に、自分を信じて生きるほかなくなったのです。

このような大転換《てんかん》期をよりスムーズに乗り越えるには、自分ひとりの時間をたいせつにすることです。そして、自分と向き合い、「自分風」を点検し、少しずつ、8衣服やサングラスや仮面を外していくことをはじめるのです。今まで常識だと思っていたことを疑ってみてください。人と違うことを恐れないでほしいのです。自分にとっての真の豊かさとは何なのか。誰とも比較せず、自分でそのことを知り、選択するときがきています。自分にしか自分のほんとうの声ってわからないものです。その声を信頼する時は今、です。

わたしが考えているあたらしい時代の特徴にはこんなことがあります。

・とにかく計画ができない
・ものごとのスピードがどんどん速くなっていく
・より個人単位で考えるようになる
・個が重視される
・多様性が重視される
・「頭」より「こころ」が重視される
・所有の概念《がいねん》が変わる、所有しなくなる、シェア（共有）するようになる
・目に見える物質的なものよりも目に見えないもの（情報や知恵、信頼関係、人と人とのつながりなど）が重要になっていく
・お金や仕事などの※固定概念があたらしいありかたに変わっていく
・女性の観点や※女性性がより重要になっていく

の世界ではなくて、ほんらいの自分自身で生きていくというような、なにか、自立した人間どうしでつくりあげる社会がこの先には現れるはずだとも思っています。

「コロナ禍《か》」という表現がありますが、わたしは、同時に「コロナ【　A　】」でもあると感じています。「禍」というわざわいがあるならば、同時に可能になったことやあたらしく生まれる可能性もあるだろうと思うのです。

まず、忙しすぎた人は自分の仕事の見直しができました。無理に通勤しなくとも※リモートワークで働くというもうひとつの選択肢《せんたくし》が生まれました。遠く離れていてもネットを通してたくさん交流ができることもわかってきました。

自然破壊の原因のひとつである一極集中する【　B　】をベースにしたやりかたでなくとも仕事ができることは、より明確になってきています。

生活がとまった反面、自然環境は急激にその元気を取り戻しました。

家族で交流が増えたケースもあります。たいせつな人とそうでない人がはっきりしたというケースもあるでしょう。同時に、人と人とのつながりや信頼関係が、生きていくうえでより大きな比重を占《し》めるようになっていっています。日々の何気ない暮らしのことをたいせつにしはじめた人も増えました。

自分の心身の※ケアを自分でしようという人も増えました。予防医学に目を向ける人が増え、免疫《めんえき》力《りょく》を高めるということに意識がむくようになりました。いのちのたいせつさをあらためて感じ入る機会にもなっています。

そうして何よりも、各自が、5外側の価値観ではなくて、いよいよ、ほんらいの自分に戻り、自分軸《じぶんじく》で生きるということに注目が集まっているということが、何よりとてもすばらしいことに感じられるのです。

もちろん、※ネガティブなこともたくさんあります。でも、怖い、不安だ、心配だ、と嘆《なげ》いたり怒《おこ》ったりしているだけでは、根本の解決になりません。外側に答えを求めようとしたって、6人の数だけ答えがある状態です。誰かが勧《すす》めることに従ったとしても、自分にそれが合うというわけでもありません。来月どうなっているか、誰にもわからないような世界になっているのです。なにもかも１００パーセント自分で責任をとる気持ちで自分軸で考えて、行動をすることが求められる時代になったのです。

二　次の文章を読んで、後の問いに答えなさい。

今、世界は[1]とても大きな変化の中にいます。黒だったことが白になったり白だったことが黒になるくらい、価値観が反転していたりします。[2]一寸先にどういう変化が起こるかわからなければ、「問題」と思えることをどう解決していいか誰もわからないということもたくさんあります。

たとえば、２０１９年末から、世界中に感染症が※蔓延《まんえん》しました。働き方や、外出のしかた、人との距離《きょり》、さまざまな変化が起こりました。それにともなって、仕事が変わったり、住む場所が変わったり、家族が変わったりしている方も多いでしょう。なにより、人々の意識が、大きく変わりはじめています。感染症の一件は、ひとつのきっかけであるにすぎず、多かれ少なかれ、人の意識に変化が起きるタイミングだったのかもしれません。いや、この感染症の影響《えいきょう》で、変化のスピードは速くなったかもしれません。何より人は前よりも「死」を身近に感じるようになり、自分で自分の身を守るという意識が芽生えたと思います。なにかに依存しているだけでは生きられないということもわかってきたように思います。

さらには、たとえば、ワクチンひとつとっても、「感染症にかかりたくないからなんとしても打ちたい」という人もいれば、「副作用などについてよくわかっていない段階で、ワクチンを打つなんて危険だ。絶対に打ちたくない」という人もいます。どちらも本気でそう思っているのです。これからの時代、ひとりひとりの意見が、こんなふうにひとによって、びっくりするほど掛《か》け離《はな》れるというのも特徴《とくちょう》です。何がいい／悪い、ではありません。

いずれにしても、本当に自分で自分に責任をもたないと、誰かからいわれたまま動かされるような、まるで奴隷《どれい》や家畜のような生き方になる気がします。超強固な管理社会の一員として生きる生き方です。

一方で、自分で自分に責任をもつことを選んで、はっきりと自立し自分の頭で考え、自分の足で立ち、自分自身をよりどころにして生きることもできます。[3]この両者が、はっきり分けられるような世の中になるように感じています。

あたらしい世界というのは、こんなふうに世界が分かれていくばかりか、今までとまったくちがう価値観や意識状態がやってきて、[4]目に見えるものより目に見えないものが、予定してなにか行うというよりは、その場その場で決めていくことが大事になるような世界になりそうです。また、「自分風《じぶんふう》」

二〇二二年度 城北埼玉中学校

【国語】〈第一回試験〉（五〇分）〈満点：一〇〇点〉

〔解答用紙記入上の注意〕

○文字ははっきりと丁寧《ていねい》に書くこと。
○特に漢字の書き取りは、トメ・ハネにも注意すること。
○字数に制限がある問いに対しては、その指示をよく確認すること。

一　次の傍線部のカタカナを漢字に、漢字をひらがなに改めなさい。

1　チョキン箱が重たくなってきた。
2　あの人は仕事のノウリツが悪い。
3　二人とも意地を張ってコンクラベが続いている。
4　川越は美しく風情のある町並みが残っている。
5　ぜひともご意見を承りたいものです。

2022年度

城北埼玉中学校　▶解説と解答

算　数　＜第１回試験＞（50分）＜満点：100点＞

解　答

$\boxed{1}$ (1)　1　(2)　42分　(3)　①　4　②　12個　(4)　**２教科とも80点以上**　69人　**国語が80点以上**　113人　(5)　**ア**　45度　**イ**　84度　(6)　③／**理由**…(例)　解説を参照のこと。　$\boxed{2}$ (1)　午前10時40分　(2)　毎時15km　(3)　$11\frac{1}{4}$km　$\boxed{3}$ (1)　30cm^2　(2)　78cm^2　(3)　231cm^3　$\boxed{4}$ (1)　12通り　(2)　36通り　(3)　58通り　$\boxed{5}$ (1)　１：４　(2)　20cm^2　(3)　３：２　(4)　$9\frac{1}{3}$cm^2

解　説

$\boxed{1}$ **四則計算，逆算，ニュートン算，約束記号，周期算，集まり，角度，整数の性質**

(1)　$\left(1\frac{4}{7}\times1\frac{1}{6}-\frac{4}{21}\right)\div\frac{1}{3}=\left(\frac{11}{7}\times\frac{7}{6}-\frac{4}{21}\right)\times\frac{3}{1}=\left(\frac{11}{6}-\frac{4}{21}\right)\times3=\left(\frac{77}{42}-\frac{8}{42}\right)\times3=\frac{69}{42}\times3=\frac{69}{14}$より，$\square\times3\frac{1}{2}+2\div1.4=\frac{69}{14}$となる。よって，$\square\times3\frac{1}{2}=\frac{69}{14}-2\div1.4=\frac{69}{14}-\frac{20}{14}=\frac{49}{14}=\frac{7}{2}$より，$\square=\frac{7}{2}\div3\frac{1}{2}=\frac{7}{2}\div\frac{7}{2}=1$と求められる。

(2)　１分間にわき出る井戸の水の量を①，ポンプ１台が１分間にくみ出す水の量を$\boxed{1}$とする。ポンプ５台が252分ですべての水をくみ出したとき，252分でわき出た水の量は，①×252＝$\textcircled{252}$，ポンプ５台が252分でくみ出した水の量は，$\boxed{1}$×５×252＝$\boxed{1260}$なので，右の図１のアのように表せる。

図１

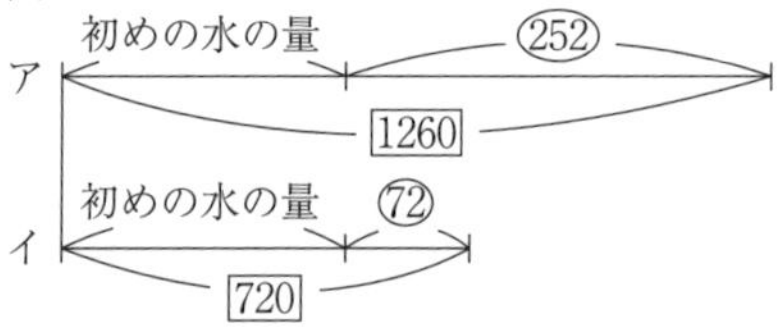

同様に，ポンプ10台が72分ですべての水をくみ出したとき，72分でわき出た水の量は，①×72＝$\textcircled{72}$，ポンプ10台が72分でくみ出した水の量は，$\boxed{1}$×10×72＝$\boxed{720}$なので，図１のイのように表せる。ア，イより，$\textcircled{252}$－$\textcircled{72}$＝$\textcircled{180}$が，$\boxed{1260}$－$\boxed{720}$＝$\boxed{540}$と等しいから，①にあたる量は，$\boxed{540}$÷180＝$\boxed{3}$とわかる。よって，初めの井戸の水の量は，$\boxed{720}$－$\textcircled{72}$＝$\boxed{720}$－$\boxed{3}$×72＝$\boxed{504}$である。また，ポンプ15台でくみ出すと，１分間に$\boxed{15}$の水がくみ出せるので，井戸の水の量は１分間に，$\boxed{15}$－$\boxed{3}$＝$\boxed{12}$ずつ減っていく。したがって，すべてくみ出すのに，504÷12＝42(分)かかる。

(3)　①　２を10回かけたときの一の位の数を求めればよい。2，２×２＝4，４×２＝8，８×２＝16，16×２＝32，…より，２を何回かかけたときの一の位の数は{2，４，８，６}の４つをくり返すとわかる。よって，10÷４＝２余り２より，10回かけたときの一の位の数は２回かけたときと同じ４となる。　②　ある整数を2021回かけたときと2022回かけたときで，一の位が同じになる場合を求める。まず，一の位が０，１，５，６の数は，それぞれ何回かけても一の位は０，１，５，６のままだから，条件にあてはまる。次に①より，一の位が２の場合は{2，４，８，６}のくり返しとなり，同様に考えると，一の位が３の場合は{3，９，７，１}，一の位が４の場合は{4，６}，一の位が７の場合は{7，9，3，1}，一の位が８の場合は{8，4，2，6}，一の位が９の場合は{9，1}のくり返しとなるので，いずれも条件にあてはまらない。よって，あてはまる数は１から30までの中で一の位が０，１，５，６の整数だから，１，５，６，10，11，15，16，20，21，25，26，30の12個ある。

(4)　２教科とも80点以上の人数を□とすると，算数が79点以下の人数も□となる。また，算数が80点以上で，国語が79点以下の人数は全体の１割より３人少なかったので，150×0.1－３＝12(人)になる。すると，右の図２のようにまとめることができ，算数が80点以上の人数は(□＋12)人だから，(□＋12)＋□＝150(人)より，□＝(150－12)÷２＝69(人)とわかる。よって，算数が80点以上の人数は，69＋12＝81(人)となり，国語が80点以上の人数はこの$\frac{4}{3}$倍より５人多いから，81×$\frac{4}{3}$＋５＝113(人)と求められる。

図２

国語＼算数	80点以上	79点以下	合計
80点以上	□		
79点以下	12		
合計	□＋12	□	150

(5)　右の図３で，三角形ADEは二等辺三角形だから，角AEDの大きさは，(180－108)÷２＝36(度)である。また，同じ印をつけた辺の長さはすべて等しいので，三角形DCEも二等辺三角形となり，角CDEの大きさは，360－90－108＝162(度)で，角DECの大きさは，(180－162)÷２＝９(度)とわかる。よって，アの角度は，36＋９＝45(度)と求められる。次に，三角形PBCは正三角形なので，角PBCの大きさは60度で，角ABPの大きさは，90－60＝30(度)となる。また，三角形ABPは二等辺三角形だから，角BAPの大きさは，(180－30)÷２＝75(度)となり，角DAQの大きさは，90－75＝15(度)とわかる。さらに，角DAEの大きさは角AEDと等しく36度なので，角EAQの大きさは，15＋36＝51(度)である。したがって，三角形AEQに注目すると，イの角度は，180－45－51＝84(度)と求められる。

図３

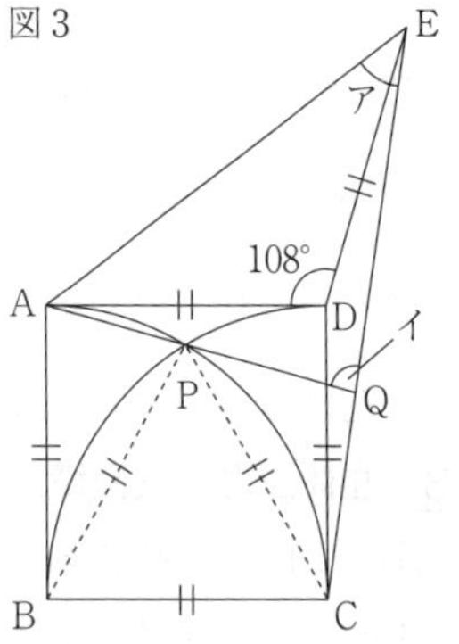

(6)　(奇数《きすう》)－(偶数《ぐうすう》)＝(奇数)，(偶数)－(奇数)＝(奇数)，(奇数)－(奇数)＝(偶数)，(偶数)－(偶数)＝(偶数)より，選んだ６つの整数がすべて奇数かすべて偶数の場合は，15通りの数すべてが偶数になる。それ以外の場合は15通りの数の中に奇数と偶数がまざるので，①と④は正しくない。次に，整数を５で割った余りは０～４のいずれかであり，異なる６つの整数のうち少なくとも２つは５で割った余りが同じ数になる。それらの整数を引き算すると５の倍数になるから，15通りの数の中に５の倍数は１つ以上ある。よって，②は正しくないが，③は正しい。

2　グラフ―速さと比，流水算

(1)　Ｊ号とＳ君が進んだようすは右の図のように表せる。Ｊ号がＡを出発してからＡに戻《もど》るまでの時間は，12時１分－９時10分＝２時間51分で，27分間Ｂで停泊《ていはく》したから，Ｊ号が進んだ時間の合計は，２時間51分－27分＝２時間24分＝$2\frac{24}{60}$時間＝2.4時間とわかる。また，上りと下りの速さの比は，３：５だから，上りと下りでかかった時間の比は，$\frac{1}{3}$：$\frac{1}{5}$＝５：３となる。よって，Ｊ号がＡ

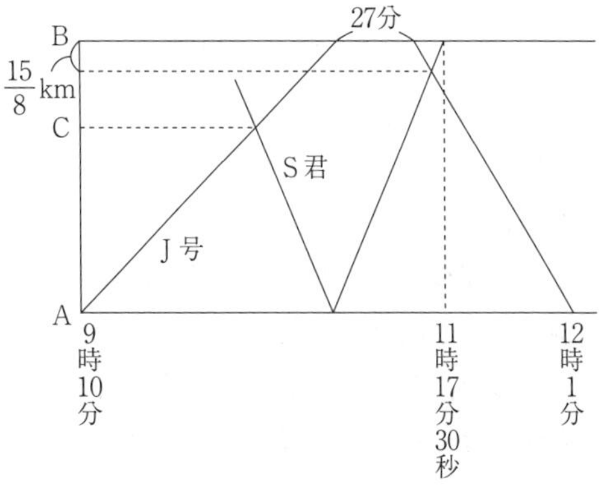

からＢまで上るのにかかった時間は，$2.4\times\frac{5}{5+3}=1.5$(時間)より，１時間30分だから，Ｂに到《とう》着《ちゃく》した時刻は，９時10分＋１時間30分＝10時40分と求められる。

(2)　Ｊ号がＢを出発した時刻は，10時40分＋27分＝11時７分である。また，２回目にすれ違《ちが》った地点からＢまでの距離《きょり》は$\frac{15}{8}$kmだから，Ｓ君はこの距離を，$\frac{15}{8}\div25\times60=4.5$(分)，つまり４分30秒で進んだことになる。すると，２回目にすれ違った時刻は，11時17分30秒－４分30秒＝11時13分となり，Ｊ号は$\frac{15}{8}$km下るのに，11時13分－11時７分＝６(分)かかったとわかる。よって，Ｊ号の下りの速さは毎時，$\frac{15}{8}\div6\times60=18\frac{3}{4}$(km)であり，Ｊ号の静水と下りの速さの比は，$\left(\frac{3+5}{2}\right):5=4:5$だから，Ｊ号の静水での速さは毎時，$18\frac{3}{4}\times\frac{4}{5}=15$(km)と求められる。

(3)　(2)より，Ｊ号の上りの速さは毎時，$18\frac{3}{4}\times\frac{3}{5}=11\frac{1}{4}$(km)である。また，AB間の距離は，$11\frac{1}{4}\times1.5=\frac{135}{8}$(km)だから，Ｓ君はAB間を進むのに，$\frac{135}{8}\div25\times60=40.5$(分)，つまり40分30秒かかる。すると，Ｓ君がＡに到着した時刻は，11時17分30秒－40分30秒＝10時37分で，このときＪ号はＢに到着する，10時40分－10時37分＝３(分)前であり，Ｓ君とＪ号の間の距離は，$\frac{135}{8}-11\frac{1}{4}\times\frac{3}{60}=16\frac{5}{16}$(km)となる。１回目にすれ違った後は，Ｓ君とＪ号は１時間に，$25+11\frac{1}{4}=36\frac{1}{4}$(km)の割合ではなれていくから，１回目にすれ違ったのは10時37分の，$16\frac{5}{16}\div36\frac{1}{4}\times60=27$(分)前とわかる。したがって，Ｓ君は27分で，$25\times\frac{27}{60}=11\frac{1}{4}$(km)進むから，ＣはＡから$11\frac{1}{4}$kmの地点と求められる。

3　立体図形―表面積，体積

(1)　１回目の操作後の立体を，上・下・前・後・左・右の６つの方向から見ると，いずれも１辺１cmの正方形が５個見える。よって，この立体の表面積は，$1\times1\times5\times6=30$(cm^2)とわかる。

(2)　操作を１回行うごとにできる立体を上から見ると，下の図のように表せる。図より，２回目の操作後の立体は，６つの方向からそれぞれ正方形が13個ずつ見えるので，表面積は，$1\times1\times13\times6=78$(cm^2)とわかる。

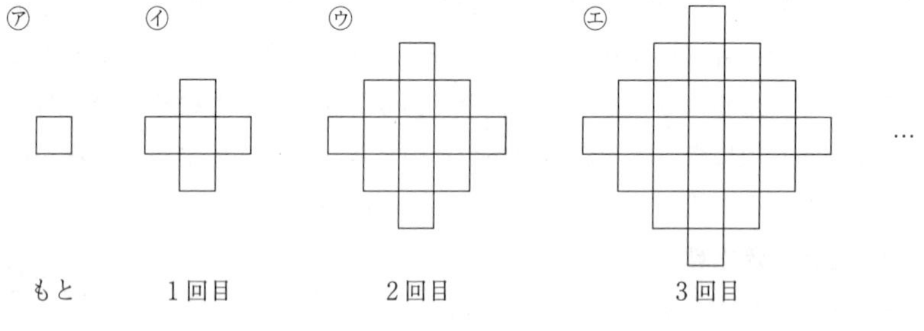

(3)　上の図で正方形の数を考えると，㋐は１個，㋑は，１＋４＝５(個)，㋒は，５＋８＝13(個)，㋓は，13＋12＝25(個)のように，増える数が４個ずつ大きくなっているから，４回目の操作後は，25＋16＝41(個)，５回目の操作後は，41＋20＝61(個)になる。また，５回目の操作後の立体を上から１段ずつ調べると，１段目と11段目には㋐のように１個ずつ，２段目と10段目には㋑のように５個ずつ，３段目と９段目には㋒のように13個ずつ，４段目と８段目には㋓のように25個ずつ並んでいるので，５段目と７段目には41個ずつ，６段目には61個並んでいる。よって，５回目の操作後の立体には１辺１cmの立方体が全部で，(１＋５＋13＋25＋41)×２＋61＝231(個)あるから，この立

体の体積は，1×1×1×231＝231(cm^3)と求められる。

[4] 場合の数，整数の性質

(1) 540＝3×5×6×6より，積が540になる4つの目の組み合わせは(3，5，6，6)となる。4つのさいころのうち，3の目が出るさいころが4通り，5の目が出るさいころが残りの3通りあり，それ以外は6の目になるから，目の出方は全部で，4×3＝12(通り)ある。

(2) 360＝5×6×12であり，12＝2×6，または，12＝3×4だから，積が360になる4つの目の組み合わせは，(2，5，6，6)か(3，4，5，6)となる。まず，(2，5，6，6)の場合は，(1)と同様に12通りある。次に，(3，4，5，6)の場合は，3の目が出るさいころが4通り，4の目が残りの3通り，5の目が残りの2通り，6の目が残りの1通りだから，4×3×2×1＝24(通り)ある。よって，全部で，12＋24＝36(通り)と求められる。

(3) 6の目が3つある場合は(2，6，6，6)，6の目が2つある場合は(3，4，6，6)，6の目が1つある場合は(3，5，5，6)，(4，4，4，6)，(4，4，5，6)があてはまる。これ以外に，5の目が3つある場合は(3，5，5，5)，(4，5，5，5)，5の目が2つある場合は，(4，4，5，5)があてはまる。5の目も6の目もない場合は条件にあてはまらないので，それぞれの目の出方を考えると，(2，6，6，6)，(4，4，4，6)，(3，5，5，5)，(4，5，5，5)は4通りずつある。また，(3，4，6，6)，(3，5，5，6)，(4，4，5，6)は12通りずつある。最後に，(4，4，5，5)は4つのさいころから4の目が出るさいころを2つ選べばよいので，$\frac{4\times3}{2\times1}$＝6(通り)である。よって，積が360より大きく，540より小さくなる目の出方は全部で，4×4＋12×3＋6＝58(通り)と求められる。

[5] 平面図形—相似，長さ，面積，辺の比と面積の比

図1

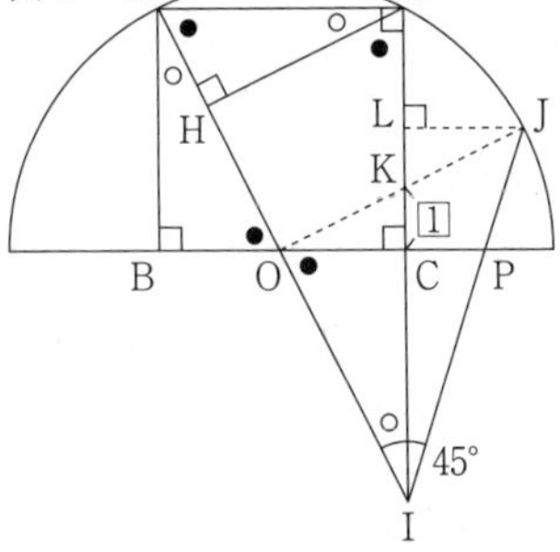

(1) 右の図1で，四角形ABCDは正方形で，AOとDOの長さは等しいから，点Oは辺BCの真ん中の点である。そこで，AB：OB＝2：1とわかり，同じ印をつけた角どうしの大きさは等しいから，三角形ABO，三角形DHA，三角形IHDは相似になる。よって，DH＝2，AH＝1とすると，IH＝2×$\frac{2}{1}$＝4だから，AH：HI＝1：4と求められる。

(2) 点Oは辺BCの真ん中の点なので，三角形ABOと三角形ICOは合同となり，面積が等しい。すると，四角形ABCDの面積は三角形IDAの面積と等しくなる。また，三角形IDAは底辺をAIとすると，高さはDHである。このとき，OA＝OI＝5cmだから，AI＝5×2＝10(cm)となり，AH：HI＝1：4より，AH＝10×$\frac{1}{1+4}$＝2(cm)で，DH＝2×$\frac{2}{1}$＝4(cm)とわかる。したがって，三角形IDAの面積，つまり，四角形ABCDの面積は，10×4÷2＝20(cm^2)と求められる。

(3) 図1のように，OJとCDの交わる点をKとし，点JからDIへ垂直な直線JLを引く。まず，三角形OIJは，OI＝OJ＝5cmの二等辺三角形で，角OIJが45度だから，角IOJの大きさは，180−45×2＝90(度)となる。すると，角CIOと角COKは等しいので，三角形ICOと三角形OCKは相似になり，OC：CK＝IC：CO＝2：1より，CKの長さを[1]とすると，OC＝[2]，IC＝[2]×$\frac{2}{1}$＝[4]となる。また，OJとHDは平行だから，三角形IOKと三角形IHDは相似で，OK：HD＝OI：HI＝5：(10−2)＝5：8となる。よって，OK＝4×$\frac{5}{8}$＝2.5(cm)，KJ＝5−2.5＝2.5(cm)より，三角形OCKと

三角形JLKは合同となり，LK＝CK＝$\boxed{1}$，LJ＝OC＝$\boxed{2}$だから，LI＝$\boxed{1}$＋$\boxed{1}$＋$\boxed{4}$＝$\boxed{6}$である。さらに，三角形ICPと三角形ILJも相似だから，CP：LJ＝CI：LI＝4：6＝2：3より，CP＝$\boxed{2}\times\frac{2}{3}=\boxed{\frac{4}{3}}$とわかる。したがって，OC：CP＝2：$\frac{4}{3}$＝3：2と求められる。

(4) 右の図２で，三角形DHPの面積は，三角形DHOと三角形DOPの面積の和から三角形HOPの面積を引くと求められる。まず，OH＝8－5＝3(cm)より，三角形DHOの面積は，$3\times4\div2=6$(cm^2)である。また，点OはBCの真ん中の点だから，三角形DOCの面積は，正方形ABCDの面積の$\frac{1}{4}$となり，$20\times\frac{1}{4}=5$(cm^2)となる。ここで，OC：CP＝3：2より，三角形DOPと三角形DOCの面積の比は，OP：OC＝(3＋2)：3＝5：3だから，三角形DOPの面積は，$5\times\frac{5}{3}=\frac{25}{3}$(cm^2)になる。さらに，三角形IOPの面積は三角形DOPの面積と等しいので，$\frac{25}{3}$cm^{2}であり，三角形HOPと三角形IOPの面積の比は，OH：OI＝3：5となるから，三角形HOPの面積は，$\frac{25}{3}\times\frac{3}{5}=5$(cm^2)とわかる。よって，三角形DHPの面積は，$6+\frac{25}{3}-5=9\frac{1}{3}$(cm^2)と求められる。

図２
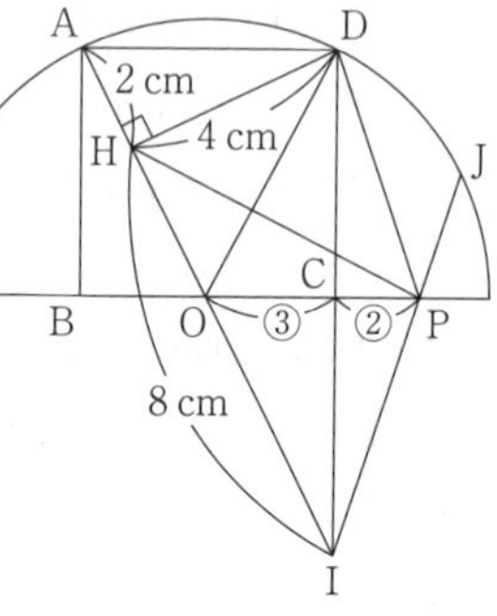

社　会　＜第１回試験＞（30分）＜満点：50点＞

解　答

問１　**1**　縄文　**2**　承久　**3**　源頼朝　**4**　後鳥羽上皇　**5**　足利義満　**6**　名字(苗字)　**7**　核家族　**8**　岩崎弥太郎　**問２**　エ　**問３**　ア　**問４**　(1)　ウ　(2)　イ　**問５**　(1)　水戸(市)　(2)　ア　**問６**　オ　**問７**　(1)　ア　(2)　ウ　**問８**　ア　**問９**　青森(県)　**問10**　ウ　**問11**　徳川綱吉　**問12**　エ　**問13**　ウ　**問14**　(1)　イ　(2)　エ　**問15**　ウ　**問16**　(1)　ア　(2)　小選挙区比例代表並立制　**問17**　(1)　関西国際空港　(2)　イ　**問18**　ウ　**問19**　エ　**問20**　イ　**問21**　エ　**問22**　(1)　ウ　(2)　独占禁止法

解　説

紋章《もんしょう》を題材にした問題

問１　**1**　縄文時代には土器の使用が始まり，縄目《なわめ》の文様がついた縄文土器がつくられた。縄文土器は低温で焼かれたため，厚手《あつで》でもろく，おもに食べ物の煮炊《にた》きに用いられたと考えられている。　**2～4**　1185年に壇ノ浦で平家を滅《ほろ》ぼした源頼朝は，1192年に征夷《せいい》大将軍に任じられ，名実ともに鎌倉幕府を成立させた。これによって武家政権が確立したが，第３代将軍の源実朝《さねとも》が亡《な》くなり源氏の正系がとだえると，1221年，政権を朝廷の手に取りもどそうと考えた後鳥羽《ごとば》上皇が鎌倉幕府打倒を全国の武士によびかけ，戦いが始まった。しかし，上皇に味方する武士は少なく，上皇軍は敗れて上皇は隠岐《おき》(島根県)に流された。この戦いは，この当時の年号(元号)をとって承久《じょうきゅう》の乱とよばれる。したがって，この前年にあたる1220年の元号も承久と推測でき，1220年は承久２年と考えられる。　**5**　室町幕府の第３代将軍は，初代将軍足利尊氏の孫の足利義満である。足利義満は将軍になると，京都室町に「花の御所」を造営して政治を行い，幕府の全盛期を築いた。そして，1394年には将軍の地位を子の義持にゆずって太政《だいじょう》大臣となったが，その後も政治の実権は義満が握《にぎ》った。義満のおもな業績としては，南北朝を合一したこと，明(中国)との貿易(勘合貿易)を始めたこと，京都の北山に金閣を造営したことなどがあげられる。　**6**　江戸時代，支配階級に置かれた武士には，名字帯刀(苗字《みょうじ》帯刀)や切り捨て御免《ごめん》が特権として認められていたが，武士以外の庶民《しょみん》が名字を名乗ることは禁じられていた。しかし，明治時代になると帯刀は禁止され，庶民でも名字を名乗ることが許されるようになり，のちに名字を名乗ることは義務化された。　**7**　核家族は家族の最も基礎《きそ》的な構成で，一般的には夫婦のみ，あるいは夫婦と未婚《みこん》の子，父親あるいは母親とその未婚の子で構成されている家族のことをいう。　**8**　岩崎弥太郎《やたろう》は土佐藩《はん》(高知県)出身の実業家である。藩営の商社に勤めてその腕《うで》をみがき，明治時代にはこの商社を引き継《つ》いで海運業を中心に事業を発展させた。そして，1873年には会社名を三菱《みつびし》商会，1875年には郵便汽船三菱会社と改めた。三菱会社は政府の保護も受けて三菱財閥《ざいばつ》へと成長したが，第二次世界大戦後の財閥解体によって解体され，その後は系列企業《きぎょう》が三菱グループを形成し，現在にいたる。

問2　エは「ユニオンジャック(ユニオンフラッグ)」とよばれるイギリスの国旗で，濃《こ》い青地に赤い十字と斜《なな》め線，それを白でふちどるデザインになっている。これは，イングランドの国旗(白地に赤い十字)とスコットランドの国旗(青地に白い斜め十字)とアイルランドの有力貴族であったギルデア伯爵《はくしゃく》の旗を組み合わせたものである。なおイギリスは，イングランド・スコットランド・ウエールズ・北アイルランドの連合王国で，正式には「グレートブリテン及《およ》び北アイルランド連合王国」という。また，アは中国，イはドイツ(配色は上から順に黒，赤，黄)，ウはインドの国旗である。

問3　文章より，家紋が絵を描《か》いて何かを伝える方法の一つであることが読み取れる。絵と文字は，どちらも目で見ることでそこから情報を得ることができる。しかし，絵と違《ちが》って文字は読めなくてはそこに書かれた情報を正しく読み取ることができない。したがって，家紋という絵があれば，文字が読めない人にも情報を伝えることができるということが，空欄《くうらん》②をふくむ文で説明されていると考えられる。

問4　(1)　漢字は，5世紀に渡来人によって朝鮮半島の百済《くだら》から日本にもたらされ，6～7世紀ごろから本格的に使用されるようになったと考えられている。5世紀は古墳時代にあたり，畿内に大《おお》王《きみ》を中心とする豪族の連合政権(ヤマト政権)が成立していたので，ウが適当。なお，アは旧石器時代，イは縄文時代末から弥生時代，エは平安時代のようすについて説明している。弥生時代に後漢の光武帝から奴国王に授けられた金印などには漢字が刻まれており，弥生時代にはすでに日本に漢字が伝わっていたと考えることもできるが，金印は中国大陸で制作されたものであり，当時の日本で漢字が本格的に使用されていたとはいえないので，イは適当ではない。　(2)　キリスト教は1549年にスペイン人の宣教師フランシスコ＝ザビエルによって日本に伝えられたので，イが適当ではない。なお，仏教や紙，儒教《じゅきょう》はいずれも漢字と同じく渡来人によって6～7世紀に日本に伝えられた。

問5　(1)　茨城県の県庁所在地は県中東部に位置する水戸市である。水戸市は，江戸時代に徳川御三家の一つ，水戸藩の城下町として栄えた。　(2)　茨城県は東京都などの大消費地に近いことから，新鮮なうちに安い輸送費で野菜などの農作物を出荷する近郊農業がさかんに行われており，北海道，鹿児島県についで全国で３番目に農業産出額が多い。なお，イは北海道，ウはおもに東北地方の日本海側や北陸地方，エはおもに群馬県や長野県の高原で行われている高冷地農業(抑制栽培《さいばい》)の特徴《とくちょう》について説明している。統計資料は『日本国勢図会』2021／22年版などによる(以下同じ)。

問６　①は752年，②は743年，③は741年のできごとで，いずれも聖武天皇の時代に行われている。④について，『日本書紀』は天武天皇から命じられた国史の編纂《へんさん》にもとづいて舎人《とねり》親王らが編纂した歴史書で，720年に完成した。よって，古い順に④→③→②→①となる。

問７　⑴　ダイバーシティは「多様化・多様性」を意味する英語で，もともとは多様な働き方を受け入れる考え方として広がったが，日本では社会における性別や国籍《こくせき》，宗教などの多様性を受け入れる考え方ととられることが多い。なお，イのサステナビリティは「持続可能性」，エのアセスメントは「評価」といった意味の英語。また，ウのグローバリゼーションは，経済や文化などの人間活動が，国や地域の枠組《わくぐ》みを越《こ》えて地球規模で一体化することをいう。　⑵　社会が多様化すると，性別による社会的な差もなくなると考えられる。したがって，男女で差が生まれるという内容のウが適当でない。

問８　ア　北海道は根釧台地や十勝平野で畜産業がさかんで，乳用牛も肉用牛も飼育《しいく》頭数は全国１位である。　イ　令和２(2020)年の全国の飲用牛乳等生産量は約357万キロリットルで，北海道は全国第１位だったが，その生産量は約56万キロリットルなので，割合は全国の約16％に過ぎない。ウ　平成31(2019)年の肉用牛の飼育頭数は北海道が，肉用若鶏《わかどり》(ブロイラー)の飼育羽数は宮崎県が全国第１位であった。　エ　平成31年の乳用牛の飼育頭数上位５位は，北海道・栃木県・熊本県・岩手県・群馬県で，九州地方の熊本県がふくまれている。

問９　青森市では８月上旬《じょうじゅん》に青森ねぶた祭が行われる。ねぶた祭では，武者絵などを描いた大きな張子《はりこ》の人形を屋台にのせ，中に灯《ひ》をともす山車《だし》とうろうが披露《ひろう》され，市中を練り歩く。なお，ねぶた祭は，宮城県の仙台七夕まつりと秋田県の竿燈《かんとう》まつりとともに東北三大祭りを構成する。

問10　花びらの先がとがっていることと，写真ではややわかりづらいが，葉が笹《ささ》のような形をしていることから，ウと推測できる。ウは「久我《こが》龍胆《りんどう》車」とよばれる家紋で，久我家などが用いている。なお，アは梅，イは桐《きり》，エは桔梗《ききょう》の花や葉を図案化した家紋である。

問11　徳川綱吉は江戸幕府の第３代将軍徳川家光の子で，のちに第４代将軍家綱の養子となり，第５代将軍に就任した。綱吉は，儒学の中でも特に身分や秩序《ちつじょ》を重んじる朱子学によって文治政治を行ったが，生類憐《しょうるいあわれ》みの令という極端な動物愛護令を出したり，質の悪い貨幣《かへい》を発行したりしたことで，社会や経済に混乱をもたらした。なお，示された家系図には徳川家で将軍を務めた15人全員が載《の》っているが，第３代将軍徳川家光の子であることから，空欄《くうらん》１が比較《ひかく》的早い代の将軍であることが読み取れ，解答を導き出す手がかりになる。

問12　ア　九州地方の北東部に位置する大分県は，福岡県・熊本県・宮崎県と接しているが，佐賀県とは接していない。なお，佐賀県は福岡県・長崎県と接している。　イ　阿蘇《あそ》山は熊本県北東部に位置する。　ウ　登別《のぼりべつ》は北海道南西部に位置する温泉地である。　エ　大分県について正しく説明している。

問13　下線部⑫の直前に「16枚の花弁《はなびら》が表を向いて重なる」とあるので，ウが正しいと判断できる。なお，アは「丸に十二菊」，イは「八つ菊」，エは「三つ横見菊」とよばれる家紋である。

問14　⑴　1467年，室町幕府の第８代将軍足利義政の後継ぎ争いに有力守護大名の争いなどが結びつき，応仁の乱が起こった。戦いは，細川勝元を指導者とする東軍と山名宗全(持豊)を指導者とする西軍との間で，京都を主戦場に11年間行われた。これによる政治的な混乱や幕府の弱体化が下剋上の風潮を招き，戦国時代が始まった。なお，大内義隆《よしたか》は周防《すおう》(山口県東部)を拠点《きょてん》とした戦国大名。有力守護大名の赤松満祐《みつすけ》は，1441年に謀反《むほん》を起こして第６代将軍足利義教《よしのり》を暗殺したが，山名宗全らに攻《せ》められて自害した(嘉吉《かきつ》の乱)。　(2)　京都は平安時代ごろから織物産業がさかんだったが，応仁の乱によって大きくおとろえた。しかし，山名宗全が率いた西軍の陣地《じんち》がおかれた場所に豊臣秀吉が織物の職人を集めたことで，この地域は絹織物産業のさかんな地域として復興・発展した。その生産地から，この地域でつくられた絹織物は「西陣織」とよばれ，伝統的工芸品として現在まで受け継がれている。なお，アは石川県の輪島塗《ぬり》，イは岩手県の南部鉄器，ウは佐賀県の有田焼で，いずれも国の伝統的工芸品に指定されている。

問15　紀州は紀伊国の別称で，現在の和歌山県全域と三重県の一部にあたる。江戸時代には御三家の一つ紀州徳川家が治めていた。和歌山県は果樹栽培がさかんで，みかんや梅の生産量は全国で最も多い。また，県庁所在地である和歌山市の沿岸部には製鉄所があり，鉄鋼業がさかんである。したがって，ウが正しい。なお，アは茨城県，イは富山県，エは愛知県について説明している。

問16　(1)　埼玉県の県章は，埼玉県にゆかりの深い勾玉《まがたま》を16個，円形に並べたデザインとなっている。なお，イは東京都のシンボルマーク，ウは千葉県の県章，エは静岡県の県章である。　(2)　2021年現在，衆議院議員総選挙では小選挙区比例代表並立制が採用されている。これは，一つの選挙区から最も得票数の多い一人が当選する小選挙区制と，政党の得票数に応じて議席を配分する比例代表制を組み合わせた選挙方式で，小選挙区制の289名と比例代表制の176名の合計465名が選出される。また，衆議院議員総選挙の比例代表制では拘束名簿《こうそくめいぼ》方式が採用されており，有権者は政党名を書いて投票する。政党はあらかじめ候補者に順位をつけた名簿を作成し，その名簿順に当選が決まっていくので，小選挙区で落選した人が比例代表で復活当選することもある。

問17　(1)　関西国際空港は大阪府泉佐野《いずみさの》市沖合の大阪湾を埋《う》め立ててつくった人工島に建設され，1994年に開港した。騒音《そうおん》の心配がほぼないため，24時間離着陸ができる。　(2)　阪神工業地帯は大阪・神戸を中心に大阪湾岸から内陸部にかけて広がる工業地帯である。沿岸部では鉄鋼や化学などの重化学工業がさかんだが，内陸部には機械や日用品などをつくる中小工場が多い。製造品出荷額等は中京工業地帯についで全国で２番目に多く，金属工業が約２割と，機械工業についで大きな割合を占《し》めていることが特徴といえる。なお，アは中京工業地帯，ウは京浜工業地帯，エは東海工業地域，オは京葉工業地域，カは関東内陸工業地域のグラフを示している。

問18　中華人民共和国は，ソビエト連邦の支援を受けた中国共産党の毛沢東《もうたくとう》が，蔣介石《しょうかいせき》率いる中国国民党を台湾に追いやり，1949年に建国を宣言した社会主義国家である。

問19　相続については民法で定められており，配偶者と子どもが相続人となった場合には，原則として配偶者が半分，残りの半分を子どもが均等に相続することになっている。

問20　インターネットを活用し，会社以外の場所で仕事をするというリモートワークは，新型コロナウイルス感染症《しょう》の拡大防止という観点から推奨《すいしょう》されるようになったが，職種によっては実施《じっし》が難しく，すべての企業で選べるようになったわけではない。

問21　冠婚葬祭《かんこんそうさい》は，もともとは人生の重要な節目である元服《げんぷく》(成人の儀式《ぎしき》)，結婚，葬式，祖先をまつる祭礼の四つを指した。したがって，アが「冠」，イが「婚」，ウが「葬」にあたり，エの卒業式は冠婚葬祭にふくまれない。

問22 ⑴　三菱グループのマークは，その名のとおり三つの菱形を組み合わせたデザインになっている。なお，アは武田氏の「武田菱」，イは北条家の「三つ鱗《うろこ》」，エは足利氏が使用した「丸に二つ引」の家紋である。　⑵　第二次世界大戦前の日本では財閥が経済界を支配し，戦争にも大きな影響を与えた。そのため，戦後の民主化政策の中で財閥は解体され，1947年には独占《どくせん》禁止法が制定された。これには，市場での自由な競争を促《うなが》し，大企業や企業集団による独占を防ぐ目的がある。

理　科　＜第１回試験＞（30分）＜満点：50点＞

解　答

[1] **問１**　45度　**問２**　イ　**問３**　0.0833秒　**問４**　ウ　**問５**　エ　[2] **問１**　エ，オ　**問２**　エ　**問３**　⑴　オ　⑵　炭素（炭）　**問４**　**物質Ｄ**…水素　**物質Ｆ**…二酸化炭素　**問５**　（例）　磁石　[3] **問１**　オ　**問２**　イ，オ　**問３**　ア　**問４**　エ　**問５**　光合成　**問６**　①　イ　②　イ　[4] **問１**　赤外線　**問２**　エ／対流　**問３**　ア，エ　**問４**　ア，ウ　**問５**　ア　**問６**　へん西風　**問７**　エ

解　説

[1]　光の進み方についての問題

問１　光が鏡などの表面で反射するとき，入射角と反射角は等しくなるので，入射角が45度の場合には反射角も45度になる。

問２　スクリーン上のレーザーが点滅《てんめつ》するのは，スクリーンにレーザーがとどいたりとどかなかったりをくり返しているためである。図２のように，ハーフミラーで反射したレーザーは回転する歯車のすき間を通り平面鏡で反射するとスクリーンにとどくが，と中で歯車の歯にさえぎられてしまうと，スクリーン上にとどかない。

問３　毎秒12回転の速さで回転するとき，歯車が１回転するのにかかる時間は，１÷12＝0.08333…より，0.0833秒となる。

問４　歯車の歯の数が700個の場合，歯のすき間の数も700個なので，歯Ａがすき間Ｂの位置にくるまでに，$\frac{1}{700+700}=\frac{1}{1400}$(回転)する必要がある。いま歯車は１秒間に12回転しているので，歯車が$\frac{1}{1400}$回転するのにかかる時間は，$\left(\frac{1}{12}\times\frac{1}{1400}\right)$秒となる。

問５　ハーフミラーを反射したレーザーが歯車のすき間を通っても，平面鏡で反射したあと歯にあたれば，スクリーン上で観察できなくなる。実験でレーザーがスクリーン上に観察されなかったとき，歯車のすき間を通ったレーザーが平面鏡で反射して歯車にもどるまでの距離《きょり》は，９×２＝18(km)で，その距離をレーザーが進むのにかかる時間が$\left(\frac{1}{12}\times\frac{1}{1400}\right)$秒であったことから，光が１秒間に進む距離は，$18\div\left(\frac{1}{12}\times\frac{1}{1400}\right)=302400$より，およそ30万kmとわかる。

[2]　物質の分類についての問題

問１　石灰石の主な成分は炭酸カルシウムで，この成分は卵の殻《から》や貝殻，サンゴの骨格，大理石などにも含《ふく》まれている。また，チョークには，炭酸カルシウム製のものがある。

問２　水にとけやすい砂糖や塩のうち，燃える物質Ａには砂糖が，燃えない物質Ｂには塩があてはまる。また，物質Ｃはうすい塩酸にとけないことから銅とわかる。

問３　砂糖に含まれている炭素は，熱すると黒色の物質として残る。この物質は一般《いっぱん》に炭とよばれる。また，砂糖のような炭素を含む物質のことを有機物という。

問４　水にとけにくく，うすい塩酸にはとけるアルミニウム，石灰石，鉄のうち，電気を通す物質Ｄと物質Ｅはアルミニウムか鉄のどちらかである。アルミニウムや鉄は，塩酸と反応すると水素が発生する。また，電気を通さない物質Ｆは石灰石で，塩酸と反応して二酸化炭素を発生させる。

問５　物質Ｄと物質Ｅは，アルミニウムか鉄のどちらかである。磁石につく金属は，鉄やニッケルなどに限られているため，磁石につけば鉄，つかなければアルミニウムと区別することができる。

3　光の三原色についての問題

問１　赤色に見えるリンゴは，青色，赤色，緑色の光が混ざった太陽の光のうち，赤色の光を反射し，青色と緑色の光を吸収している。

問２　緑色の光を反射する色カードは，緑色，黄色，水色で，どれも緑色の光だけをあてると緑色に見える。それ以外の青色，赤色，紫《むらさき》色，黒色の色カードは，緑色の光を吸収してしまうため，どれも黒色に見える。

問３　この小動物のもう膜《まく》に赤色の光を感じる細胞《さいぼう》がなければ，あてている光が赤色だけなら光と感じない。したがって，暗い場所にいる場合と同じように行動するようすを観察することができる。

問４　リーフレタスのような野菜の多くは緑色をしている。光合成を行って成長する野菜は，緑色の光を反射し，赤色と青色の光を吸収しているので，赤色と青色の光を組み合わせることで，効率よく育てることができると考えられる。

問５　海藻《そう》は植物の一種で，海の中に届く光のエネルギーを利用して，光合成を行っている。

問６　①　海の深さが深くなるにつれて海藻の色が緑色から褐《かつ》色，紅色とだんだん赤く変化していることから，しだいに赤色の光を光合成に利用しなくなっていくことがわかる。よって，太陽の光が海の中を進むとき，光の三原色のうち赤色の光から水に吸収されると考えられる。　②　紅色のトサカノリが生息している深さ30ｍぐらいの海では，赤色の光のほとんどが水に吸収され，青色と緑色の光だけが届いている。

4　地球温暖化についての問題

問１　ヒトの目に見える光より波長の短いものを紫《し》外線，長いものを赤外線という。二酸化炭素などの温室効果ガスは赤外線を吸収して再び放出する性質があり，地表から地球の外へ出ていこうとする赤外線を吸収してその一部を地表に向けて放出するため，気温が上がり地球温暖化の原因となる。

問２　地面の熱によって暖められた空気は，ぼう張して周囲の空気より軽くなり，上に上がって上《じょう》昇《しょう》気流となる。これに対して上空の冷たい空気は温度が低く重いので，下に動く。このように，物質が移動することで全体に熱が伝わる暖まり方を対流という。

問３　工場から排出《はいしゅつ》される煙《けむり》や車の排気ガスには，いおう酸化物やちっ素酸化物が含まれていて，これらが変化してできた酸性の物質が雨やきりなどにとけこみ，強い酸性を示す現象を酸性雨とよぶ。

問４　温室効果ガスとして，二酸化炭素やメタン，水蒸気，フロンなどがある。

問５　上空の発達した高気圧がとどまり，高気圧がふたのようになって熱を閉じこめることで，広範囲《はんい》に熱波をもたらす現象は，一般《いっぱん》にヒートドーム現象とよばれる。

問６　日本を含む中緯度《いど》（緯度30度～60度あたり）の地域に一年中ふいている強い西風のことをへん西風とよぶ。図のへん西風は大きくだ行していて，そのすき間にヒートドーム現象が発生しているようすがわかる。

問７　プランテーションとは，熱帯や亜《あ》熱帯で安い労働力を使い，限られた作物を大量に栽培《さいばい》し輸出する農業である。広大な土地を必要とし，森林を伐採《ばっさい》して農地にかえるため，地球温暖化を加速させる原因の１つとされている。

国語　＜第１回試験＞（50分）＜満点：100点＞

解答

一　１～３　下記を参照のこと。　４　ふぜい　５　うけたまわ（り）　二　**問１**　一寸先は闇（やみ）　**問２**　可　**問３**　エ　**問４**　人々の意識　**問５**　①　誰かか～生き方　②　自分で～ること　**問６**　ウ　**問７**　自分風　**問８**　多様性　**問９**　自分（が）自分（に嘘をつく。）　**問10**　固定概念　三　**問１**　エ　**問２**　目が見えないこと　**問３**　ウ　**問４**　ア　**問５**　なるべ～くこと　**問６**　ウ　**問７**　おかあ～かった（ということ。）　**問８**　イ　**問９**　イ　**問10**　タカヒコ君本人（自身）　**問11**　オ　**問12**　エ　**問13**　太陽が沈む　**問14**　（例）　私が将来「かっこいい自分」を見せるのは，たくさん勉強して，人間的にも大きく成長し，かん者さんの気持ちに寄りそえる医師になったときです。

●漢字の書き取り

一　１　貯金　２　能率　３　根比（競）（べ）

解説

一　漢字の書き取りと読み

１　お金をためること。　２　一定時間の物事の進み具合。　３「根比（競）べ」は，あることに関して，どれだけ根気が続くかを比べあうこと。　４　味わい。おもむき。　５　音読みは「ショウ」で，「承知」などの熟語がある。

二　

出典は服部《はっとり》みれいの『自分をたいせつにする本』による。意識や価値観が大きく変わりつつある今は，外側の価値観ではなく，自分軸《じく》で生きることが求められていると述べている。

問１　「一寸先は闇《やみ》」は，人生はほんの少し先のことでも予測できないという意味のことわざで，「人間万事塞翁《ばんじさいおう》が馬」が似た意味の言葉になる。

問２　「コロナ禍《か》」の「禍」と同じ「カ」という音を持ち，「可能になったことやあたらしく生まれる可能性」があるという意味を表す漢字は「可」である。

問３　「Ｂをベースにしたやりかた」が従来の仕事のやりかたであること，Ｂは「一極集中」する形であり，「自然破壊《はかい》の原因のひとつ」にもなっていることが前後からわかるので，「都市型」が選べる。

問４　次の段落に変化したことの例があげられている。なかでも「大きく」変わりはじめているものは「人々の意識」だと筆者は述べている。

問５　「この」はすぐ前を指すので，直前の文に注目すると，「自分で自分に責任をもつこと～自分自身をよりどころにして生きること」という内容がある。これが「一方で」となっているので，さらに前の段落から「生きること」に対応する内容を探すと，「誰《だれ》かからいわれたまま動かされるような，まるで奴隷《どれい》や家畜《かちく》のような生き方」という部分が見つかる。

問６　「目に見えるもの」とは，形のあるものを指すので，お金や家，車などをふくむ「財産」が選べる。

問７　「外側の価値観」に合わせる生き方と対照的な生き方として，直後で筆者は「ほんらいの自分に戻《もど》り，自分軸で生きる」生き方をあげ，今日はその生き方が求められているとしている。二段落後で，そんな現状を「まやかしの『自分風』でがんばる時代は終わった」と述べていることに注意する。

問８　今を「人の数だけ答えがある状態」とする筆者は，次の段落でも「価値観もますます多様に」なると述べている。それをふまえて，「あたらしい時代の特徴《とくちょう》」の一つとして「多様性」が重視されることをあげている。

問９　傍線《ぼうせん》７をふくむ段落で，筆者は今の状況《じょうきょう》を，「大勢が『よい』とする世界に個人が合わせるのではなく」，「ほんらいの自分，ほんらいのありかたに戻る大チャンス」だとしている。つまり，これまでは「自分」が「自分」に嘘《うそ》をついてごまかしてきていたのである。

問10　前後から，傍線８は，「自分風」の世界で生きてきた人が外すべき「今まで常識だと思っていたこと」にあたるといえる。「あたらしい時代の特徴」に注目すると，これから変わっていくこととして「固定概念《がいねん》」があげられている。

三　**出典は小川糸《おがわいと》の『キラキラ共和国』による。**目が見えないタカヒコ君におかあさんへの感謝の手紙の代筆をたのまれ，その気持ちに打たれた「私」は，タカヒコ君が自分で書くことを提案する。

問１　前の部分の「おなかの底から寄り道せずに声になった」という表現は，続く「まっすぐな声」をたとえたものなので，たとえを表す「ような」が入る。

問２　「そうだと気づいた」のは，タカヒコ君が何かを探《さぐ》るように机の角に触《ふ》れている姿を見たからなので，「そうだ」にあたる内容は，「タカヒコ君は視力をすでに失っている」こと，つまり，タカヒコ君の「目が見えないこと」になる。

問３　タカヒコ君が座《すわ》れるようにと椅子《いす》を勧《すす》めたものの，目が不自由なので，本当に椅子の場所がわかるだろうかと「私」はとまどっている。よって，後に疑問を表す言葉がある場合に疑いの気持ちを“本当に”と強調する，「果たして」が合う。

問４　直前の部分に注意する。目が不自由な自分をどうすれば椅子の場所まで連れていけるのかと「私」が動揺《どうよう》しているらしいことを感じ取ったタカヒコ君は，自力で椅子のところまで行けるから「大丈夫《だいじょうぶ》」だと言っている。したがって，アがあてはまる。

問５　文章を読み進めていくと，波線をふくむ段落の直前の段落に，「タカヒコ君の希望」は「なるべく漢字を使うことと，字を小さくして書くこと」だと書かれている。平仮名を大きな字で書くのでは小さい子どもが書いたようで嫌《いや》なので，小学六年生のふつうの子どものように書きたかったのである。

問６　手紙に書きたい内容を告げた後，タカヒコ君ははずかしさから顔を真《ま》っ赤《か》にしている。ここは，その言いにくいことを口にする場面なので，はずかしがって「もじもじ」したと考えられる。

問７　傍線④は，タカヒコ君はすでに気づいているが，ふつうなら人生が終わるころになったり親を失ったりしてから気づく内容を指す。よって，「おかあさんが，僕《ぼく》のおかあさんで，よかった」ということである。

問８　「背筋を伸《の》ばす」は，まじめな気持ちで改めて事に向き合うときのしぐさ。「私」に代書してもらった手紙でおかあさんに感謝を伝えたいと言うタカヒコ君に対して，その気持ちに打たれた「私」は，もっとおかあさんが喜びそうな提案をしようとしているのだから，イがよい。

問９　「私」は，タカヒコ君は目は見えないかもしれないが，すべてを見通すことができているのだろうと感じている。それは，「心の目」で物事を見るということになる。

問10　「私」は，代筆することもできるが，今回はタカヒコ君が自分で手紙を書いたらどうかと提案している。それは，タカヒコ君のおかあさんにとって，「タカヒコ君本人(自身)」の字こそが大切な息子《むすこ》の成長を感じさせる，よりうれしいプレゼントになると考えたからである。

問11　「あぁ，ここに光がある」というタカヒコ君の言葉を，「詩人が発した，とても深い意味を持つ言葉のようだ」とたとえた文なので，「まるで～のようだ」と似ているものにたとえる表現がよい。

問12　本文の中ほどで，タカヒコ君が，明るさは感じられるので「明るい場所にいると，世界が明るくなる」から「太陽の下にいるのが好き」だと話す場面がある。その言葉から，タカヒコ君には「太陽に育てられたみたいな，ゆるぎのない健全さ」がある，と素直《すなお》で純粋《じゅんすい》な心を「私」は感じたのだから，エがふさわしい。

問13　太陽の下にいるのが好きだと言うタカヒコ君のために，「私」は外の机で字の練習をしてもらった。太陽が似合うタカヒコ君の大切な手紙は，太陽の下でしたためてほしいと願い，「私」は太陽が沈《しず》む前に手紙を書き上げさせたいと考えたのである。

問14　タカヒコ君にとっての「かっこいい自分」とは，漢字を使って小さい字で年相応の手紙を書く自分であり，努力して成長した自分とも言いかえられる。努力の末に成長した自分が，将来どんな姿になっているかを想像してまとめればよい。

Memo

Memo

2021年度　城北埼玉中学校

〔電　話〕　049(235)3222
〔所在地〕　〒350－0014　埼玉県川越市古市場585－1
〔交　通〕　JR埼京線―南古谷駅，東武東上線―上福岡駅より徒歩25分
南古谷駅，上福岡駅，西武新宿線―本川越駅よりスクールバスあり

【算　数】〈特待試験〉（50分）〈満点：100点〉

〔注　意〕
○分数で答えるときは約分して、もっとも簡単な分数にしなさい。
○比で答えるときは、もっとも簡単な整数を用いなさい。
○円周率の値を用いるときは、3.14として計算しなさい。
○コンパス、定規は使用できますが、分度器や計算機（時計などの）は使用できません。

1　次の各問いに答えなさい。

(1)　次の計算をしなさい。

①　$12-5\times\left\{1.75+1.25\div\left(2\frac{1}{3}-\frac{1}{4}\right)\right\}$

②　$14.04\times7-4.68\times12-2.34\times8$

(2)　太郎君には3歳年下の弟がいます。現在は，弟の年齢の6倍に1を加えた数と母の年齢が等しく，1年後に太郎君の年齢の4倍と母の年齢が等しくなります。現在の太郎君の年齢を求めなさい。

(3)　食堂の料理の受け渡し口に90人の列ができています。1分間に2人の割合で列に並ぶ人が増えるものとします。受け渡し口が1か所のときは30分間で行列がなくなります。受け渡し口を2か所にすると，行列は何分何秒でなくなりますか。

(4) 次の図において，三角形ＡＢＣは正三角形であるとき，ア，イの角度をそれぞれ求めなさい。

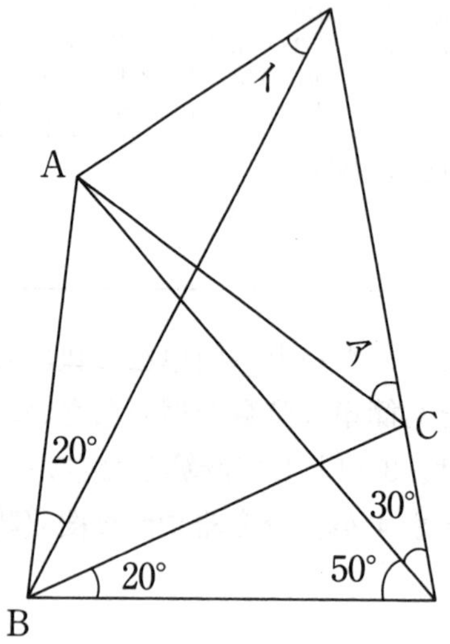

(5)　1辺が1cmの立方体を24個使って，右図のような縦3cm，横4cm，高さ2cmの直方体を作りました。
この直方体を3点Ａ，Ｂ，Ｃを通る平面で切断します。
　次の問いに答えなさい。

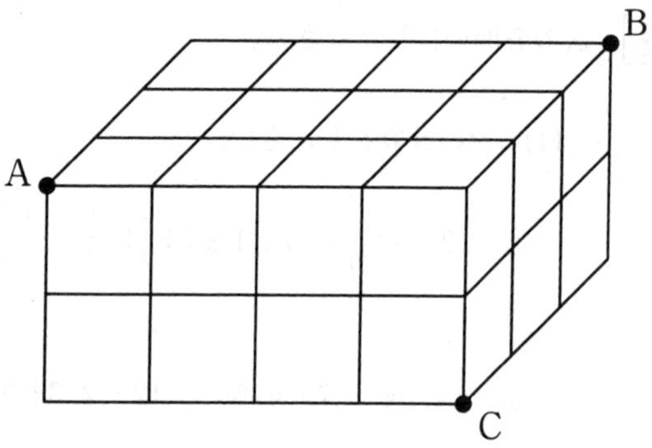

①　下段にある12個の立方体のうち，切断される立方体は何個ですか。

②　24個の立方体のうち，切断される立方体は何個ですか。

2 ある世界で，人が生きていくのに消費するエネルギーの単位を（G）とします。その世界の人口は78億人で，Ｊという国の人口は1億2500万人です。また，世界全体の1年間（12ヶ月）で消費するエネルギーの目標は122億（G）ですが，現在は206億（G）のエネルギーを消費しており，その中で，Ｊ国では5億9500万（G）のエネルギーを消費しています。ただし，1年間で使用できるエネルギーは122億（G）が限界ではなく，未来のぶんからいくらでも使うことができるとします。

次の問いに答えなさい。

(1) 世界全体で考えたとき，122億（G）のエネルギーを約何ヶ月で消費していることになりますか。最も近い整数で答えなさい。

(2) Ｊ国の1年間での1人あたりのエネルギー消費量は何（G）ですか。小数点第2位を四捨五入して求めなさい。

(3) 世界全体の人がＪ国の人と同じだけのエネルギーを消費したとすると，122億（G）のエネルギーを約何ヶ月で消費することになりますか。最も近い整数で答えなさい。

3 太郎君は家から地点Ａまでの片道10.5kmのコースをランニングで往復しました。グラフは午前8時に家を出発してから，家に着くまでの時刻と走る速さの関係を表しています。

ランニングの途中で行きも帰りも公園Ｂで5分ずつ休憩をとることにしました。1回目の休憩から2回目の休憩まで40分走り，家に到着した時刻は10時28分24秒でした。

次の問いに答えなさい。

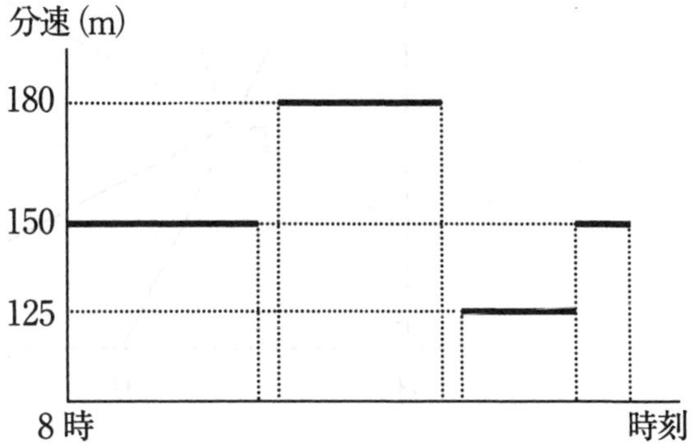

(1) 地点Ａから公園Ｂまでの道のりは何ｍですか。

(2) 太郎君が2回目の休憩を終えた時刻を求めなさい。

(3) 太郎君が分速125mで走った時間は何分何秒ですか。

(4) 次郎君は太郎君が出発した57分後に自転車で同じコースを往復したところ，太郎君より1分24秒早く家に到着しました。また，太郎君の2回目の休憩前に，次郎君は太郎君と初めて出会いました。このときの時刻を求めなさい。ただし，次郎君は休憩をとらずに一定の速さで走ることとします。

4 次の図において，四角形ＡＢＣＤは辺ＡＤと辺ＢＣが平行で，ＢＣの長さが 5 cm，高さＡＨが 12 cm の台形です。

辺ＡＤ上にＡＢとＥＣが平行になるように点Ｅをとりました。また，点Ｆは辺ＡＢ上を動き，ＦＤとＥＣの交点をＧとします。

次の問いに答えなさい。

(1) 三角形ＡＥＣの面積を求めなさい。

(2) ＥＧ：ＧＣ＝1：5 となるとき，三角形ＥＦＧの面積を求めなさい。

(3) ＥＧ：ＧＣ＝2：3 となるとき，辺ＤＣと直線ＥＦが平行になりました。ＡＦ：ＦＢを求めなさい。

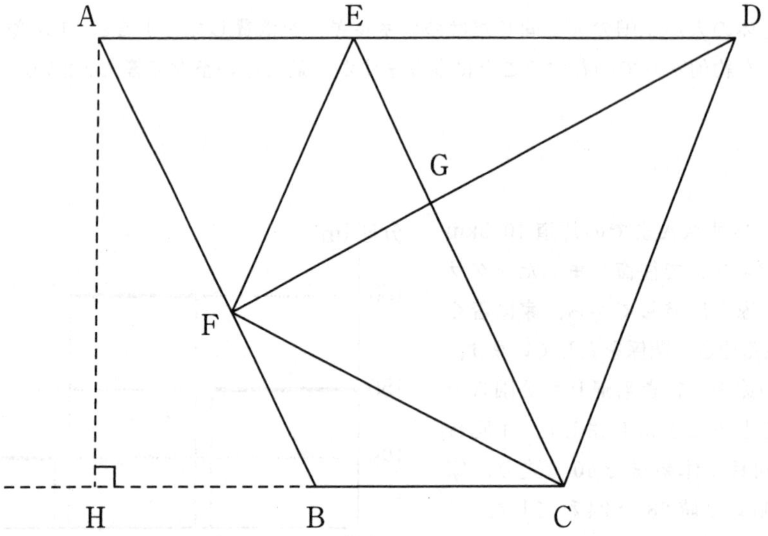

5 次の図のように，1辺の長さが 18 cm の正方形の内側を1辺の長さが 6 cm の正三角形ＡＢＣがすべらないように矢印の方向に回転して，もとの位置に戻るまで1周します。
次の問いに答えなさい。

(1) 点Ａが通ったあとの線を解答用紙の図にかきなさい。図に示された三角形はすべて1辺の長さが 6 cm の正三角形です。

(2) 次の空欄《くうらん》にあてはまる数を答えなさい。

① 正方形と（1）の線ではさまれた部分の面積は，
半径 6 cm の円の面積の ［ ア ］ 倍と，1辺の長さが 6 cm の正三角形の面積の ［ イ ］ 倍の和です。

② 正三角形ＡＢＣ全体が通ったあとの図形の面積は，
半径 6 cm の円の面積の ［ ウ ］ 倍と，1辺の長さが 6 cm の正三角形の面積の ［ エ ］ 倍および1辺の長さが 6 cm の正方形の面積の ［ オ ］ 倍の和です。

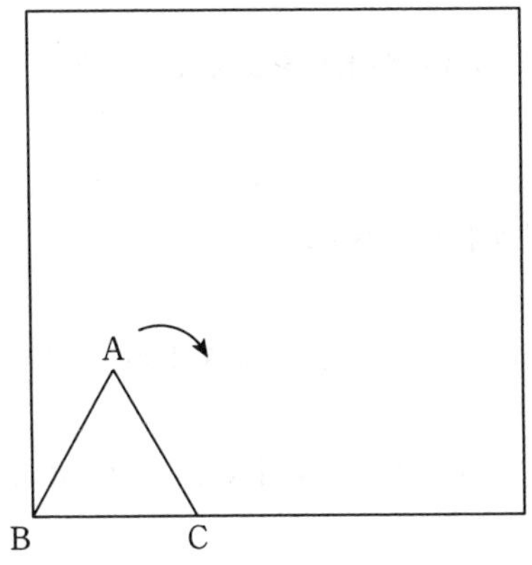

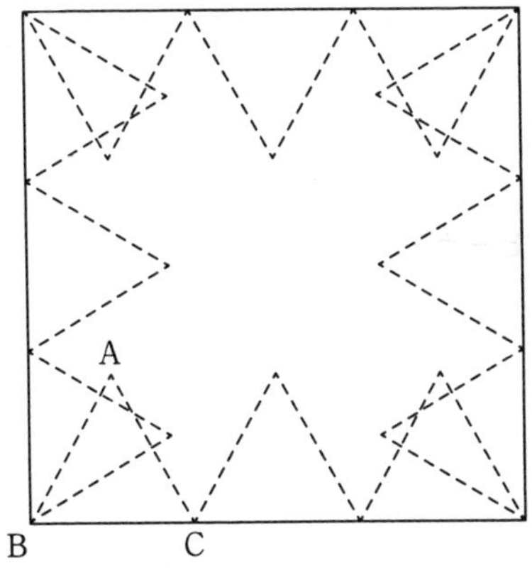

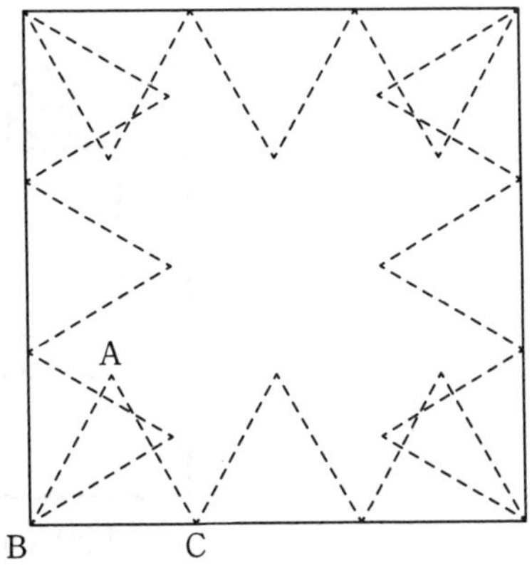

【理　科】〈特待試験〉（40分）〈満点：70点〉

〔注　意〕グラフや図を描く場合は、定規を使用してもかまいません。

1　図1のように，底面積が $100cm^2$ のビーカーに深さ10cmまで水を入れました。次に図2のように，そのビーカーに重さ100g，底面積 $50cm^2$ の木片を静かに浮かべたところ，その木片の半分が水中にしずみ静止しました。水1 cm^3 の重さは1g，水がビーカーからこぼれることはないとして，下の各問いに答えなさい。

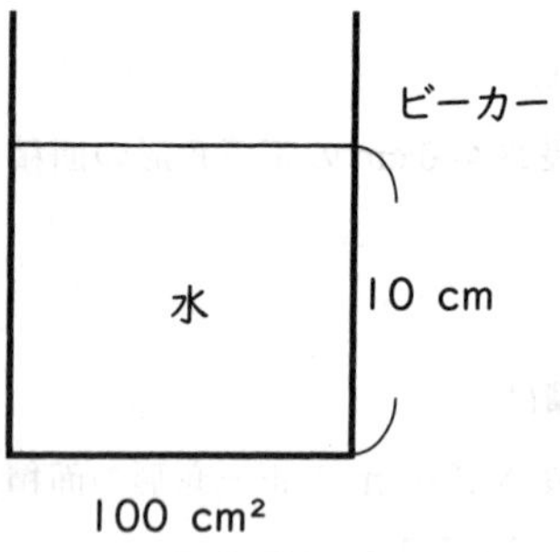

図1

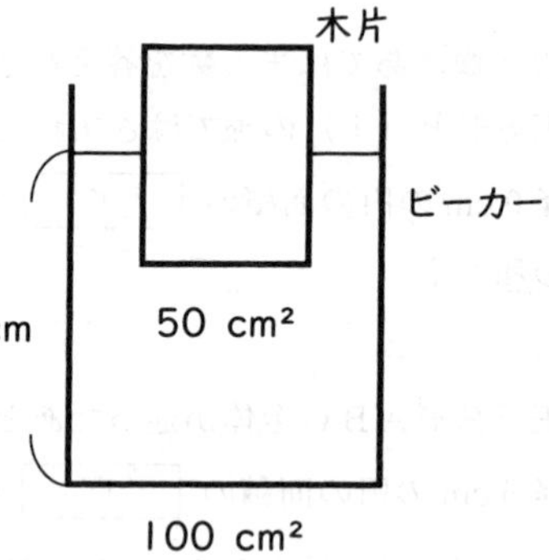

図2

問1　図2において，木片が浮くのは水が木片を支えているからと考えられます。水が木片を支える力は何gか答えなさい。

問2　図2の木片の体積は何 cm^3 か答えなさい。

問3　図2において，底面から水面までの高さX cmを求めなさい。

次に図3のように，木片の上におもりを静かにおいたとき，木片の4分の3だけ水の中にしずみ静止しました。

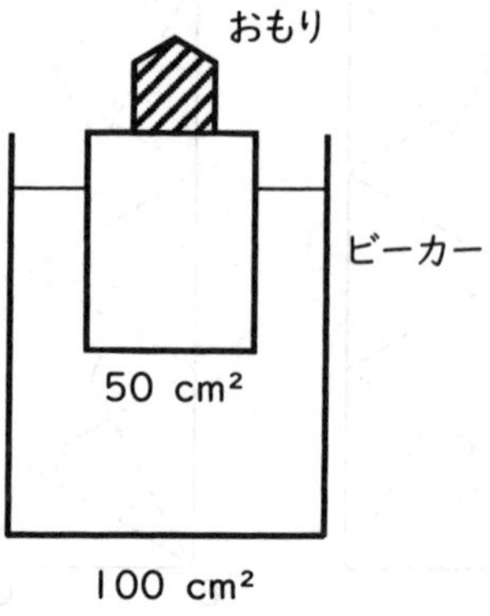

図3

問4　図3において，おもりの重さは何gか答えなさい。

さらに，図1の水に食塩250gを溶かし食塩水にしました。このとき，食塩を混ぜる前後で体積は変化せず，重さのみ変化したとして，次の各問いに答えなさい。

問5　食塩水に図2と同じ木片を静かに浮かべたとき，木片の食塩水中にしずむ深さは水に静かに浮かべたときと比べてどのようになりますか。最も適したものを次のア～ウの中から選び，記号で答えなさい。

ア　より深くなる　　　イ　より浅くなる　　　ウ　変化しない

問6　問5の状態から，図3で用いたおもりを木片の上に静かに置いたとき，木片は水の中に何cmしずみ静止するか答えなさい。

2　次の文を読み，下の各問いに答えなさい。

よしおくん　わたるくん，指に包帯《ほうたい》を巻いているけど，どうしたの？

わたるくん　昨日，家族でお好み焼きを食べに行ったときに，やけどをしてしまったよ。

よしおくん　熱い鉄板に触《さわ》ってしまったの？

わたるくん　①鉄板の上に置いてあった金属製のヘラが熱くなっていたので，触ってやけどをしてしまったんだ。

よしおくん　それはかわいそうに。

わたるくん　とても熱くて，痛かったよ。よしおくんもやけどをしないように気をつけてね。

よしおくん　ありがとう。

わたるくん　そういえば，よしおくんの小学校では遠足でどこに行ったの？

よしおくん　ぼくは，山に登ったよ。遠足の日はものすごく暑かったから，②スポーツドリンクをペットボトルに入れて冷凍《れいとう》庫で凍《こお》らせたものを朝持って出かけて，山頂につくころにはちょうどいい冷たさで飲むことができたよ。

わたるくん　スポーツドリンクを凍らせると，味の濃《こ》さは［　あ　］よね。

よしおくん　わたるくんは社会科見学でどこに行ったの？

わたるくん　電車に乗って，博物館の見学に行ったよ。電車を待っているときに，③鉄道のレールのつなぎ目をよく見ると，すきまがあいていたんだ。

よしおくん　わたるくんが社会科見学に行ったのは冬だったね。

わたるくん　夏はすきまが空いていないよね。理科の授業で習ったけど，理由を忘れてしまった。そうそう。これは，博物館でお土産に買ったキーホルダーだよ。

よしおくん　かっこいいね。何の金属でできているの？

わたるくん　鉄となまりでできているみたいだよ。

よしおくん　鉄となまりがどのくらいの割合で混ざっているの？

わたるくん　分からないや。

よしおくん　金属の密度《みつど》のちがいを利用して，このキーホルダーに含《ふく》まれている金属のそれぞれの重さを計算してみようよ。

問１　下線部①～③の現象と原因《げんいん》が近いものを次のア～カからそれぞれ１つずつ選び，記号で答えなさい。

ア　洗たくものをほしておくと，かわいた。

イ　ガラスびんの金属製のふたがきつくて開かないとき，ふたの部分をお湯であたためると，簡単に開くようになった。

ウ　家の近くで買ったおかしの袋が，山頂でパンパンにふくらんでいた。

エ　熱い紅茶《こうちゃ》を金属製のマグカップに入れて持とうとしたら，熱くて持てなかった。

オ　熱い紅茶に砂糖《さとう》を入れたら，よくとけた。

カ　地球温暖化の影響で，南極の氷の一部がとけてしまった。

問２　下線部①の現象を何といいますか。漢字で答えなさい。

問３　文中の　あ　にあてはまるわたるくんの言葉としてふさわしいものを，次のア～ウから選び，記号で答えなさい。

ア　とけ始めは濃くて，とけ終わるころにはうすくなる

イ　とけ始めはうすくて，とけ終わるころには濃くなる

ウ　とけ始めととけ終わりとでは，変化がない

問４　下線部について，密度とは１cm^3あたりの重さ（ｇグラム）のことをいいます。
わたるくんのキーホルダーの重さをはかると215gありました。このキーホルダーを，水をいっぱいに入れた容器にしずめると，水が25cm^3あふれ出ました。鉄１cm^3あたりの重さは８g，なまり１cm^3あたりの重さは11gとします。

（１）　鉄１gの体積となまり１gの体積では，どちらが何cm^3大きいですか。答えは小数第３位を四捨五入して小数第２位まで答えなさい。

（２）　このキーホルダーがすべて鉄でできているとすると，あふれ出る水の量は何cm^3になるはずですか。答えは小数第２位を四捨五入して小数第１位まで答えなさい。

（３）　このキーホルダーには，鉄が何g含まれていますか。

3 生物の体の中では，じつにさまざまな化学反応がすみやかにおこなわれていますが，それを可能にしているのが酵素《こうそ》です。各問いに答えなさい。

酵素が作用する物質を基質《きしつ》といい，一般に酵素は決まった基質にしか作用しません。これは，下の図１のように，酵素は活性《かっせい》部《ぶ》位《い》（基質と結合する部分）のかたちとぴったり一致する基質にしかはたらかないからであり，この関係は鍵《かぎ》と鍵穴《かぎあな》の関係にたとえられます。また，酵素自身は変化しないでくり返しはたらくことができるため，酵素は少量でも多量の基質に作用することができます。

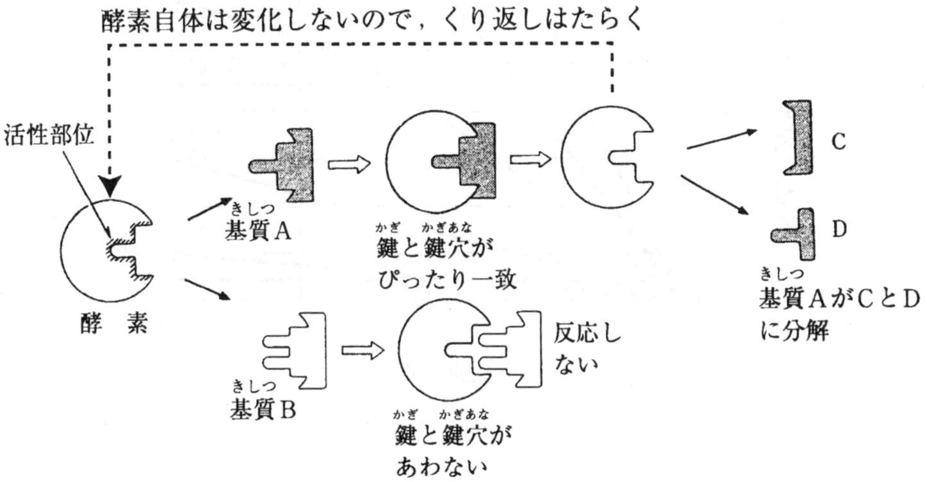

図１

問１　下の図２は，①酵素，②基質，③酵素と基質が結合したもの，④生成物の濃度変化を時間変化とともに示したものです。①～④の濃度変化を示す曲線を図中のア～エの中からそれぞれ選び，記号で答えなさい。

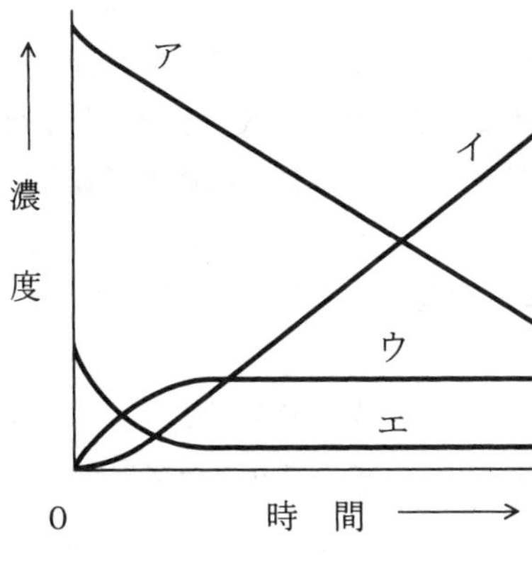

図２

カタラーゼという酵素は，ジャガイモやダイコン，動物の肝臓《かんぞう》などにも存在し，過酸化水素を酸素と水に分解するはたらきをします。一定量の過酸化水素水に，一定量のカタラーゼ水溶液を加えて反応を開始させ，ある時間内に発生する酸素の量を測定する実験をおこないました。実験は10℃，20℃，30℃，40℃，50℃，60℃にわけ，他はすべて同じ条件でおこなったところ，下の図３のような結果が得られました。

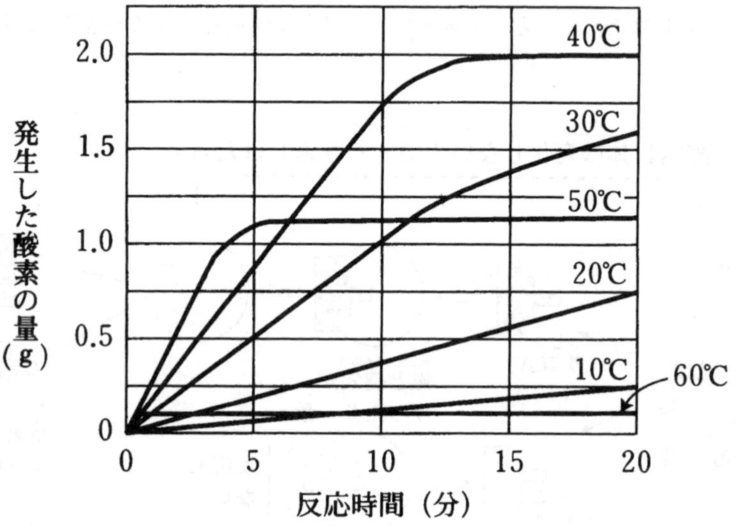

図３

問２　図３を参考にして反応開始から10分間に発生した酸素の量と温度との関係のグラフを解答用紙にかきなさい。なお，グラフは10℃，20℃，30℃，40℃，50℃，60℃の各温度において発生した酸素の量を小さな点•でかき，この点をなめらかな曲線で結んでかくこと。

問３　下の文章は，問２のグラフが得られた理由と酵素の性質について書かれた文章です。（　１　）～（　３　）にあてはまる語句をア～キの中からそれぞれ選び，記号で答えなさい。

一般に，酵素は高温になるほど活発にはたらく。しかし，酵素の主成分である（　１　）は，ある程度温度が高くなると構造が変化する性質がある。酵素の場合，ある一定温度よりも高くなると，活性部位のかたちが変化して基質とぴったり一致できなくなるため，急激にはたらきが低下する。同じように，酵素は酸性の液体やアルカリ性の液体の影響も受けやすい。胃液の中に含まれるペプシンという酵素は，（　２　）の液体中ではよくはたらくが，中性や（　３　）の液体中では活性部位のかたちが変化するため急激にはたらきが低下する。

ア　酸性　　イ　アルカリ性　　ウ　でんぷん　　エ　二酸化マンガン
オ　脂肪《しぼう》　　カ　たんぱく質　　キ　グリコーゲン

問４　図３の 40℃において，反応開始から 15 分を過ぎると，酸素の発生はそれ以上増加しませんでした。その理由として正しいものを次のア～エの中から１つ選び，記号で答えなさい。

ア　最初に加えた過酸化水素がすべて分解したからであり，あらたに過酸化水素水を加えれば再び酸素が発生する。
イ　最初に加えたカタラーゼがすべて分解したからであり，あらたにカタラーゼを加えれば再び酸素が発生する。
ウ　温度の影響でカタラーゼのはたらきが失われたからであり，あらたにカタラーゼを加えれば再び酸素が発生する。
エ　過酸化水素の量に比べてカタラーゼの量が少ないため，発生する酸素の量が一定となった。

問５　下の図４にある太い曲線Ｓは，図３の 40℃のときの曲線です。

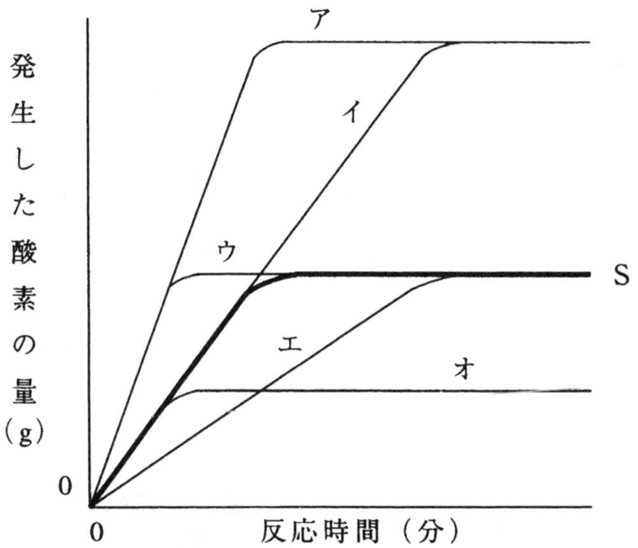

図４

（1）　ほかの条件を変えないで，過酸化水素の量を半分にした場合，どのような曲線になりますか。図４の中のア～オの中から１つ選び，記号で答えなさい。

（2）　ほかの条件を変えないで，カタラーゼの量を２倍にした場合，どのような曲線になりますか。図４の中のア～オの中から１つ選び，記号で答えなさい。

4 道路わきの地層を観察したところ，図１のような地層がみられました。ただし，地層の逆転は起きていないものとして，次の各問いに答えなさい。

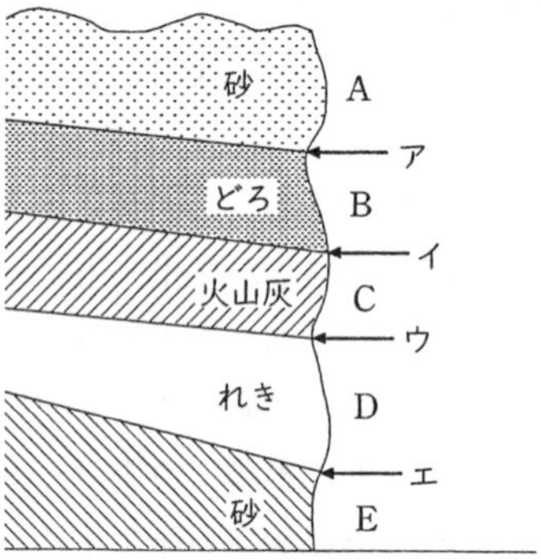

図１

問１　図１の地層で最も古い層はどれですか。図１のＡ～Ｅの層の中から選び，記号で答えなさい。

問２　Ｂの層にはアサリの化石がふくまれていました。Ｂの層ができた場所は当時どのような環境だったと考えられますか。次のア～エの中から選び，記号で答えなさい。

ア　湖　　　イ　川の上流　　　ウ　深い海　　　エ　浅い海

問３　Ｃの層にふくまれる火山灰がおし固められてできたたい積岩を何というか答えなさい。

問４　Ｅの層からＤの層になったとき，水の深さの変化はどのようになりましたか。次のア～ウの中から選び，記号で答えなさい。

ア　深くなった　　　イ　浅くなった　　　ウ　変化していない

問５　地下水が最もしみ出しやすい場所を図１のア～エの中から選び，記号で答えなさい。

次の写真は2011年３月11日に発生した東北地方太平洋沖地震《じしん》による東日本大震災のようすです。下の各問いに答えなさい。

図２

図３

問６　地震の規模の大きさを示すものを何というか答えなさい。

問７　東北地方太平洋沖地震の発生の原因について説明しているものを次のア〜エの中から選び，記号で答えなさい。

ア　大きな海底火山の噴火《ふんか》により地震が発生した。
イ　海底の岩ばんに大陸の岩ばんがひきずりこまれ，大陸の岩ばんのゆがみがもとにもどろうとして地震が発生した。
ウ　大陸の岩ばんに断層が発生し，岩ばんがずれることで地震が発生した。
エ　太平洋沖に小隕石《しょういんせき》が落下し，地震が発生した。

問８　図２は地震により発生した海に関係する自然現象による被害《ひがい》のようすです。また，図３は地震により発生したある自然現象によりマンホールがうき上がっているようすを表しています。図２，図３の被害をもたらした自然現象の名前をそれぞれ漢字で書きなさい。

2021年度
城北埼玉中学校 ▶解説と解答

算　数 ＜特待試験＞（50分）＜満点：100点＞

解　答

1 (1) ① $\frac{1}{4}$　② 23.4　(2) 10歳　(3) 11分15秒　(4) ア 40度　イ 30度　(5) ① 3個　② 12個　**2** (1) 7ヶ月　(2) 4.8(G)　(3) 4ヶ月　**3** (1) 3600m　(2) 9時36分　(3) 38分24秒　(4) 9時28分30秒　**4** (1) $30cm^2$　(2) $5\ cm^2$　(3) 2：1　**5** (1) 解説の図1を参照のこと。　(2) ① ア $1\frac{2}{3}$　イ 4　② ウ $\frac{2}{3}$　エ 4　オ 4

解　説

1 **四則計算，計算のくふう，年齢《ねんれい》算，倍数算，ニュートン算，角度，立体図形の分割**

(1) ① $12-5\times\left\{1.75+1.25\div\left(2\frac{1}{3}-\frac{1}{4}\right)\right\}=12-5\times\left\{1\frac{3}{4}+1\frac{1}{4}\div\left(2\frac{4}{12}-\frac{3}{12}\right)\right\}=12-5\times\left(\frac{7}{4}+\frac{5}{4}\div2\frac{1}{12}\right)=12-5\times\left(\frac{7}{4}+\frac{5}{4}\div\frac{25}{12}\right)=12-5\times\left(\frac{7}{4}+\frac{5}{4}\times\frac{12}{25}\right)=12-5\times\left(\frac{7}{4}+\frac{3}{5}\right)=12-5\times\left(\frac{35}{20}+\frac{12}{20}\right)=12-5\times\frac{47}{20}=12-\frac{47}{4}=\frac{48}{4}-\frac{47}{4}=\frac{1}{4}$　② $14.04=2.34\times6$，$4.68=2.34\times2$ より，$14.04\times7-4.68\times12-2.34\times8=2.34\times6\times7-2.34\times2\times12-2.34\times8=2.34\times42-2.34\times24-2.34\times8=2.34\times(42-24-8)=2.34\times10=23.4$

(2) 現在の弟の年齢を①歳《さい》とすると，現在の太郎君の年齢は(①＋3)歳，現在の母の年齢は(⑥＋1)歳と表せる。よって，1年後の太郎君の年齢は，(①＋3)＋1＝①＋4(歳)，1年後の母の年齢は，(⑥＋1)＋1＝⑥＋2(歳)となる。このとき，太郎君の年齢の4倍は，(①＋4)×4＝④＋16(歳)であり，これが(⑥＋2)歳と等しいから，⑥－④＝②にあたる年齢が，16－2＝14(歳)とわかる。したがって，①にあたる年齢(現在の弟の年齢)は，14÷2＝7(歳)なので，現在の太郎君の年齢は，7＋3＝10(歳)と求められる。

(3) 受け渡《わた》し口が1か所のとき，初めに並んでいた90人と，30分間で新たに並んだ，2×30＝60(人)に対応して行列がなくなったので，1か所では30分間で，90＋60＝150(人)に対応できる。よって，1か所では1分間で，150÷30＝5(人)に対応できるから，2か所では，5×2＝10(人)に対応できる。したがって，2か所にすると，行列の人数は1分間で，10－2＝8(人)減るから，行列がなくなるのにかかる時間は，$90\div8=11\frac{1}{4}$(分)と求められる。これは，$60\times\frac{1}{4}=15$(秒)より，11分15秒となる。

図1

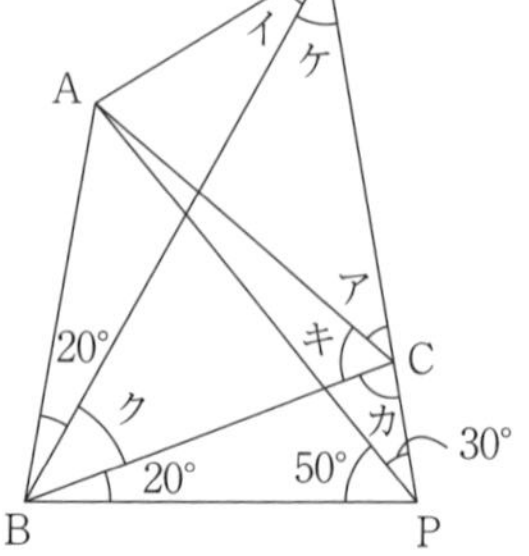

(4) 右の図1で，三角形CBPに注目すると，カの角度は，180－(20＋50＋30)＝80(度)となる。また，三角形ABCは正三角形なので，キの角度は60度である。よって，アの角度は，180－(60＋80)＝40(度)と

求められる。次に，クの角度は，60－20＝40(度)だから，三角形BCQに注目すると，ケの角度は，180－(ク＋キ＋ア)＝180－(40＋60＋40)＝40(度)となる。すると，ケとクの角度が等しいから，三角形BCQは二等辺三角形となり，ACとBCの長さは等しいから，三角形ACQも二等辺三角形とわかる。したがって，イ＋ケの角度は，(180－40)÷2＝70(度)だから，イの角度は，70－40＝30(度)と求められる。

(5) ① 切断したときの切り口は下の図2のようになるので，下段にある12個の立方体の上の面にあらわれる切り口の線は下の図3のようになる。よって，下段の立方体のうち，切断される立方体はかげをつけた3個とわかる。　② 上段にある12個の立方体で，上の面にあらわれる切り口の線は下の図4の実線部分，下の面にあらわれる切り口の線は点線部分となる。よって，上段の立方体のうち，切断される立方体は，かげをつけた9個だから，24個の立方体のうち，切断される立方体は，3＋9＝12(個)となる。

図2

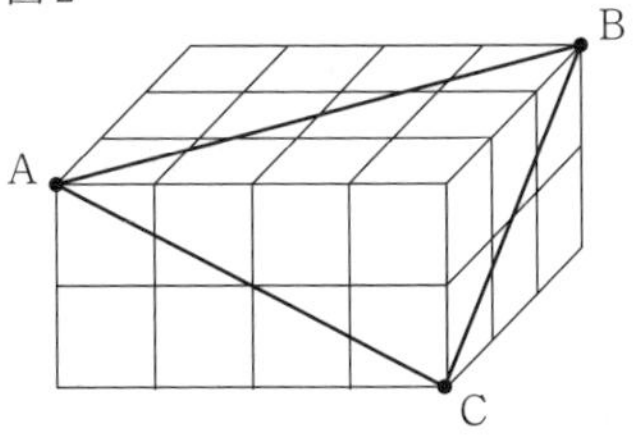

図3

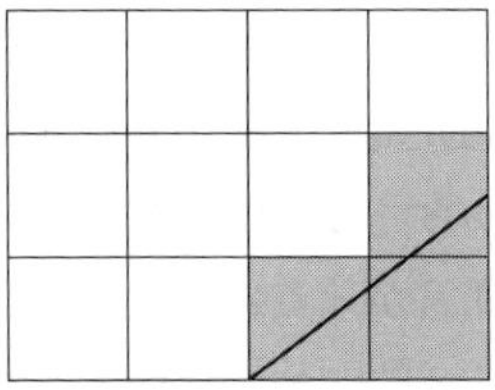

図4

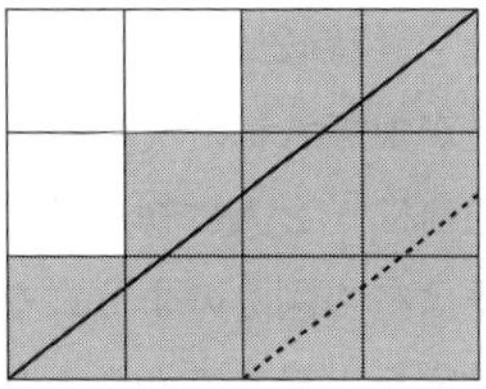

2 条件の整理

(1) 世界全体では，1年間で206億(G)のエネルギーを消費しているので，1ヶ月では，206億÷12＝17.1…億より，約17億(G)のエネルギーを消費している。よって，122億(G)のエネルギーは，122億÷17億＝7.1…より，約7ヶ月で消費していることになる。

(2) J国では，1年間で5億9500万(G)のエネルギーを消費しており，J国の人口は1億2500万人だから，J国の1年間での1人あたりのエネルギー消費量は，5億9500万÷1億2500万＝4.76(G)である。よって，小数点第2位を四捨五入すると，4.8(G)となる。

(3) 世界全体の人がJ国の人と同じだけのエネルギーを消費するとき，78億人が1年間で1人あたり4.76(G)のエネルギーを消費するから，1年間で，4.76×78億＝371.28億(G)のエネルギーを消費する。よって，1ヶ月では，371.28億÷12＝30.94億より，約31億(G)のエネルギーを消費するので，122億(G)のエネルギーは，122億÷31億＝3.9…より，約4ヶ月で消費することになる。

3 グラフ―速さ，つるかめ算，旅人算

(1) 太郎君が進んだ様子をグラフに表すと，右の図1のようになる。図1より，太郎君が1回目の休《きゅう》憩《けい》から2回目の休憩までに走った道のりは，180×40＝7200(m)とわかる。これは地点Aから公園Bまでの道のりの2倍なので，地点Aから公園Bまでの道のりは，7200÷2＝3600(m)と求められる。

図1

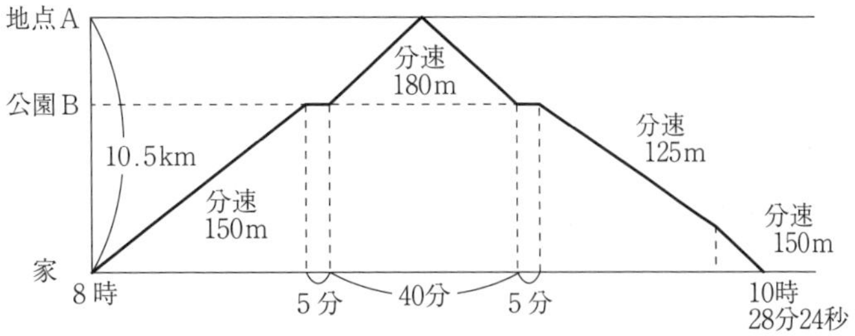

(2) 家から地点Aまでの道のりは，10.5km＝10500mなので，家から公園Bまでの道のりは，

10500−3600＝6900(m)である。よって，家から公園Ｂまでにかかった時間は，6900÷150＝46(分)だから，太郎君が２回目の休憩を終えた時刻は，８時＋46分＋５分＋40分＋５分＝９時36分と求められる。

⑶　太郎君が公園Ｂから家までにかかった時間は，10時28分24秒−９時36分＝52分24秒であり，これは，24÷60＝0.4(分)より，52.4分となる。この間ずっと分速150ｍで走ったとすると，進む道のりは，150×52.4＝7860(m)となり，公園Ｂから家までの道のりは6900ｍだから，実際よりも，7860−6900＝960(m)多くなる。分速150ｍで走るかわりに分速125ｍで走ると，１分あたりに進む道のりは，150−125＝25(m)ずつ減るので，分速125ｍで走った時間は，960÷25＝38.4(分)と求められる。これは，60×0.4＝24(秒)より，38分24秒である。

⑷　次郎君が家を出発する時刻は８時57分，家に到着《とうちゃく》する時刻は，10時28分24秒−１分24秒＝10時27分なので，家から地点Ａまでにかかる時間は，(10時27分−８時57分)÷２＝45(分)である。これより，次郎君の速さは分速，$10500\div45=\frac{700}{3}$(m)で，次郎君が地点Ａに着く時刻は，８時57分＋45分＝９時42分とわかる。また，太郎君は公園Ｂから地点Ａまで，40÷２＝20(分)かかるから，太郎君が地点Ａに着くのは，８時＋46分＋５分＋20分＝９時11分となる。さらに，太郎君の２回目の休憩前に，２人は初めて出会ったから，２人が初めて出会う前後の様子は右の図２のようになる。太郎君が地点Ａに着いたとき，次郎君は家を出発してから，９時11分−８時57分＝14分進んでいるので，このときの２人の間の道のり(図２のア)は，$10500-\frac{700}{3}\times14=10500-\frac{9800}{3}=\frac{21700}{3}$(m)である。この後，２人の間は１分間に，$180+\frac{700}{3}=\frac{1240}{3}$(m)の割合で縮まるので，２人が初めて出会うのは，太郎君が地点Ａに着いてから，$\frac{21700}{3}\div\frac{1240}{3}=17\frac{1}{2}$(分後)とわかる。これは，$60\times\frac{1}{2}=30$(秒)より，17分30秒後だから，初めて出会う時刻は，９時11分＋17分30秒＝９時28分30秒と求められる。

図２

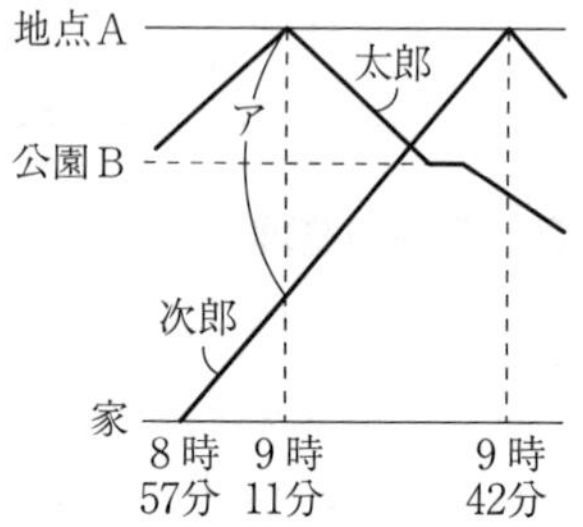

4　平面図形―面積，辺の比と面積の比，相似

⑴　下の図１で，四角形ABCEは，AEとBCが平行で，ABとECが平行だから，平行四辺形である。よって，AEの長さはBCの長さと同じ５cmなので，三角形AECの面積は，５×12÷２＝30(cm^2)と求められる。

⑵　図１で，三角形FECと三角形AECは，底辺をECとすると高さが等しいので，三角形FECの面積は三角形AECの面積と等しく，30cm^2となる。また，三角形EFGと三角形GFCは，底辺をそれぞ

図１

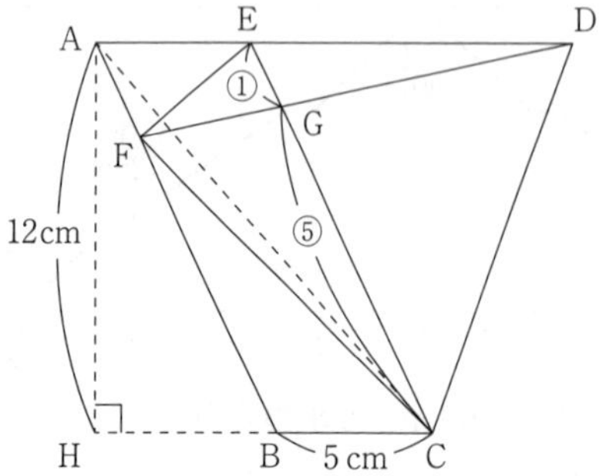

図２

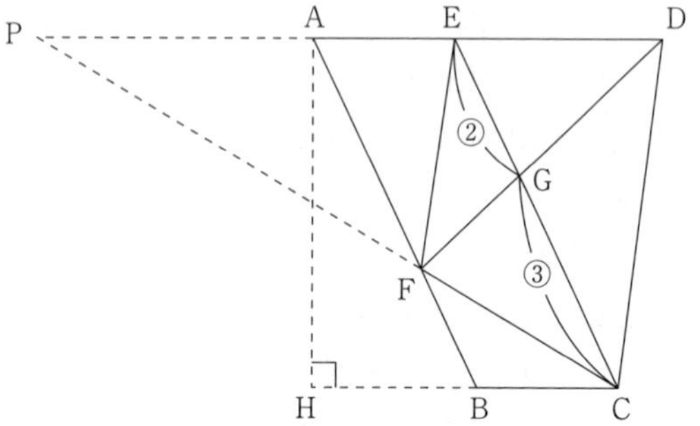

れEG，GCとすると，高さが等しいから，面積の比はEG：GCと等しく，１：５になる。よって，三角形EFGの面積は，$30\times\frac{1}{1+5}=5$（cm^2）と求められる。

(3)　上の図２で，DCとEFが平行だから，三角形EFGと三角形CDGは相似であり，EF：DC＝EG：GC＝２：３となる。また，CFとDAをのばした直線の交わる点をＰとすると，三角形PEFと三角形PDCも相似だから，PF：PC＝EF：DC＝２：３である。よって，PF：FC＝２：（３－２）＝２：１とわかる。さらに，PAとBCは平行なので，三角形APFと三角形BCFも相似となる。したがって，AF：FB＝PF：FC＝２：１である。

5　平面図形―図形の移動，面積

(1)　点Ａが通ったあとの線は右の図１の太線部分になる。

図１

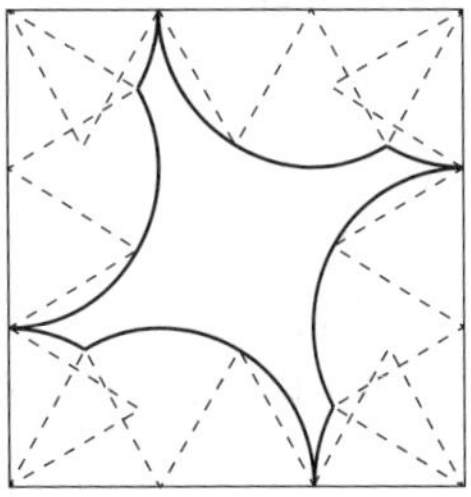

(2)　①　正方形と(1)の線ではさまれた部分は，下の図２のうすいかげと濃《こ》いかげをつけた部分である。うすいかげをつけた部分はすべて半径６cmのおうぎ形で，○の角度は，90－60＝30（度），●の角度は，180－60＝120（度）だから，うすいかげをつけたおうぎ形の中心角の和は，30×４＋120×４＝600（度）となる。よって，うすいかげをつけた部分の面積は，半径６cmの円の面積の，$600\div360=1\frac{2}{3}$（倍）（…ア）となる。また，濃いかげをつけた部分の面積は１辺の長さが６cmの正三角形の面積の４倍（…イ）である。　②　正三角形ABCが下の図３の☆印の位置にくるまでに，正三角形全体が通ったあとは，図３のかげをつけた部分となる。同じように考えていくと，１周するまでに正三角形全体が通ったあとの図形は，下の図４のうすいかげと濃いかげをつけた部分となる。濃いかげをつけた部分の面積は，１辺の長さが６cmの正方形の面積の４倍（…オ）である。また，うすいかげをつけた部分は，半径が６cm，中心角が，90－60＝30（度）のおうぎ形８個と，１辺の長さが６cmの正三角形４個でできている。よって，おうぎ形８個の中心角の和は，30×８＝240（度）だから，うすいかげをつけた部分の面積は，半径６cmの円の面積の，$240\div360=\frac{2}{3}$（倍）（…ウ）と，１辺の長さが６cmの正三角形の面積の４倍（…エ）の和になる。

図２

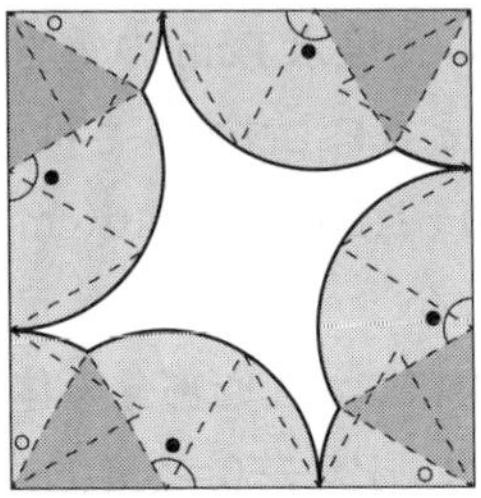

図３

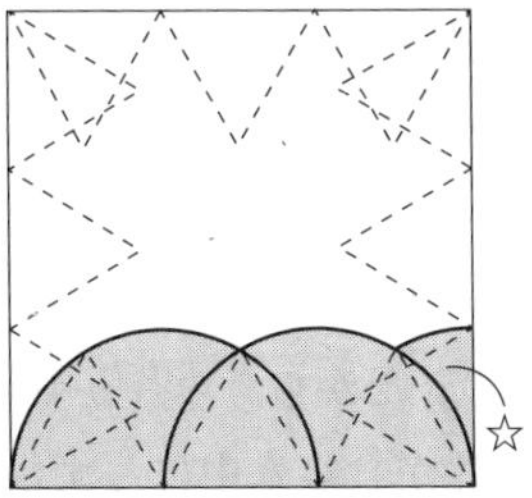

図４

理　科　＜特待試験＞（40分）＜満点：70点＞

解　答

[1] **問1**　100 g　**問2**　200cm^3　**問3**　11cm　**問4**　50 g　**問5**　イ　**問6**　2.4cm　[2] **問1**　①　エ　②　カ　③　イ　**問2**　伝導　**問3**　ア　**問4**　(1)　鉄が0.03cm^3大きい　(2)　26.9cm^3　(3)　160 g　[3] **問1**　①　エ　②　ア　③　ウ　④　イ　**問2**　右の図　**問3**　**1**　カ　**2**　ア　**3**　イ　**問4**　ア　**問5**　(1)　オ　(2)　ウ　[4] **問1**　E　**問2**　エ　**問3**　ぎょう灰岩　**問4**　イ　**問5**　ア　**問6**　マグニチュード　**問7**　イ　**問8**　図2…津波　図3…液状化現象

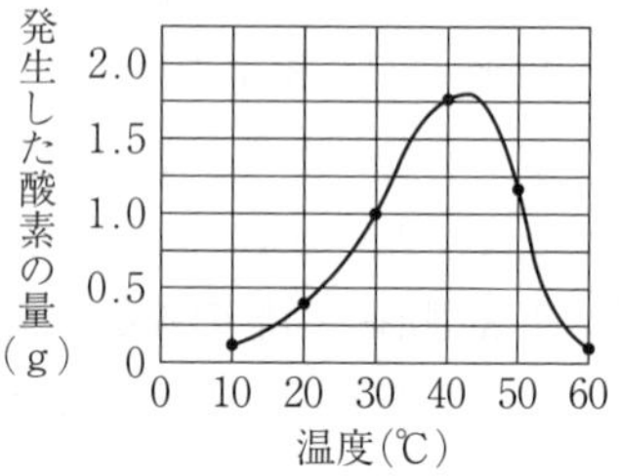

解　説

[1] **浮力《ふりょく》についての問題**

問1　液体中にある物体は，その物体がおしのけた液体の重さと等しい大きさの浮力を受ける。図2で，木片が静止しているとき，木片の重さと水が木片を支える力(浮力)がつり合っている。木片の重さは100 g なので，水が木片を支える力の大きさも100 g になる。

問2　木片に100 g の浮力がはたらいているとき，木片は100 g の水をおしのけている。100 g の水の体積は100cm^3なので，木片が水中にしずんでいる部分の体積は100cm^3である。これは木片の半分の体積にあたるので，木片の体積は，100×２＝200(cm^3)と求められる。

問3　木片が水中にしずんでいる部分の体積は100cm^3で，ビーカー内の水の体積は，100×10＝1000(cm^3)なので，求める高さは，(100＋1000)÷100＝11(cm)になる。

問4　図3で，木片が水中にしずんでいる部分の体積は，$200\times\frac{3}{4}=150$(cm^3)である。つまり，木片がおしのけている水の体積は150cm^3で，木片にはたらいている浮力の大きさは150 g になる。木片だけの重さは100 g なので，おもりの重さは，150－100＝50(g)とわかる。

問5　水1000cm^3(＝1000 g)に食塩250 g を溶《と》かしたので，この食塩水１cm^3の重さは，(1000＋250)÷1000＝1.25(g)である。ここで，100 g の木片を浮《う》かべたときにしずむ深さは，水の場合が，100÷１÷50＝２(cm)であったのに対し，食塩水の場合は，100÷1.25÷50＝1.6(cm)になるため，食塩水中にしずむ深さは水中にしずむ深さよりも浅くなるといえる。

問6　おもりと木片の重さの和は150 g だから，木片が食塩水中にしずんだ部分の体積は，150÷1.25＝120(cm^3)となる。よって，木片が食塩水中にしずむ深さは，120÷50＝2.4(cm)と求められる。

[2] **身の回りの現象についての問題**

問1　①は金属が熱を伝える現象で，エも同様である。②は固体から液体(氷から水)に変化する現象で，カも同じである。③は金属があたたまるとぼう張する現象に関係する(レールがぼう張したときに，レールどうしがぶつかってゆがまないように，レールのつなぎ目にはすきまをあけてある)。イは，金属のふたをあたためてぼう張させ，ふたをゆるめている。なお，アは水が蒸発する現象，ウは袋《ふくろ》の中と外の気圧のちがいで起こる現象，オは水にものが溶けこむ現象(溶解《ようかい》)である。

問2　金属などの物体の中を熱が順々に伝わることを，伝導(熱伝導)という。

問3　水溶液がこおる温度は，濃《こ》さが濃いほど低くなる。そのため，スポーツドリンクを冷やしていくと，まず，水溶液中のおもに水がこおっていき，こおっていない部分は濃いスポーツドリンクになる。その後，しだいに濃い部分もこおっていく。反対に，こおらせたスポーツドリンクをあたためていくと，まず濃い部分がとけ，あとでうすい部分がとける。したがって，とけ始めは味が濃いが，とけ終わるころには味がうすくなる。

問4　(1)　鉄１ｇの体積は，$1\div8=\frac{1}{8}$(cm^3)，なまり１ｇの体積は，$1\div11=\frac{1}{11}$(cm^3)なので，$\frac{1}{8}-\frac{1}{11}=\frac{3}{88}=0.034\cdots$より，鉄の方が0.03cm^{3}だけ大きくなる。　(2)　このキーホルダーがすべて鉄でできているとすると，体積は，$215\div8=\frac{215}{8}=26.875$より，26.9cm^{3}になる。これを，水をいっぱいに入れた容器に入れると，その体積のぶんだけ水があふれ出る。　(3)　キーホルダーがすべてなまりでできているとすると，実際との重さの差は，11×25－215＝60(ｇ)であり，鉄となまりの１cm^{3}あたりの重さの差は，11－８＝３(ｇ)なので，含《ふく》まれている鉄の体積は，60÷３＝20(cm^3)とわかる。よって，含まれている鉄の重さは，８×20＝160(ｇ)と求められる。

3　酵素《こうそ》のはたらきについての問題

問1　酵素の作用によって，基質が分解され，生成物ができることから，基質は減少し，生成物は増加する。よって，基質を表すのはア，生成物を表すのはイである。また，酵素は，それ自体は変化しないが，基質と結合したぶんだけはじめにあった量から減ることになるので，エのようになる。酵素と基質が結合したものは，はじめは存在していないが，一定量の酵素と基質が結合し始めるので，ウのようになる。

問2　図３で，各温度での10分間に発生した酸素の量を調べると，10℃のときは約0.13ｇ，20℃のときは約0.38ｇ，30℃のときは約1.0ｇ，40℃のときは約1.75ｇ，50℃のときは約1.13ｇ，60℃のときは約0.12ｇである。これらをグラフ上に点で表し，各点をなめらかな曲線で結ぶ。

問3　**1**　酵素の主成分はたんぱく質である。たんぱく質は，ある一定温度よりも高くなると構造が変化し，いったん変化してしまうと温度を下げても元にもどらない。　**2，3**　胃液には酸性の塩酸が含まれていることから，胃液の中に含まれるペプシンは，酸性の液体中でよくはたらき，中性やアルカリ性の液体中でははたらきが著しく低下すると考えられる。

問4　カタラーゼ(酵素)によって過酸化水素(基質)が分解されるので，過酸化水素がすべて分解されれば酸素は発生しない。しかし，カタラーゼは変化せずに残っているので，過酸化水素水を加えれば再び酸素が発生する。

問5　(1)　反応している間の速さは変わらないが，基質となる過酸化水素が半分になるので，発生する酸素の量も半分になる。したがって，オのようなグラフになる。　(2)　カタラーゼの量が２倍に増えると，同じ時間あたりで過酸化水素に作用する回数が２倍になるので，反応している間の速さは速くなる。ただし，過酸化水素の量が変わっていないので，発生する酸素の量は変わらない。よって，ウのようなグラフとなる。

4　地層のようす，地震《じしん》についての問題

問1　地層は下から順に積み重なるようにたい積してできるので，地層の逆転がなければ，下にあ

る地層ほど古い。

問2　アサリは浅い海の底に生息しているので，アサリの化石を含む層は，その層ができた当時に浅い海の底であったと考えられる。

問3　火山がふん火したときにふき出された火山灰などがたい積し，おし固められてできた岩石をぎょう灰岩という。

問4　川に流されてきた土砂が河口から海に出ると，つぶの大きくて重いれきは河口に近い浅いところにたい積し，砂はれきより遠くて深いところにたい積する。よって，Ｅの層からＤの層になったとき，水の深さは浅くなったと考えられる。

問5　どろ(ねん土)の層は，層をつくるつぶが非常に小さいためにすき間がほとんどできず，水を通しにくい。そのため，地表にふった雨はどろの層の上にたまって地下水となる。このことから，地下水が最もしみ出しやすいのは，どろの層とその１つ上の層との境目であるといえる。

問6　震源から放出されたエネルギーの大きさをマグニチュードといい，マグニチュードの大小は地震の規模を表している。なお，各地点での地震のゆれの大きさを示すものを震度という。

問7　日本の周囲では，大陸の岩ばん(大陸プレート)の下に海底の岩ばん(海洋プレート)がしずみこみ，大陸の岩ばんがひきずりこまれている。すると，しだいに大陸の岩ばんのゆがみが大きくなり，そのゆがみにたえきれなくなると，大陸の岩ばんがもとにもどろうとして急に動く。このようにして発生する地震を海こう型地震といい，東北地方太平洋沖地震もこのタイプの地震である。

問8　**図2**…東北地方太平洋沖地震では非常に大きな津波が発生し，福島県・宮城県・岩手県などの太平洋岸では街が丸ごと津波にこわされるなど，とてつもない大災害となった。　**図3**…海や湖沼《こしょう》のうめ立て地などでは，土じょうの中に多くの水分をふくむため，地震のゆれによって地ばんが液体のようなふるまいをすることがあり，これを液状化現象という。液状化現象が発生すると，建物がかたむいたり，マンホールが浮き上がったりするなどの被害《ひがい》が発生する。

Memo

Memo

2025年度用
中学スーパー過去問

■編集人 声の教育社・編集部
■発行所 株式会社 声の教育社
〒162-0814 東京都新宿区新小川町8-15
☎03-5261-5061㈹ FAX03-5261-5062
https://www.koenokyoikusha.co.jp

※本書の内容についての一切の責任は当社にあります。内容・解説・解答・その他は当社ホームページよりお問い合わせ下さい。

カコを追いかけ
ミライをつかめ
「今の説明、もう一回」を何度でも
web過去問
ストリーミング配信による入試問題の解説動画
もっと古いカコモンないの？
カコ過去問
「さらにカコの」過去問をHPに掲載（DL）
声の教育社
詳しくはこちらから

よくある解答用紙のご質問

01

実物のサイズにできない

拡大率にしたがってコピーすると，「解答欄」が実物大になります。配点などを含むため，用紙は実物よりも大きくなることがあります。

02

A3用紙に収まらない

拡大率164％以上の解答用紙は実物のサイズ（「出題傾向＆対策」をご覧ください）が大きいために，Ａ３に収まらない場合があります。

03

拡大率が書かれていない

複数ページにわたる解答用紙は，いずれかのページに拡大率を記載しています。どこにも表記がない場合は，正確な拡大率が不明です。

04

１ページに２つある

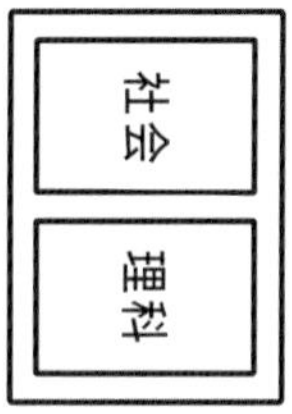

１ページに２つ解答用紙が掲載されている場合は，正確な拡大率が不明です。ほかの試験回の同じ教科をご参考になさってください。

城北埼玉中学校

【別冊】入試問題解答用紙編

禁無断転載

解答用紙は本体からていねいに抜きとり、別冊としてご使用ください。

※　実際の解答欄の大きさで練習するには、指定の倍率で拡大コピーしてください。なお、ページの上下に小社作成の見出しや配点を記載しているため、コピー後の用紙サイズが実物の解答用紙と異なる場合があります。

●入試結果表

— は非公表

年度	回	項目	国語	算数	社会	理科	2科合計	4科合計	2科合格	4科合格
2024	第1回	配点(満点)	100	100	50	50		300		最高点
		合格者平均点	—	—	—	—		—		—
		受験者平均点	70.7	50.2	23.7	27.4		172.0		最低点
		キミの得点								—
	特待	配点(満点)		100		70	170		最高点	
		合格者平均点		—		—	—		—	
		受験者平均点		59.7		50.6	110.3		最低点	
		キミの得点							—	
2023	第1回	配点(満点)	100	100	50	50		300		最高点
		合格者平均点	—	—	—	—		—		—
		受験者平均点	75.3	61.3	20.3	28.5		185.4		最低点
		キミの得点								—
	特待	配点(満点)		100		70	170		最高点	
		合格者平均点		—		—	—		—	
		受験者平均点		47.3		41.6	88.9		最低点	
		キミの得点							—	
2022	特待	配点(満点)		100		70	170		最高点	
		合格者平均点		—		—	—		142	
		受験者平均点		37.7		46.8	84.5		最低点	
		キミの得点							90	
	第1回	配点(満点)	100	100	50	50		300		最高点
		合格者平均点	—	—	—	—		—		226
		受験者平均点	62.1	33.5	26.6	27.3		149.5		最低点
		キミの得点								127
2021	特待	配点(満点)		100		70	170		最高点	
		合格者平均点		—		—	—		157	
		受験者平均点		52.8		39.9	92.7		最低点	
		キミの得点							104	

※　表中のデータは学校公表のものです。ただし、２科合計・４科合計は各教科の平均点を合計したものなので、目安としてご覧ください。

2024年度 城北埼玉中学校

算数解答用紙 第1回

番号		氏名		評点	/100

1

(1)	(2)	(3)
		m

(4)

(5)	(6)	(7)
枚	cm^2	度

(8)
cm

2

(1)	(2)	(3)
	cm	秒後

3

(1) ①	(1) ②	(2)
通り	通り	通り

4

(1)	(2)	(3)
番目		

5

(1)	(2)	(3)
cm^2	cm^2	cm^2

（注）この解答用紙は実物を縮小してあります。B５→A３(163%)に拡大コピーすると、ほぼ実物大の解答欄になります。

〔算　数〕100点(推定配点)

1～5　各５点×20

２０２４年度　城北埼玉中学校

社会解答用紙　第１回

番号		氏名		評点	／50

	1	2	3	4
問1				
	5	6	7	8

	(1)	(2)	(3)
問2			

問3	

問4	

問5	

問6	

	(1)	(2)
問7		

問8	

問9	

問10	→ → →

問11	

問12	

問13	

問14	

問15	

問16	

	(1)	(2)
問17		

	(1)	(2)
問18		

問19	

問20	

問21	

問22	

（注）この解答用紙は実物を縮小してあります。Ｂ５→Ｂ４（141％）に拡大コピーすると、ほぼ実物大の解答欄になります。

〔社　会〕50点（推定配点）

問１　各２点×８　問２，問３　各１点×４　問４　２点　問５～問９　各１点×６　問10　２点＜完答＞　問11～問15　各１点×５　問16　２点　問17　各１点×２　問18　(1)　２点　(2)　１点　問19～問22　各２点×４

２０２４年度　城北埼玉中学校

理科解答用紙　第１回

番号		氏名	

評点	／50

1

問１　　　　mL　　問２　　　　　問３　　　　mL

問４　　　　　　　問５　　　　mL　　問６

2

問１　　　　　　　問２　(1)　　　　　(2)

問３　　　　g　　問４　　　　g　　問５　　　　g

3

問１　　　　　　　問２　(1)　　　　(2)

問３

問４　(1)　　　　(2)　　　　　問５

4

問１　　　　　　　問２　　　　　　問３

問４　　　　　　　問５　　　　　　問６

（注）この解答用紙は実物を縮小してあります。Ｂ５→Ｂ４（141％）に拡大コピーすると、ほぼ実物大の解答欄になります。

〔理　科〕50点(推定配点)

1　各２点×６　2　問１～問４　各２点×５　問５　３点　3　問１　２点　問２　各１点×２＜(2)は完答＞　問３～問５　各２点×４＜問３は完答＞　4　問１～問５　各２点×５　問６　３点

２０２４年度　城北埼玉中学校

国語解答用紙　第一回

番号		氏名		評点	／100

一

1　2　3　4　5　6　か　7

二

問1　20　ように仕付けてくれていたと思っている。

問2　問3

問4　ア　イ　ウ　エ

問5　問6　問7

問8　人間が　25　と解釈している。

問9　問10　問11

三

問1　Ⅰ　Ⅱ　Ⅲ　Ⅳ

問2　a　b　c　d

問3　気持ち。

問4

問5　問6　問7

問8　こと。

問9　80　50

問10　ア　イ　ウ　エ　オ

（注）この解答用紙は実物を縮小してあります。Ｂ５→Ａ３（163%）に拡大コピーすると、ほぼ実物大の解答欄になります。

〔国　語〕100点（推定配点）

一　各２点×７　二　問１　５点　問２，問３　各３点×２　問４　各１点×４　問５～問７　各３点×３　問８　５点　問９～問11　各４点×３　三　問１，問２　各２点×８　問３～問８　各３点×６　問９　６点　問10　各１点×５

２０２４年度　城北埼玉中学校

算数解答用紙　特待

番号		氏名		評点	/100

1

(1)	(2)
(3) 時速　km	(4) 頭
(5) ① cm²	② cm
(6) ア 度	イ 度
(7) cm²	

2

(1)	(2)	(3)
分後	分速　m	m

3

(1)	(2)	(3)
cm²	cm²	cm²

4

(1)	(2)
cm³	cm
(3) FP : PJ	:

5

(1)

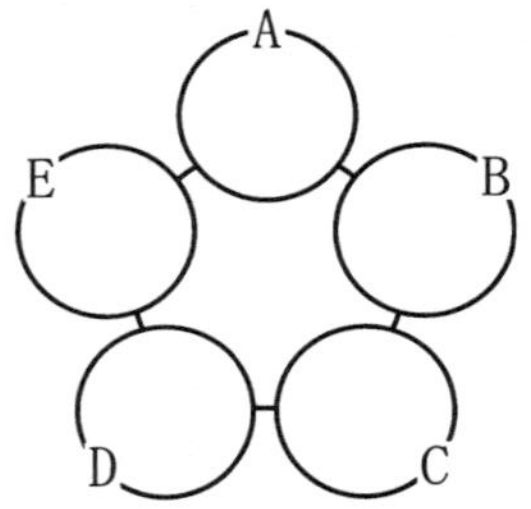

(2)

(3) 倍

（注）この解答用紙は実物を縮小してあります。Ｂ５→Ａ３（163%）に拡大コピーすると、ほぼ実物大の解答欄になります。

〔算　数〕100点(推定配点)

1　(1)～(4)　各５点×４　(5), (6)　各４点×４　(7)　５点　2～4　各５点×９　5　(1)　６点　(2), (3)　各４点×２

２０２４年度　　城北埼玉中学校

理科解答用紙　特待

番号		氏名	

評点	／70

1

問１	(1)　　g	(2)　　cm
問２	(1)　　g	(2)　　cm
問３	(1)　　g	(2)　　cm
問４	(1)　　g	(2)　　cm

2

問１		問２	g	問３	g
問４	%	問５	g	問６	g

3

問１		問２		問３	
問４		問５			

問６	①	②	③	④

4

問１		問２	ア	イ	問３		
問４		問５		問６		問７	

(注)　この解答用紙は実物を縮小してあります。Ｂ５→Ｂ４(141%)に拡大コピーすると、ほぼ実物大の解答欄になります。

〔理　科〕70点(推定配点)

1　各２点×８　2，3　各３点×12＜3の問１，問２，問６は完答＞　4　問１～問５　各２点×６　問６，問７　各３点×２＜各々完答＞

２０２３年度　城北埼玉中学校

算数解答用紙　第１回

番号		氏名		評点	/100

1

(1)	①	
	②	
(2)		
(3)		g
(4)		通り
(5)		円
(6)		個
(7)		度
(8)		cm
(9)		cm
(10)	ア	
	イ	

2

(1)	m
(2)	分　秒
(3)	分　秒後

3

(1)	cm
(2)	cm^2
(3) BG : GF	:

4

(1)	cm^3
(2)	個
(3)	cm^3

(注) この解答用紙は実物を縮小してあります。B５→A３(163%)に拡大コピーすると、ほぼ実物大の解答欄になります。

〔算　数〕100点(推定配点)

1～4　各５点×20<1の(10)は完答>

２０２３年度　　　城北埼玉中学校

社会解答用紙　第１回

番号		氏名		評点	／50

問1	1	2	3	4
	5	6	7	8

問2	

問3	

問4	(1)	(2)

問5	

問6	(1)	(2)

問7	

問8	→ → →

問9	

問10	(1)	(2)

問11	(1)	(2)

問12	

問13	

問14	

問15	

問16	

問17	

問18	(1)	(2)

問19	

問20	

問21	(1)	(2)

問22	

(注) この解答用紙は実物を縮小してあります。Ｂ５→Ｂ４(141%)に拡大コピーすると、ほぼ実物大の解答欄になります。

〔社　会〕50点(推定配点)

問1　各2点×8　問2～問6　各1点×7　問7　2点　問8，問9　各1点×2＜問8は完答＞　問10　(1)　1点　(2)　2点　問11　各2点×2　問12，問13　各1点×2　問14　2点　問15～問17　各1点×3＜問16は完答＞　問18　(1)　2点　(2)　1点　問19　1点　問20　2点　問21，問22　各1点×3

２０２３年度　　　城北埼玉中学校

理科解答用紙　第１回

番号		氏名	

評点	／50

1

問1　問2　問3

問4　問5

2

問1　問2

問3　cm³　問4　cm³　g

問5　色　問6　cm³　g

3

問1　問2　問3

問4

問5　①　②　③

問6　cm³

4

問1　問2

問3　問4　問5

（注）この解答用紙は実物を縮小してあります。Ｂ５→Ｂ４（141%）に拡大コピーすると、ほぼ実物大の解答欄になります。

〔理　科〕50点(推定配点)

1　問1，問2　各2点×2　問3　3点　問4　2点　問5　3点　2　問1　2点　問2　1点　問3　2点　問4　3点＜完答＞　問5　2点　問6　3点＜完答＞　3　問1～問5　各2点×5＜問5は完答＞　問6　3点　4　問1，問2　各2点×2　問3　3点＜完答＞　問4　2点　問5　3点

二〇二三年度　城北埼玉中学校

国語解答用紙　第一回

番号		氏名		評点	／100

一

①　む

②

③　めた

④

⑤

問5

問6

問7

二

問1　A　B　C

問2　X　Y

問3

問4　2　4

問5

問6

問7

問8

問9

問8

80

50

問9

三

問1　a　b　c　d

問2

問3　あ　い　う　え

問4

今、このようなロボットに高い関心が寄せられているのは、

～

から。

問10　ア　イ　ウ　エ　オ

（注）この解答用紙は実物を縮小してあります。B５→A３（163%）に拡大コピーすると、ほぼ実物大の解答欄になります。

〔国　語〕100点（推定配点）

一　各２点×5　二　問１～問７　各３点×11　問８　４点　問９　３点　三　問１，問２　各３点×5　問３　各１点×4　問４～問７　各４点×4　問８　６点　問９　４点　問10　各１点×5

２０２３年度　城北埼玉中学校

算数解答用紙　特待

番号		氏名		評点	/100

1

(1)	(2) ア	イ	ウ	エ	(3)	(4)	(5)	(6)	(7)	(8)
					日間	円		通り	度	cm²

2

(1)	(2)	(3)
円	倍	

3

(1)	(2)	(3)
	図１	cm

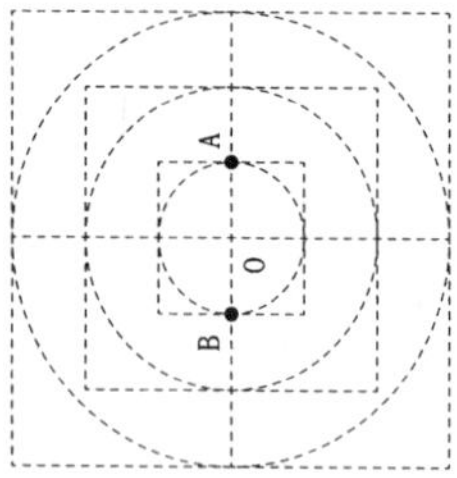

4

(1)	(2)	(3)
cm²	cm²	cm²

5

(1) ア	イ	ウ	(2)	(3) エ	(4)
					通り

（注）この解答用紙は実物を縮小してあります。Ｂ５→Ａ３（163％）に拡大コピーすると，ほぼ実物大の解答欄になります。

〔算　数〕100点（推定配点）

1～4　各５点×17＜1の(2)は完答＞　5　(1)　各２点×３　(2)　４点　(3)　２点　(4)　３点

２０２３年度　　城北埼玉中学校

理科解答用紙　特待

番号		氏名	

評点	／70

1

問1	g	問2	g	問3	
問4	g	問5	cm	問6	%

問7	比重		姿勢	

2

問1		問2	
問3	g	問4	g
問5	g	問6	

3

問1	(1)	(2)	問2	

問3	%	問4		問5	%
問6	g／L	問7			

4

問1	①	②	③	問2	①	②

問3		問4	

（注）この解答用紙は実物を縮小してあります。Ｂ５→Ｂ４(141%)に拡大コピーすると、ほぼ実物大の解答欄になります。

〔理　科〕70点(推定配点)

1　問1～問6　各２点×6　問7　各３点×2　2　各３点×6　3　問1～問5　各２点×6　問6，問7　各３点×2　4　問1，問2　各２点×5　問3，問4　各３点×2

２０２２年度　城北埼玉中学校

算数解答用紙　特待

番号		氏名	

評点	/100

（注）この解答用紙は実物を縮小してあります。Ｂ５→Ａ３（163%）に拡大コピーすると、ほぼ実物大の解答欄になります。

1
(1)
(2) ページ
(3)
(4) ① 通り　② 通り
(5) cm^2
(6) cm^3

2
(1)
(2)
(3)

3
(1) 直方体：三角柱 ：
(2) ① 分 秒　②

4
(1) cm
(2) cm
(3) cm^2

5
(1)
(2) ①
②

〔算　数〕100点(学校配点)

1 (1)～(3) 各６点×３ (4) 各５点×２ (5), (6) 各６点×２ 2 各５点×３ 3 (1) ６点 (2) ① ５点 ② ４点 4 (1) ６点 (2) ５点 (3) ４点 5 (1) ６点 (2) ① ５点＜完答＞ ② ４点＜完答＞

２０２２年度　城北埼玉中学校

理科解答用紙　特待

番号		氏名		評点	／70

1

問１ ばねＡ：ばねＢ＝　：

問２ cm

問３ g　問４ g　問５ cm

問６ g　問７ cm

2

問１　問２

問３ 炭素：水素＝　：

問４

問５ g　問６ g

3

問１「立方体の一辺の長さと単位体積あたりの表面積」の関係をあらわすグラフ

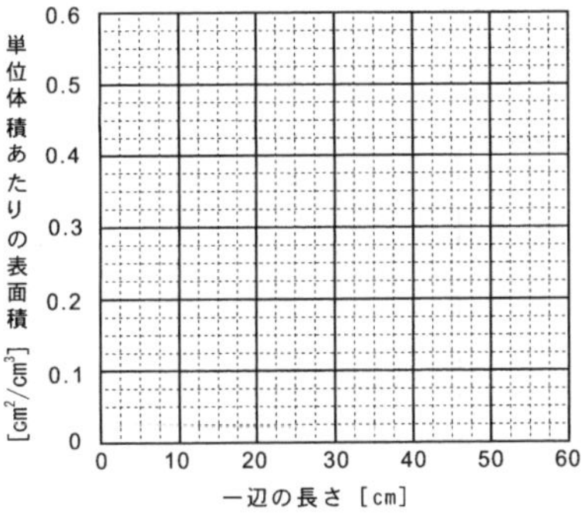

問２

問３ ①　②　③

問４ からだの大きい順

問５ ④　⑤　⑥

問６ 耳の大きい順

問７ ⑦　⑧

4

問１　問２

問３　問４ 秒間　問５ km

問６ 時　分　秒　問７ 秒間

（注）この解答用紙は実物を縮小してあります。Ｂ５→Ａ３（163%）に拡大コピーすると、ほぼ実物大の解答欄になります。

〔理　科〕70点（学校配点）

1 問１～問３　各２点×３　問４～問７　各３点×４　2 問１～問３　各３点×３　問４　２点　問５，問６　各３点×２　3 問１　３点　問２　２点　問３　各１点×３　問４　２点＜完答＞　問５　３点＜完答＞　問６　２点＜完答＞　問７　３点＜完答＞　4 問１～問４　各２点×４　問５～問７　各３点×３

２０２２年度　城北埼玉中学校

算数解答用紙　第１回

番号　　氏名　　評点 /100

1
(1)
(2) 分
(3) ① ② 個
(4) 2教科とも80点以上 人　国語が80点以上 人
(5) ア 度　イ 度
(6) (記号)　(理由)

2
(1) 時 分
(2) 毎時 km
(3) km

3
(1) cm^2
(2) cm^2
(3) cm^3

4
(1) 通り
(2) 通り
(3) 通り

5
(1) AH：HI ：
(2) cm^2
(3) OC：CP ：
(4) cm^2

（注）この解答用紙は実物を縮小してあります。B５→A３（163%）に拡大コピーすると、ほぼ実物大の解答欄になります。

〔算　数〕100点（学校配点）

1 (1) 6点 (2) 5点 (3) ① 5点 ② 4点 (4) 各4点×2 (5) ア 5点 イ 4点 (6) 記号…4点，理由…3点 2 (1) 6点 (2) 5点 (3) 3点 3 (1) 6点 (2) 5点 (3) 3点 4 (1) 6点 (2) 5点 (3) 3点 5 (1) 5点 (2) 4点 (3) 3点 (4) 2点

2022年度　城北埼玉中学校

社会解答用紙　第1回

番号		氏名		評点	／50

問1	1	2	3	4
	5	6	7	8

問2	

問3	

問4	(1)	(2)

問5	(1)	(2)
	市	

問6	

問7	(1)	(2)

問8	

問9	県

問10	

問11	

問12	

問13	

問14	(1)	(2)

問15	

問16	(1)	(2)

問17	(1)	(2)

問18	

問19	

問20	

問21	

問22	(1)	(2)

(注) この解答用紙は実物を縮小してあります。B５→Ａ３(163%)に拡大コピーすると、ほぼ実物大の解答欄になります。

〔社　会〕50点(学校配点)

問1　各2点×8　問2～問4　各1点×4　問5　(1)　2点　(2)　1点　問6～問8　各1点×4　問9　2点　問10　1点　問11　2点　問12～問15　各1点×5　問16　(1)　1点　(2)　2点　問17　(1)　2点　(2)　1点　問18～問21　各1点×4　問22　(1)　1点　(2)　2点

２０２２年度　城北埼玉中学校

理科解答用紙　第１回

番号		氏名		評点	／50

1

問１　度　問２

問３　秒　問４　問５

2

問１　問２

問３（１）　（２）

問４　物質Ｄ　物質Ｆ　問５

3

問１　問２　問３

問４　問５　問６　①　②

4

問１　問２　記号

問３　問４　問５

問６　問７

（注）この解答用紙は実物を縮小してあります。Ｂ５→Ｂ４（141％）に拡大コピーすると、ほぼ実物大の解答欄になります。

〔理　科〕50点(学校配点)

1 問１，問２　各２点×２　問３　３点　問４　２点　問５　３点　2 問１〜問３　各２点×４＜問１は完答＞　問４　３点＜完答＞　問５　２点　3 問１　２点　問２　３点＜完答＞　問３〜問６　各２点×４＜問６は完答＞　4 問１　２点　問２　各１点×２　問３，問４　各２点×２＜各々完答＞　問５　１点　問６　２点　問７　１点

二〇二二年度　城北埼玉中学校

国語解答用紙　第一回

番号		氏名		評点	／100

一

1

2

3　べ

4

5　り

二

問1

問2

問3

問4

問5　①　〜　②　〜

問6

問7

問8

問9　が　に嘘をつく。

問10

三

問1

問2

問3

問4

問5　〜

問6

問7　〜　ということ。

問8

問9

問10

問11

問12

問13

問14　70　60　50

（注）この解答用紙は実物を縮小してあります。Ｂ５→Ａ３（163%）に拡大コピーすると、ほぼ実物大の解答欄になります。

〔国　語〕100点（学校配点）

一　各２点×５　二　問１〜問３　各３点×３　問４　４点　問５　各３点×２　問６，問７　各４点×２　問８〜問10　各５点×３　三　問１　２点　問２　４点　問３　２点　問４，問５　各４点×２　問６　２点　問７，問８　各４点×２　問９　２点　問10　４点　問11　２点　問12，問13　各４点×２　問14　６点

２０２１年度　城北埼玉中学校

算数解答用紙　特待

番号		氏名		評点	/100

1

(1) ①	(1) ②
(2)	(3)
歳	分　秒
(4) ア	(4) イ
度	度
(5) ①	(5) ②
個	個

2

(1)	(2)	(3)
ヶ月	(G)	ヶ月

3

(1)	(2)
m	時　分
(3)	(4)
分　秒	時　分　秒

4

(1)	(2)	(3)
cm^2	cm^2	AF : FB

5

(1)

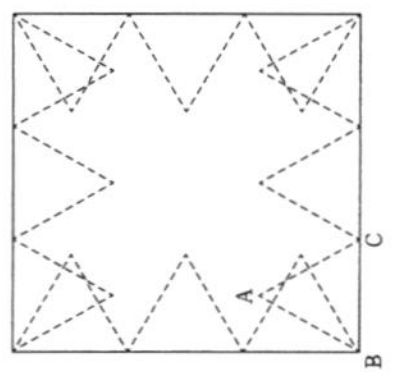

(2)

①	②
ア　イ	ウ　エ　オ

〔算　数〕100点(学校配点)

1 (1)～(3)　各６点×４　(4), (5)　各４点×４　2 各５点×３　3 各４点×４　4 各５点×３　5 (1)　６点　(2)　各４点×２<各々完答>

２０２１年度　城北埼玉中学校

理科解答用紙　特待

番号		氏名		評点	/70

1

問１	g	問２	cm^3	問３	cm
問４	g	問５		問６	cm

2

問１	①　②　③	問２	
問３			
問４	(1)　が　cm^3大きい　(2)　cm^3		
	(3)　g		

3

問１	①　②　③　④

問２

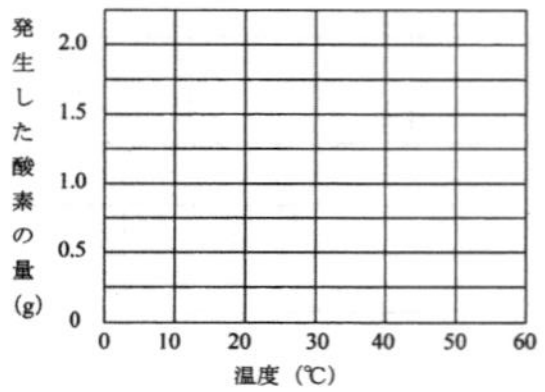

問３	(1)　(2)　(3)	問４	
問５	(1)　(2)		

4

問１		問２		問３	
問４		問５		問６	
問７		問８	図２　図３		

〔理　科〕70点(学校配点)

1 問１～問４　各３点×４　問５　２点　問６　３点　2 問１～問３　各２点×５　問４　(1), (2)　各２点×２　(3)　３点　3 各３点×６<問１, 問３は完答>　4 各２点×９

中学後見返し